Inhalt

Einleitung: Die Entfaltung des Politischen im neuzeitlichen Europa

> "The facts of history cannot be purely objective, since they become facts of history only in virtue of the significance attached to them by the historian. Objectivity in history … cannot be an objectivity of fact, but only of the relation between fact and interpretation, between past, present, and future. … I … reject as unhistorical the attempt to judge historical events by erecting an absolute standard of value outside history and independent of it. But the concept of absolute truth is also not appropriate to the world of history – or, I suspect, to the world of science."[1]
>
> "The historian does not sit in judgement on an individual oriental despot. But he is not required to remain indifferent and impartial between, say, oriental despotism and the institutions of Periclean Athens. He will not pass judgement on the individual slave-owner. But this does not prevent him from condemning a slave-owning society. Historical facts … presuppose some measure of interpretation; and historical interpretations always involve moral judgements – or, if you prefer a more neutral-sounding term, value judgements."[2]
>
> *Edward Hallett Carr*

Im Übergang von der mittelalterlichen Feudalgesellschaft zur kapitalistischen Wirtschaftsweise und zu neuen politischen Strukturen in Europa (etwa vom 15. bis zum 17. Jahrhundert) kam es zu einer völligen Neugestaltung der ökonomischen und politischen Ordnung. Dabei ergab sich eine enorme Erweiterung der Beteiligung (immer größer werdender Teile) der Bevölkerung an der politischen Gestaltung der Gesellschaft. Damit gingen aber auch bis dahin nicht gekannte, massenhafte Veränderungen des Bewusstseins und des Verhaltens der Individuen einher: diese Veränderungen wurden sichtbar in den Sphären der Religion, der Kunst und Wissenschaft, der Ökonomie und der Politik – ungleichzeitig oder zusammenhängend wirkend. Insgesamt kommt es in der europäischen Neuzeit zu einer eigentümlichen Politisierung aller Bereiche des menschlichen Lebens; alles kann, im Großen wie im Kleinen, von politischer Bedeutung sein. Oder, anders ausgedrückt: alles ist für die Menschen erkennbar und gestaltbar.

Im vorliegenden Buch geht es zunächst um einige grundsätzliche Überlegungen zu Geschichte, Wissenschaft und Politik; dann werden die Entstehung und

1 E.H. Carr: What is History? [1961]. Harmondsworth: Pelican 1968, 120.

2 Ebenda, 79.

Entwicklung des modernen Staates anhand einer vergleichenden Darstellung von zwei höchst unterschiedlichen, aber beispielhaften Verläufen – England und dem zentraleuropäischen Raum der Habsburgermonarchie – skizziert. Das Beispiel England wird deswegen gewählt, weil hier ein vollkommenes Feudalsystem geschaffen worden war; weil die Entwicklung der absoluten Monarchie (und damit der Anfänge des modernen Staates) sich vor den vergleichbaren Beispielen in West- und Mitteleuropa vollzogen hatte; weil England mit zahlreichen Einrichtungen (insbesondere mit Parlament und Konstitution) beispielhaft für spätere Verfassungen, konstitutionelle Monarchien und demokratische Republiken war; weil der englische Parlamentarismus seine wesentlichen Ausformungen im Zusammenhang mit Reformation und Revolution erfahren hat; und weil in England erstmals in Europa die kapitalistische Produktionsweise durchgesetzt wurde.

In der Habsburgermonarchie wurde demgegenüber eine absolutistische Fürstenherrschaft im Zusammenhang mit Gegenreformation und der Herstellung ökonomischer und kultureller Rückständigkeit durchgesetzt; die Ausbildung eines modernen Staates geschah im Rahmen eines persönlichen Regimes der Habsburger und eines wiederholten komplexen Krisenmanagements, das die ärgsten Folgen der Gegenreformation wiederum beheben und kapitalistische Wirtschaftsweise nur verknüpft mit einer politischen Kultur der Untertänigkeit zulassen sollte. Die Ausformungen politischer Institutionen sind nicht loszulösen von ökonomischen Entwicklungen und der Gestaltung gesellschaftlicher Strukturen; der moderne Staat in Europa ist im Zusammenhang mit der Durchsetzung oder Behinderung der kapitalistischen Produktionsweise entstanden. Politik und Ökonomie wurden dabei zu deutlich unterschiedenen (aber doch miteinander verknüpften) Bereichen.

Gesellschaftliche Auseinandersetzungen werden aber immer wieder auch in Kunstwerken ausgedrückt, reflektiert und weiter ausgetragen. Vorstellungen von der möglichen Gestaltung des individuellen Lebens und von der politischen Gestaltung der Gesellschaft, Theorie der Politik und Theorie der Geschichte finden ihren Niederschlag in poetischen Texten, Reise- und Bildbeschreibungen, in ästhetischer Theorie – und das geschieht in Zeiten von politischen Umwälzungen, von Ansätzen radikaler gesellschaftlicher Veränderung und deren Rückgängigmachung, kann aber eben auch später erinnert und eingesehen werden und zur Anregung zu weiterem Denken und Handeln führen.

Und schließlich wird in diesem Buch gezeigt, wie es im Habsburgerreich zur Auslösung des großen Krieges gekommen ist, und wie dies die Entscheidung von Wenigen war. Die Entfaltung des Politischen im neuzeitlichen Europa führte zu Fortschritten der demokratischen Entwicklung, aber auch immer wieder zu Rückschlägen in dieser Entwicklung und zur Zerstörung demokratischer

Ansätze. Wenn aus all dem etwas gelernt werden soll, dann dieses: nur wenn möglichst alle Menschen, in demokratischer Weise, über ihr Schicksal bestimmen können, besteht Aussicht auf ein gutes Leben für alle.

Ich danke dem Verlag facultas für die verlegerische Betreuung.

Mein besonderer Dank gilt Mag. Sabine Kruse für Geduld und Anregungen bei der Produktion des Buches; sowie DI Kristin Harrich für die kritische und sorgfältige Korrekturarbeit.

1 Geschichte, Politik und Wissenschaft

1.1 Moderne Wissenschaft und Geschichte

„Geschichte. Das ist die Erzählung von Geschehnissen, die als wahr ausgegeben werden, im Gegensatz zur Sage als einer Erzählung von Geschehnissen, die als falsch ausgegeben werden."[1]

Voltaire

"History. An account mostly false, of events mostly unimportant, which are brought about by rulers mostly knaves, and soldiers mostly fools."[2]

Ambrose Bierce

„Kein Mensch hat von der Natur das Recht erhalten, den anderen zu gebieten. Die Freiheit ist ein Geschenk des Himmels, und jedes Individuum derselben Art hat das Recht, sie zu genießen, sobald es Vernunft besitzt. Wenn die Natur irgendeine Autorität geschaffen hat, so ist es die väterliche Gewalt; aber die väterliche Macht hat ihre Grenzen, und im Naturzustand würde sie aufhören, sobald die Kinder in der Lage wären, sich selbst zu leiten.
Jede andere Autorität entspringt aus einer anderen Quelle als aus der Natur. Man untersuche sie genau; dann wird man sie immer auf eine der zwei folgenden Quellen zurückführen können: entweder auf die Stärke und die Gewalt dessen, der sie an sich gerissen hat, oder auf die Zustimmung derer, die sich ihr tatsächlich oder angeblich durch einen Vertrag zwischen ihnen und demjenigen, dem sie die Autorität übertrugen, unterworfen haben."[3]

„Es gibt keinen wahren Reichtum außer dem Menschen und der Erde. Der Mensch ist wertlos ohne die Erde und die Erde wertlos ohne den Menschen."[4]

„‚Enzyklopädie'. Dieses Wort bedeutet ‚Verknüpfung der Wissenschaften' … Tatsächlich zielt eine Enzyklopädie darauf ab, die auf der Erdoberfläche verstreuten Kenntnisse zu sammeln, das allgemeine System dieser Kenntnisse den Menschen darzulegen, mit denen wir zusammenleben, und es den nach uns kommenden Menschen zu überliefern, damit die

1 Jean Le Rond d'Alembert und Denis Diderot: Enzyklopädie. Eine Auswahl. Hrsg. und eingeleitet von Günter Berger. Frankfurt/M.: Fischer Taschenbuch 2013, 179.

2 Ambrose Bierce: The Devil's Dictionary [1911]. London: Folio Society 2013, 124.

3 Jean Le Rond d'Alembert und Denis Diderot (2013), 63 f.

4 Ebenda, 184.

> Arbeit der vergangenen Jahrhunderte nicht nutzlos für die kommenden Jahrhunderte gewesen ist; damit unsere Enkel nicht nur gebildeter, sondern gleichzeitig auch tugendhafter und glücklicher werden, und damit wir nicht sterben, ohne uns um die Menschheit verdient gemacht zu haben."[5]
>
> *Denis Diderot*

Die Entstehung und Entwicklung moderner Wissenschaft (der wissenschaftlichen Analyse und Darstellung von Vorgängen in Natur und Gesellschaft) in Europa war charakterisiert durch:

- die Verbindung von Kopf- und Handarbeit (insbesondere in den Naturwissenschaften),
- durch die Verbindung von Beobachtung, Experiment und theoretischen Überlegungen,
- durch das Konzept der Zusammenarbeit der wissenschaftlich und handwerklich Tätigen (Erfahrungsaustausch, Veröffentlichung und Diskussion von Erfahrungen),
- durch das Konzept des wissenschaftlichen Fortschritts.

Die moderne Wissenschaft selbst war Bestandteil und Ergebnis sozialer Bewegungen.[6] Sie entstand außerhalb der Universitäten; ihre Träger waren selbstgebildete Handwerker, gehobene Handwerker neuen Typs (Künstler-Ingenieure). Diese Künstler-Ingenieure schufen neue optische Instrumente (Fernrohre) und neue nautische Instrumente (Kompass); sie errichteten Festungen und Geschütze und entwickelten die dazugehörigen Sprengmittel; sie bauten Häuser, Paläste, Kirchen und statteten sie im Inneren aus; sie malten Bilder. Maler waren gezwungen, selbst chemische Experimente zu machen, um neue Farbeffekte zu erzielen; ebenso wie Versuche mit dem großflächigen Auftragen von Farben auf Mauerwerk – sie waren durchaus experimentierende Naturwissenschaftler. In den verschiedenen Bereichen der modernen Wissenschaft entstand auch ein eigentümliches historisches Bewusstsein: die Vorstellung, auf vergangenem Wissen aufzubauen und die eigenen neuen Erkenntnisse künftigen Generationen weiterzugeben; und damit verknüpft die Schaffung von Tradition, begründet auf der gemeinsamen Arbeit der wissenschaftlich und handwerklich Tätigen.

Wenn die menschliche Gesellschaft als von der Masse der Bevölkerung politisch gestaltbar gedacht werden kann und gedacht wird, dann verändert sich auch das Denken über die Geschichte der menschlichen Gesellschaft.

5 Ebenda, 139 f.

6 Siehe auch: Johann Dvořák: Über Theorien des Politischen in der europäischen Neuzeit. Wien: Facultas 2014, 43 ff.

Waren lange Zeit die Beschreibung von Ereignissen und die Kunde vom Ruhm bedeutender Herrscher wesentlicher Inhalt der Geschichtsschreibung, so entstanden – auch im Zusammenhang mit der modernen Wissenschaft überhaupt – zunehmend Werke, die gesellschaftliche Strukturen, politische Institutionen, Rechtsverhältnisse, Fragen nach der sozialen Bedeutung (und nach Ursachen und Wirkungen) geschichtlicher Ereignisse zum Gegenstand hatten.[7]

Die Wissenschaft von der Geschichte hatte in der europäischen Neuzeit einen eminent politischen Charakter, weil durch die Darstellung und Interpretation historischer Vorgänge ein immer größerer Anteil der Bevölkerung eines Staatswesens ermutigt oder entmutigt wurde, an der bewussten politischen Gestaltung der Gesellschaft teilzuhaben. Und: durch die Vermittlung der neuen Wissenschaft von der Geschichte wurde es möglich, politische Niederlagen von sozialen Bewegungen theoretisch zu erklären und zu verarbeiten und so auch die Hoffnung auf radikale Veränderungen der Gesellschaft zu bewahren, – ohne dies in Verbindung mit göttlichen Absichten und Interventionen oder in Verbindung mit gleichsam naturgesetzlich gedachten Entwicklungsnotwendigkeiten denken zu müssen. So ist es auch möglich, dass nach Niederlagen ein krisenunabhängiges Bewusstsein entsteht. Immer wieder wichtig war (und ist) die Abwehr von Vorstellungen von einer Zielgerichtetheit der Geschichte, von einem (gleichsam naturgesetzlichen) stufenweisen Fortschritt und ähnlichen Ideen. Wenn nämlich der Geschichte eine notwendige Entwicklung und ein Ziel (mag es noch so weit in der Zukunft liegen und noch so schön sein) zugeordnet wird, dann ist sie so wenig von Menschen zu gestalten, wie wenn göttliche Wesen die Geschicke der Menschheit lenkten.[8]

Es ist also hervorzuheben, dass der Geschichte selbst kein besonderer Sinn, keine Sicherheit der Entwicklung und kein Endziel innewohnt; dass es die Menschen sind, die die Möglichkeit haben, ihre Geschichte zu gestalten.

7 Siehe z. B.: Johann Dvořák (2014), 93–96, 25 f.

8 Siehe: Johann Dvořák (2014), 21–25.

1.2 Walter Benjamin und die „Tradition der Unterdrückten"

> „Die jeweils Herrschenden sind … die Erben aller, die je gesiegt haben. Die Einfühlung in den Sieger kommt demnach den jeweils Herrschenden allemal zugut…
> Wer immer bis zu diesem Tage den Sieg davontrug, der marschiert mit in dem Triumphzug, der die heute Herrschenden über die dahinführt, die heute am Boden liegen. Die Beute wird, wie das immer so üblich war, im Triumphzug mitgeführt. Man bezeichnet sie als Kulturgüter."[9]
>
> „Die Tradition als das Diskontinuum des Gewesenen im Gegensatz zur Historie als dem Kontinuum der Ereignisse." …
> „Die Geschichte der Unterdrückten ist ein Diskontinuum."
> „Aufgabe der Geschichte ist, der Tradition der Unterdrückten habhaft zu werden." …
> „Das Kontinuum der Geschichte ist das der Unterdrücker. Während die Vorstellung des Kontinuums alles dem Erdboden gleichmacht, ist die Vorstellung des Diskontinuums die Grundlage echter Tradition."[10]
>
> „Drei Momente sind in die Grundlagen der materialistischen Geschichtsauffassung einzusenken: die Diskontinuität der historischen Zeit; die destruktive Kraft der Arbeiterklasse; die Tradition der Unterdrückten."
> „Geschichte hat nicht nur die Aufgabe, der Tradition der Unterdrückten habhaft zu werden sondern auch sie zu stiften."[11]
>
> *Walter Benjamin*

Angesichts der Erfolge des Faschismus in Europa und insbesondere des Nationalsozialismus in Deutschland hatte *Walter Benjamin* sich bemüht, sowohl zu begreifen, was denn diese Erfolge möglich gemacht hatte, als auch wie der Faschismus bekämpft werden könnte. Walter Benjamin war einer der ganz wenigen deutschen Intellektuellen, für die die Massen nicht furchterregend und verabscheuenswert waren, sondern vielmehr die – einzige – Hoffnung auf eine radikale gesellschaftliche Veränderung zum Besseren hin in sich bargen. In seiner monumentalen Sammlung von Notizen, Textfragmenten, Teil-Montagen von Texten, die als „Passagen-Werk" überliefert sind, trachtete er, in der Geschichte, insbesondere in der des 19. Jahrhunderts, jene Momente zu entdecken, die Voraussetzungen für die katastrophalen Niederlagen der arbeitenden Klassen gewesen waren, aber auch jene, die vielleicht darüber belehren könnten, was zu tun wäre. Es geht Walter Benjamin um „die Erweckung eines noch

9 Walter Benjamin: Über den Begriff der Geschichte. In: Walter Benjamin: Gesammelte Schriften. Band I.2. Frankfurt/M.: Suhrkamp 1991, 696.
10 Walter Benjamin: Gesammelte Schriften. Band I.3. Frankfurt/M.: Suhrkamp 1991, 1236.
11 Ebenda, 1246.

nicht bewußten Wissens vom Gewesenen“[12]; und darum, dass „diese Arbeit – vergleichbar der Methode der Atomzertrümmerung, die die ungeheuren Kräfte freimacht, welche die Atome zusammenhalten – die ungeheuren Kräfte der Geschichte freimachen soll, die im ‚es war einmal‘ der klassischen historischen Erzählung eingeschläfert werden“.[13]

Tatsächlich betreiben wir Geschichte nicht (oder sollten sie nicht betreiben), um zu erfahren, „wie es eigentlich gewesen“ ist, sondern um zu wissen, wie es eigentlich *geworden* ist. Das bedeutet: wir wollen Ursachen und Wirkungen, kausale Zusammenhänge von gesellschaftlichen Vorgängen kennen, und Erklärungen für diese Vorgänge finden. In gewisser Weise beeinflussen unsere Anschauungen über vergangene Geschehnisse unser gegenwärtiges und zukünftiges Handeln. Historiker sind Detektive, Konstrukteure (d.h. Hersteller von Zusammenhängen), Aufklärer. Allerdings ist die Geschichtsschreibung seit ihren Anfängen auch das Feld für die Verdunkelung des Verständnisses von Ereignissen und gesellschaftlichen Prozessen gewesen – ein Arsenal der Ideen und der Rechtfertigung von Herrschaft, Ausbeutung und Unterdrückung. Walter Benjamin fasste in seinen Thesen „Über den Begriff der Geschichte“ einige seiner Einsichten zusammen.

> „Vergangenes historisch artikulieren heißt nicht, es erkennen ‚wie es denn eigentlich gewesen ist‘. Es heißt, sich einer Erinnerung bemächtigen, wie sie im Augenblick einer Gefahr aufblitzt. Dem historischen Materialismus geht es darum, ein Bild der Vergangenheit festzuhalten, wie es sich im Augenblick der Gefahr dem historischen Subjekt unversehens einstellt. Die Gefahr droht sowohl dem Bestand der Tradition wie ihren Empfängern. Für beide ist sie ein und dieselbe: sich zum Werkzeug der herrschenden Klasse herzugeben. In jeder Epoche muß versucht werden, die Überlieferung von neuem dem Konformismus abzugewinnen, der im Begriff steht, sie zu überwältigen. Der Messias kommt ja nicht nur als der Erlöser; er kommt als der Überwinder des Antichrist. Nur *dem* Geschichtsschreiber wohnt die Gabe bei, im Vergangenen den Funken der Hoffnung anzufachen, der davon durchdrungen ist: auch die Toten werden vor dem Feind, wenn er siegt, nicht sicher sein. Und dieser Feind hat zu siegen nicht aufgehört.“[14]

12 Walter Benjamin: Das Passagen-Werk. In: Walter Benjamin: Gesammelte Schriften. Band V.2. Frankfurt/M.: Suhrkamp 1991, 1014.

13 Ebenda, 1033.

14 Walter Benjamin: Gesammelte Schriften. Band I.2. (1991), 695.

Immer wieder gibt es bei Walter Benjamin Gleichnisse aus der Bibel, theologische Metaphern; er hat dies nicht gescheut, weil ja die prophetischen Bilder vom rächenden Messias, von der Schaffung einer neuen Erde, Ausdruck der immer wiederkehrenden Wünsche und Erwartungen vieler Menschen, Ausdruck ihres Strebens nach materiellen Verbesserungen, aber schließlich überhaupt Ausdruck ihres Strebens nach einem glücklichen Leben vor dem Tod waren.

Die Sprache der Theologie, die Sprache der Bibel, die Benjamin verwendet, ist die Sprache der radikalen jüdischen Propheten. Und diese erzählten ja nicht von einem besseren Jenseits für die Toten, von Himmel, Hölle, Fegefeuer, sondern von einem Kommen des Messias, das gleichbedeutend wäre mit der endlichen Herstellung einer guten Welt und mit dem Abhalten eines Strafgerichts, bei dem das Unterste zuoberst gekehrt würde, bei dem keiner, der je geherrscht hatte oder reich gewesen war, sicher sein konnte, der Gerechtigkeit zu entgehen und ausgelöscht zu werden aus der historischen Erinnerung. Walter Benjamin hebt mit seinem säkularisierten Messianismus hervor, dass die entscheidenden Handlungen Menschenwerk sein müssen; und dass dafür die Entfesselung – und nicht die dauernde Lähmung – massenhafter psychischer Energien Voraussetzung ist:

> „Das Subjekt der historischen Erkenntnis ist die kämpfende, unterdrückte Klasse selbst. Bei Marx tritt sie als die letzte geknechtete, als die rächende Klasse auf, die das Werk der Befreiung im Namen von Generationen Geschlagener zu Ende führt. Dieses Bewußtsein … war der Sozialdemokratie von jeher anstößig. Im Lauf von drei Jahrzehnten gelang es ihr, den Namen eines Blanqui fast auszulöschen, dessen Erzklang das vorige Jahrhundert erschüttert hat. Sie gefiel sich darin, der Arbeiterklasse die Rolle einer Erlöserin *künftiger* Generationen zuzuspielen. Sie durchschnitt ihr damit die Sehne der besten Kraft. Die Klasse verlernte in dieser Schule gleich sehr den Haß wie den Opferwillen. Denn beide nähren sich an dem Bild der geknechteten Vorfahren, nicht am Ideal der befreiten Enkel.“[15]

Für die befreienden Handlungen der unterdrückten und ausgebeuteten Klassen ist auch die Ausbildung einer besonderen Kultur notwendig, einer eigentümlichen Organisation des Bewusstseins, der Fähigkeiten und der Einstellungen – sonst kann es nicht zum befreienden kollektiven Handeln kommen.

> „Der Klassenkampf, der einem Historiker, der an Marx geschult ist, immer vor Augen steht, ist ein Kampf um die rohen und materiellen Dinge, ohne

15 Ebenda, 700.

> die es keine feinen und spirituellen gibt. Trotzdem sind diese letztern im Klassenkampf anders zugegen denn als die Vorstellung einer Beute, die an den Sieger fällt. Sie sind als Zuversicht, als Mut, als Humor, als List, als Unentwegtheit in diesem Kampf lebendig und sie wirken in die Ferne der Zeit zurück. Sie werden immer von neuem jeden Sieg, der den Herrschenden jemals zugefallen ist, in Frage stellen."[16]

In der Arbeiterbewegung des späten 19. und frühen 20. Jahrhunderts wurde immer wieder die Vorstellung propagiert, dass wirkliche proletarische Kultur, dass wirkliche proletarische Bildung erst nach dem Erfolg der proletarischen Revolution, nach der Überwindung des Kapitalismus und der Herstellung der sozialistischen Gesellschaft möglich wären und bis dahin eben organisatorische Disziplin gewahrt und mit Elementen der Kultur der Herrschenden das Auslangen gefunden werden müsste. Anders bei Walter Benjamin: Durch das Einbeziehen der historischen Erfahrungen, der Erfahrung der Leiden und Niederlagen, der Erkenntnis ihrer Ursachen, können hier und jetzt bei den Unterdrückten jene Kenntnisse und Fähigkeiten ausgebildet werden, die zur Austragung der aktuellen Auseinandersetzungen nützlich und hilfreich sind – so wird bereits jetzt einiges von dem geschaffen, was vielleicht vollendet wirklich erst in einer zukünftigen Gesellschaft bestehen kann; aber ohne solche antizipierenden Elemente einer besseren Kultur werden die bestehenden schlechten Verhältnisse nicht überwunden werden können. Die historische Erinnerung vermag darin zu bestärken.

Woran Walter Benjamin erinnert, sind zerstörte, unterdrückte und verdrängte Traditionen der Arbeiterbewegung, die wiederum rekonstruiert werden müssen: Die Förderung von eigenständiger Intellektualität und kollektiver Willensbildung auf der Grundlage demokratischer Diskussion; die Betonung von Eigenaktivität und Selbstdisziplin anstelle von zentraler Führung und Militarisierung der politischen Organisation; die Verknüpfung von individuellem und kollektivem Selbstbewusstsein und Handeln. Er wandte sich gegen einen Fortschrittsbegriff, „der sich nicht an die Wirklichkeit hielt, sondern einen dogmatischen Anspruch hatte".[17]

Wer immer meint, *den* Fortschritt automatisch auf seiner Seite zu haben, hat beinah schon verloren, weil die Orientierung an einer mechanistischen Vorstellung von historischer Entwicklung eigenständiges Handeln weitgehend überflüssig zu machen scheint. Überhaupt ist die Vorstellung von einer zielgerichteten geschichtlichen Entwicklung, von einem linearen oder stufenwei-

16 Ebenda, 694.
17 Ebenda, 700.

sen Fortschritt in der Geschichte eine zutiefst metaphysische (die Geschichte gleichsam zu einer göttlichen Wesenheit mit eigenem Willen machende) Vorstellung. Die wirkliche Geschichte kennt keinen linearen Fortschritt und auch kein Endziel; sie ist eine Geschichte der Brüche und Katastrophen, eine Geschichte der Diskontinuität und nicht eine der Kontinuität. Kontinuitäten und Traditionen sind theoretische Konstruktionen, die allerdings durch die gesellschaftliche Praxis verwirklicht werden können.

> „Die Tradition der Unterdrückten belehrt uns darüber, dass der ‚Ausnahmezustand', in dem wir leben, die Regel ist. Wir müssen zu einem Begriff der Geschichte kommen, der dem entspricht. Dann wird uns als unsere Aufgabe die Herbeiführung des wirklichen Ausnahmezustands vor Augen stehen; und dadurch wird unsere Position im Kampf gegen den Faschismus sich verbessern. Dessen Chance besteht nicht zuletzt darin, dass die Gegner ihm im Namen des Fortschritts als einer historischen Norm begegnen. – Das Staunen darüber, dass die Dinge, die wir erleben, im 20. Jahrhundert ‚noch' möglich sind, ist *kein* philosophisches. Es steht nicht am Anfang einer Erkenntnis, es sei denn der, dass die Vorstellung von Geschichte, aus der es stammt, nicht zu halten ist."[18]

In der Geschichte können Überbleibsel, Bruchstücke, Ruinen gefunden und in einen Zusammenhang gebracht werden. So kann eine Verbindung zwischen den – immer wieder gescheiterten, vernichteten, doch deswegen keineswegs sinnlosen – Versuchen der Herstellung eines besseren, eines glücklichen, Lebens für die große Zahl der Menschen geschaffen werden.

1.3 Heinrich Heine über „Verschiedenartige Geschichtsauffassung"

In einem Text von *Heinrich Heine* aus dem Jahr 1833 heißt es:

> „Das Buch der Geschichte findet mannigfaltige Auslegungen. Zwei ganz entgegengesetzte Ansichten treten hier besonders hervor."
>
> „Die einen sehen in allen irdischen Dingen nur einen trostlosen Kreislauf; im Leben der Völker wie im Leben der Individuen, in diesem, wie in der organischen Natur überhaupt sehen sie ein Wachsen, Blühen, Welken und Sterben: Frühling, Sommer, Herbst und Winter. … sie lächeln über alle Be-

18 Ebenda, 697.

strebungen eines politischen Enthusiasmus, der die Welt besser und glücklicher machen will, und der doch am Ende erkühle und nichts gefruchtet; – in der kleinen Chronik von Hoffnungen, Nöten, Mißgeschicken, Schmerzen und Freuden, Irrtümern und Enttäuschungen, womit der einzelne Mensch sein Leben verbringt, in dieser Menschengeschichte sehen sie auch die Geschichte der Menschheit.“[19]

„Der oben besprochenen, gar fatalen fatalistischen Ansicht steht eine lichtere entgegen, die mehr mit der Idee einer Vorsehung verwandt ist, und wonach alle irdischen Dinge einer schönen Vervollkommenheit entgegenreifen, und die großen Helden und Heldenzeiten nur Staffeln sind zu einem höheren gottähnlichen Zustande des Menschengeschlechtes, dessen sittliche und politische Kämpfe endlich den heiligsten Frieden, die reinste Verbrüderung, und die ewigste Glückseligkeit zur Folge haben.“[20]

„Beide Ansichten, wie ich sie angedeutet, wollen nicht recht mit unseren lebendigsten Lebensgefühlen übereinklingen; wir wollen auf der einen Seite nicht umsonst begeistert sein und das Höchste setzen an das unnütz Vergängliche; auf der anderen Seite wollen wir auch, daß die Gegenwart ihren Wert behalte, und daß sie nicht bloß als Mittel gelte, und die Zukunft ihr Zweck sei. Und in der Tat, wir fühlen uns wichtiger gestimmt, als daß wir uns nur als Mittel zu einem Zweck betrachten möchten …“[21]

Weder ist Geschichte die ewige Wiederkehr des Gleichen, noch aber sollen die Menschen bloß Erfüllungsgehilfen eines schon stets vorhandenen höheren Zweckes (etwa entsprechend einem Konzept des unaufhaltsamen, stetigen Fortschritts) sein; die Menschen selbst sollen *ihre* Geschichte machen, und das soll heißen, ihr Leben als gutes Leben gestalten können.

„Das Leben ist weder Zweck noch Mittel; das Leben ist ein Recht.
Das Leben will dieses Recht geltend machen gegen den erstarrenden Tod, gegen die Vergangenheit, und dieses Geltendmachen ist die Revolution. Der elegische Indifferentismus der Historiker und Poeten soll unsere Energie nicht lähmen bei diesem Geschäfte; und die Schwärmerei der Zukunftbeglücker soll uns nicht verleiten, die Interessen der Gegenwart und das zunächst zu verfechtende Menschenrecht, das Recht zu leben, aufs Spiel zu setzen. –

19 Heinrich Heine: Verschiedenartige Geschichtsauffassung. In: Heinrich Heine: Sämtliche Schriften. Hrsg. von Klaus Briegleb. Band 3. München: dtv 2005, 21.

20 Ebenda, 22.

21 Ebenda.

Le pain est le droit du peuple, sagte Saint-Juste, und das ist das größte Wort, das in der ganzen Revolution gesprochen worden.“[22]

22 Ebenda, 23.

2 Die Entstehung des frühmodernen Staates im 16. Jahrhundert am Beispiel Englands

2.1 Vorbemerkung

Nicht jede Form der politischen Organisation der Gesellschaft kann bereits als Staat bezeichnet werden. Durchaus fraglich ist dies für den mittelalterlichen Feudalismus mit seinen vielfältigen personenzentrierten Territorialherrschaften. Aber: wir können Elemente einer neuen politischen Organisation einer Gesellschaft, und eventuell auch veränderte Funktionen herkömmlicher Institutionen, wahrnehmen und beschreiben.

Sir Thomas Smith, ein Gelehrter und Staatsmann im England des 16. Jahrhunderts, hat in seinem in den 1560er-Jahren verfassten und erst nach seinem Tod im Jahr 1583 in London gedruckten und veröffentlichten Werk „De Republica Anglorum" folgende Bestandteile staatlichen Handelns festgestellt:

> "all common wealthes and governmentes be most occupyed, and be most diverse five thinges: in making of lawes and ordinaunces, for their owne government: in making of battell and peace, or truce with forraine nations: in providing of mony for the maintenance of themselves, within themselves, and defence of themselves against their enemies: in choosing and election of the chief officers and magistrates: and fifty in the administration of justice."[1]

Damit aber gibt er (wie in der gesamten Schrift) bereits an, welche Elemente von Staatlichkeit im damaligen England festgestellt und untersucht werden können und sollen; er erstellt eine Auflistung von Staatsfunktionen, die von der Gesetzgebung, über Schutz vor äußeren Feinden, Unterhalt einer eigenen Administration, Aufbringung der dazu notwendigen Geldmittel bis zum Rechtswesen reicht.

Die Ausformung von Elementen des (früh-)modernen Staates war ein längerer Prozess. Dazu gehörten

- die Transformation und Ausdehnung der Königsmacht – eine neue Form der Königsherrschaft, die absolute Monarchie;
- die allmähliche Ausdifferenzierung der Sphären der Politik, der Ökonomie, des Rechts und der Religion;

1 Sir Thomas Smith: De Republica Anglorum. Edited by Mary Dewar. Cambridge: Cambridge UP 2009, 88.

- der Funktionswandel und die Neugestaltung diverser Institutionen wie des Parlaments, der Gerichtshöfe, der allgemeinen zentralen und lokalen Verwaltung, der Aufbringung und Verwaltung der königlichen Finanzen.

Dazu gehörte auch die völlige Unterwerfung der Sphäre der Religion unter die weltliche Macht der englischen Krone und des englischen Parlaments. Ohne eine deutliche Verbesserung und Erweiterung der finanziellen Einnahmen der Krone wäre eine Neugestaltung der Königsherrschaft in dem Ausmaß, in dem sie im Verlauf des 16. Jahrhunderts stattgefunden hat, nicht möglich, ja nicht einmal denkbar gewesen.

Wenn wir die Vorgänge im Einzelnen betrachten und untersuchen, dürfen wir nicht leichtfertig der Versuchung erliegen, hierbei stets eine sorgfältige oder gar längerfristige Planung zu vermuten – nur weil wir das Ergebnis der vollzogenen Veränderungen kennen. In Darstellungen der englischen Geschichte im 16. Jahrhundert ist häufig von einer „Tudor Revolution in Government" die Rede, die in späteren Debatten weitgehend geleugnet wurde. Tatsächlich fand jedoch unter den Herrschern und Herrscherinnen der Tudordynastie eine Summe ziemlich radikaler Veränderungen im englischen System des Regierens statt: nicht plötzlich, nicht auf einmal und nicht aufgrund längerfristiger Planung, sondern: unter Nutzung momentaner Gelegenheiten; mit der steten Absicht der Herrscher, ihre Machtfülle nicht einschränken, sondern ausdehnen zu wollen; aufgrund des Vorhandenseins tüchtiger Berater der Krone und dank der Verknüpfung verschiedener gesellschaftlicher Interessen mit den unmittelbaren Interessen der Krone. Die umfassende politische und religiöse Neugestaltung der englischen Gesellschaft unter den Herrschern und Herrscherinnen der Tudordynastie war eine Summe von schwierigen und komplexen Prozessen, deren Ausgang im Einzelnen immer wieder offen war (und keinesfalls Ergebnis sogenannter historischer Notwendigkeiten). Daher können wir die Entstehung von wesentlichen Elementen des frühmodernen Staates in England im 16. Jahrhundert durchaus feststellen, müssen ihn aber nicht als notwendige Folge der besonderen Gestaltung des englischen Feudalismus sehen; und auch nicht bereits als eine unmittelbare Vorstufe der politischen Entwicklungen im 17. Jahrhundert.

2.2 Das Feudalsystem in England (nach 1066)

In England war nach der normannischen Eroberung ein Feudalsystem etabliert worden – in einer Vollkommenheit, wie es sonst in Europa nicht bekannt war. Nach 1066 war alles Land aufgeteilt worden: Der König *(William the*

Conqueror) behielt einen Teil für sich und belehnte im Übrigen die Angehörigen des Hochadels, die wiederum ihre Gefolgsleute mit Stücken von Land bedachten. Auf diese Weise wurde ein Lehenssystem geschaffen, in dem jeder, der Land erhielt, dafür seinem übergeordneten Herrn bestimmte Dienste schuldete. Es entstand eine soziale Pyramide mit dem König an der Spitze, in deren Mitte all jene adeligen Herren standen, die sowohl Land zu vergeben als auch Dienste zu leisten hatten, und deren Basis die Masse der in unterschiedlichem Ausmaß abhängigen Bauern bildete, die durch ihre Arbeit den ganzen feudalen Überbau überhaupt erst möglich machten. Seit der normannischen Eroberung gab und gibt es in England kein absolutes Eigentum an Grundstücken, sondern nur Herrschaftsrechte in verschiedenem Umfang. Diese Herrschaftsrechte über Grund und Boden waren entweder von unbefristeter Dauer (und der Grund beliebig verkaufbar und vererbbar) oder von befristeter Dauer und abhängig vom Willen des jeweiligen Grundherrn.

2.3 Ein neuer Typ von Königsherrschaft: die absolute Monarchie (1485–1603)

Im Jahr 1485 besiegte *Henry Tudor* in der Schlacht von Bosworth Fields König *Richard III.* und wurde als *Henry VII.* zu seinem Nachfolger gekrönt. Unter den Herrschern der Tudordynastie (1485–1603) wurde in England eine absolute Monarchie ausgebildet. Sie war nicht absolut in dem Sinne, dass der Herrscher eine unumschränkte Machtfülle innehatte, in der Ausübung seiner Herrschaft nicht durch Mitwirkungs- oder Kontrollbefugnisse anderer Organe beschränkt wurde oder den von ihm erlassenen Gesetzen nicht unterworfen galt. Der englische Monarch war absolut in dem Sinne, dass er keinen anderen Herrscher, weder Kaiser noch Papst, über sich hatte.

Nach dem Ende der sogenannten Rosenkriege – des Kampfes der Adelshäuser Lancaster und York um die Krone – „the last faction fight between organized gangs of barons for control of the government"[2] (wie ihn der englische Historiker *Christopher Hill* bezeichnete) – wurde die alte Aristokratie der Krone unterworfen oder vernichtet. Die weitgehende Entwaffnung des Adels und die damit einhergehende Monopolisierung der Gewalt durch die Krone waren bedeutende Errungenschaften der Tudors. Dies fand auch Ausdruck in der Architektur: die Aristokraten (und mochten sie noch so reich sein) errichteten sich keine Burgen und Festungen mehr.

2 Christopher Hill: The Pelican Economic History of Britain. Volume 2: Reformation to Industrial Revolution. Harmondsworth: Penguin 1969, 29.

"The last private castle to be built was the massive fortification of Thornbury, constructed by the Duke of Buckingham shortly before his execution in 1521. When the German Thomas Platter visited England in 1599 he commented on the absences of castles, which had been destroyed 'so that the inhabitants should not rise up against their king.'"[3]

Die Besonderheiten des englischen Feudalsystems kamen den Tudors sehr zugute: Nach englischem Recht schuldete der Untertan vor allem dem König Gehorsam (auch gegen seinen unmittelbaren Lehensherrn). Formal fand dies seinen Ausdruck im Untertaneneid *(oath of allegiance)*, der allen Untertanen von den lokalen Gerichten abgenommen wurde. Niemand war, dem Recht nach, gezwungen, für seinen unmittelbaren Lehensherrn zu kämpfen; der zum Militärdienst verpflichtete Lehensmann folgte seinem Herrn auf Ruf des Königs.[4] Durch die Reformation unter *Henry VIII.* wurde auch die Kirche vollkommen der Krone untergeordnet und dadurch jeder Einfluss des Papstes ausgeschaltet. England hatte zwar unter Henry VIII. seine letzten Auslandsbesitzungen verloren, zugleich aber bildete es eine ökonomische, religiöse und politische Einheit. Ein geschlossener Binnenmarkt ohne jegliche Zollschranken machte England zur größten Freihandelszone im damaligen Europa und nach der Reformation hatte es auch seine spezifische, nationale, Religion – den Protestantismus englischer Prägung. Im 16. Jahrhundert war Religion die Form, in der nationale Identität ihren Ausdruck fand.[5] Der König herrschte, als Oberhaupt der englischen Kirche, uneingeschränkt im religiösen Bereich. Die Geistlichen waren, von den Bischöfen abwärts, Diener der Krone (in einem noch größeren Ausmaß, als sie es ohnehin schon gewesen waren). Den Untertanen wurde in Form religiöser Doktrinen die Lehre von der absoluten Unterordnung unter den regierenden Herrscher, des Unrechts jeglichen Widerstands gegen ihn, gepredigt.[6] England wird als ein Reich *(commonwealth)* gesehen, das ringsum von Feinden umgeben ist: nur mit Geschlossenheit und Einigkeit kann es gegen diese Bedrohungen bestehen. Im Jahr 1576 schrieb *John Foxe*:

"God has so placed us Englishmen here in one commonwealth, also in one church, as in one ship together: let us not mangle or divide the ship, which

3 Ebenda, 33 f.

4 F.W. Maitland: The Constitutional History of England. Cambridge: Cambridge UP 1968, 161 f.

5 Sir Lewis Namier hat zu Recht angemerkt: „Religion is a sixteenth-century word for nationalism." [zitiert nach Christopher Hill (1969), 36].

6 J.W. Allen: A History of Political Thought in the Sixteenth Century. London: Methuen 1967, 125–33.

> being divided perisheth. … No storm so dangerous to a ship on the sea, as is discord and disorder in a weal public."[7]

Zu den Feinden im Inneren zählen die Anhänger der römischen Kirche: die Papisten veranstalten Verschwörungen, zetteln Umsturzversuche an und planen die Ermordung des Königs oder der Königin. Die neue englische Staatskirche wurde gegenüber dem König durch eine Versammlung der Vertreter der Geistlichen, der *Convocation*, repräsentiert. Diese Versammlung hatte unter anderem die Aufgabe, den König darüber zu informieren, welche Maßnahmen in der religiösen Sphäre notwendig wären. Die Krone stellte das einzige Bindeglied zwischen Kirche und Parlament dar; in keiner Weise verfügte das Parlament über irgendeinen verwaltungsmäßigen Einfluss auf die Kirche. Die Krone hingegen vermochte die Kirche sehr wohl zur Sicherung und Stärkung der eigenen Macht zu benutzen.

Die absolute Monarchie der Tudors darf aber keineswegs als eine sich über den sozialen Klassen erhebende, neutrale Einrichtung betrachtet werden; sie hatte sehr wohl ihre soziale Basis. Schon im 14. Jahrhundert war der Feudaladel gezwungen gewesen, sich zur Sicherung seiner Interessen auf zentrale Instanzen der Rechtsprechung zu stützen. Hungersnöte und Seuchen hatten die Bevölkerung Englands während des 14. Jahrhunderts beträchtlich verringert. Der daraus folgende Mangel an Arbeitskräften hatte zunächst zwei Folgen: im Bereich der Landwirtschaft führte er schließlich zur Beseitigung der Leibeigenschaft; für die Lohnarbeiter in Stadt und Land bedeutete er die Möglichkeit, höhere Löhne zu verlangen. Die Grundherren traten untereinander in Konkurrenz um Arbeitskräfte; Bauern verließen ihr Land und gingen zu dem Herrn, der ihnen bessere Bedingungen bot. Nur die zentrale Gesetzgebung und die zentrale königliche Gerichtsbarkeit garantierten die Wahrung der allgemeinen Interessen des Feudaladels gegenüber denen der einzelnen Adeligen. Es wurden Gesetze erlassen, die auf die Sicherung der Arbeitskräfteversorgung ebenso abzielten wie darauf, die Löhne niedrig zu halten. Diese Gesetzgebung versuchte nicht nur, Löhne zu drücken, sondern gleichzeitig, durch Kriminalisierung der Mobilität die Lohnarbeiter von vornherein daran zu hindern, sich an den Meistbietenden zu verkaufen: die königliche Rechtsprechung sorgte dafür, dass desertierte Bauern wieder zu ihren alten Grundherren zurückkehren mussten. Die zunehmende Übertragung der Rechtsprechung an zentrale Instanzen hatte natürlich die Position der adeligen Grundherren geschwächt und die der Krone gestärkt. Der Bereich des Rechts war für die absolute Monarchie in England von wesentlicher Bedeutung. Verwaltung und Rechtsprechung waren auf allen

7 Zitiert nach J.W. Allen (1967), 131.

Ebenen eng miteinander verbunden; Gerichtshöfe waren wichtige Herrschaftsmittel des Königs. Um wiederum Sir Thomas Smith zu zitieren:

> "The prince giveth all the chiefe and highest offices or magistracies of the realme ..."
>
> "All writtes, executions and commandementes be done in the princes name."
>
> "The supreme justice is done in the kinges name, and by his authoritie onely."[8]

Herrschten die Tudors auch absolut, so bedeutete dies keineswegs einen Interessengegensatz zum niederen Adel (= *gentry*) und zum Hochadel. Im Gegenteil: die soziale und ökonomische Position des Adels, die Kontrolle über die Bauernschaft, wurde durch die starke Zentralgewalt aufrechterhalten und gesichert – der Feudalismus zunächst gleichsam nationalisiert, verstaatlicht. Die Vergabe der konfiszierten Kirchengüter an den Adel – angeblich auf Anraten von *Thomas Cromwell*, um den Adeligen den Bruch mit Rom schmackhaft zu machen – hatte diesen tatsächlich an die Krone wie an die neue Form der Religion, an die Sache des Protestantismus englischer Prägung, gebunden. Das Fehlen eines stehenden Heeres und einer zentralen Bürokratie, die sich auch auf lokale Belange erstreckte, machte es für die Krone notwendig, sich auf lokale Verwaltung und Gerichtsbarkeit zu stützen. Die wichtigste Institution der lokalen Verwaltung und Gerichtsbarkeit war das Amt des Friedensrichters *[justice of the peace]*.[9]

Sir Thomas Smith hat über dieses Amt geschrieben:

> "The Justices of the peace be those in whom at this time for the repressing of robbers, theeves, and vagabunds, of privie complots and conspiracies, of riotes, and violences, and all other misdemeaners in the common wealth, the prince putteth his special trust."[10]

Voraussetzungen für die Erlangung dieses Amtes waren: Einkommen im Wert von ursprünglich 20 Pounds im Jahr (zum Vergleich: die Wahlrechtsqualifikation war ein Einkommen in der Höhe von 2 Pounds im Jahr), Zugehörigkeit zur anglikanischen Staatskirche, Wohnsitz in der jeweiligen Grafschaft und ein gewisses Maß an Bildung. Das Amt des Friedensrichters wurde von der Krone vergeben und die Friedensrichter unterlagen der Überwachung durch den *privy council*. Ihre Aufgaben waren juristische und administrative: von der Fest-

8 Sir Thomas Smith (2009), 87.
9 Esther Moir: The Justice of the Peace. Harmondsworth: Penguin 1969.
10 Sir Thomas Smith (2009), 104.

setzung der Löhne, Überwachung und Durchführung diverser Gesetze und Verordnungen über die Instandhaltung von Straßen und Brücken, bis hin zur Rechtsprechung. Während des 16. Jahrhunderts wuchs die Zahl der Aufgaben ständig, infolge der zunehmenden obrigkeitlichen Interventionen im sozialen und ökonomischen Bereich. Es war nicht das primäre Ziel der Politik der Tudors, die ökonomische Entwicklung zu fördern, sondern Ruhe und Ordnung, soziale Stabilität aufrechtzuerhalten. Da es weder eine Polizei noch ein stehendes Heer gab und der Adel weitgehend entwaffnet war, waren Unruhen und Aufstände jeweils äußerst gefährlich: sei es unmittelbar, sei es aber auch dadurch, dass zur Niederschlagung von Aufständen Söldner angeworben werden mussten, was wiederum die königlichen Finanzen beeinträchtigte. Es war daher aus politischen wie finanziellen Gründen notwendig, soziale Unruhen und Aufstandsversuche im Keim zu ersticken oder ihnen durch eine vorbeugende Politik eines gewissen sozialen Ausgleichs entgegenzuwirken.

Königliche Richter in allen Instanzen und auch die Friedensrichter auf lokaler Ebene hatten stets auch zur Aufgabe, die Stimmung in der Bevölkerung zu erkunden und ein wenig ausgleichend zwischen den Interessen der kleineren und abhängigen Bauern und den Interessen der Grundherren zu wirken. Es durfte aber nicht zu sehr zugunsten der Bauern und nicht zu sehr zulasten der Grundherren interveniert werden, wollte die Krone nicht die Unterstützung des Adels einbüßen. Für die abhängigen Bauern war es bereits eine ungeheure Errungenschaft, wenn sie Beschwerden gegen ihre Grundherren überhaupt bei Gerichten vorbringen durften; dies gab schon Hoffnung auf ein juristisches Verfahren, bei dem vom König ernannte Richter, und nicht der Grundherr selbst, ein Urteil fällten. Die Aussicht auf einigermaßen unabhängige Gerichte, auf eine Urteilsfindung, die nicht nur die Interessen der großen Grundherren, sondern gelegentlich auch die der kleineren Bauern berücksichtigte, schuf allmählich veränderte Denk- und Verhaltensmuster bei den Individuen und mit der Zeit eine „Kultur der Rechtsstaatlichkeit". (Wer sich auf Gerichtsverfahren einlässt, beteiligt sich üblicherweise nicht an Aufständen.) Dazu kam, dass im Verlauf des 16. Jahrhunderts die Leibeigenschaft in England endgültig überwunden wurde; um 1600 galt rechtlich, dass, wer immer englischen Boden betrat, als freier Mann betrachtet werden konnte, da in England keine Sklaverei oder Leibeigenschaft mehr existierte.

Die Tudors waren in ihrer Politik darauf bedacht, sowohl die allfällige Unzufriedenheit der unteren sozialen Schichten in Schranken zu halten, als auch die Interessen der Grundherren nicht zu sehr zu beeinträchtigen. Unter den Tudors kam jedenfalls ein politisches System zustande, das die absolute Herrschaft der Krone mit der Sicherung der Interessen der grundbesitzenden Aristokratie, aber auch der Kaufleute, Unternehmer und Handwerker in Stadt und Land zu verknüpfen vermochte und gleichzeitig kleineren, abhängigen Bauern Hoffnung und Möglichkeiten der Verbesserung ihrer Lage vermittelte. Der Dichter *Fulke Greville* hat Ende des 16. Jahrhunderts die Monarchie folgendermaßen beschrieben:

> "Laws, doctrine, discipline, being all assigned
> To hold upright that witty man-built frame;
> Where every limb, though in themselves distinct,
> Yet finely are unto the sceptre linked.
> An art by which man seems, but is not free;
> Crowns keping all their specious guiding reins,
> Fast in the hand of strong authority."[11]

2.4 Das englische Parlament im 16. Jahrhundert

Das englische Parlament war ursprünglich eine Versammlung der Hocharistokratie, des mittleren und niedrigeren Adels und der Vertreter der städtischen Kaufleute und Zünfte; seine wesentliche Aufgabe war die Bewilligung von Steuern und Abgaben, die in der Folge von der Krone eingehoben werden durften und die den Haushalt der Krone (der zunächst mit dem Staatshaushalt identisch war) ausmachten. Der englische Adel kannte nie, wie der auf dem Kontinent, die Befreiung von Steuern. Er hatte nur das Privileg der Selbstbesteuerung durch Parlamentsbeschluss. Wurzel des englischen Parlamentarismus ist keineswegs eine besondere Neigung zur Demokratie, sondern die Tatsache, dass die Besitzenden sich zum Zwecke der Selbstbesteuerung von Zeit zu Zeit versammelten. Sir Thomas Smith schrieb in „De Republica Anglorum":

> "The most high and absolute power of the realme of Englande, consisteth in the Parliament. … The Parliament … changes rightes, and possessions of private men, legittimateth bastards, establishes formes of religion, altereth weightes and measures, giveth formes of succession to the crowne, defineth of doubtfull rightes, whereof is no lawe alreadie made, appointeth subsidies, tailes, taxes, and impositions … the parliament of England … representeth and hath the power of the whole realme both the head and the bodie. For everie Englishman is entended to bee there present, either in Person or by procuration and attornies, of what preheminence, state, dignitie, or qualitie

11 Fulke Greville: Mustapha [ca. 1598]. Zitiert nach J.W. Lever: The Tragedy of State. London 1971, 7 f.

> soever he be, from the Prince (be he King or Queene) to the lowest person of Englande. And the consent of the Parliament is taken to be everie mans consent."[12]

Diese Sätze fassen den Stand des avancierten staatstheoretischen Denkens der damaligen Zeit sehr schön zusammen. Das Parlament von England, vor allem aber das House of Commons hatte während der Reformation eine enorme Aufwertung erfahren. Als gegen Ende des 15. Jahrhunderts der venezianische Gesandte in England eine Beschreibung des Landes verfasste, erwähnte er die Institution des Parlaments mit keinem Wort; ein halbes Jahrhundert später wäre eine solche Unterlassung in einem Bericht über England kaum mehr vorstellbar gewesen. Die Reformation unter Henry VIII. steigerte die Bedeutung des Parlaments als gesetzgebende Körperschaft und steigerte die Bedeutung des House of Commons gegenüber dem House of Lords. Henry VIII. stützte sich bei seinen Maßnahmen auf die antiklerikale Mehrheit im House of Commons gegenüber dem noch von geistlichen Würdenträgern durchsetzten und die alte Kirchenordnung eher bewahren wollenden Oberhaus.

In der Englischen Reformation wurde nicht nur die Kirche der Krone unterworfen; die Auflösung der Klöster und die Einziehung der Kirchengüter sowie deren Verkauf sorgten für eine bis dahin nicht gekannte Mobilität von Grundstücken, der durchaus eine soziale Mobilität entsprach. Es gab günstig Land zu kaufen für jene, die dafür Kapital hatten und es investieren wollten. Jene, die Grundstücke in bedeutendem Umfang erwarben, wurden *gentlemen*, wenn sie es nicht schon vorher gewesen waren. Der Anteil der *gentlemen* am Grundbesitz stieg während des 16. Jahrhunderts beträchtlich – zulasten des Anteils der Krone, der Kirche und der herkömmlichen Hocharistokratie. Die Interessenvertretung für die alte und neue *gentry* war das House of Commons. Das House of Commons hatte im Gefolge der Reformation beträchtlich an Bedeutung gewonnen – nicht aus eigener Kraft, sondern in Zusammenarbeit mit der Krone, indem es die Wünsche der Herrscher und Herrscherinnen erfüllte; dafür wurden Privilegien gewährt und Ansprüche anerkannt.

Henry VIII. hatte im August 1529 das Parlament einberufen; es begann seine Sitzungen am 4. November 1529 und tagte in insgesamt acht Sessionen bis 1536, um in umfassender Weise die religiöse Sphäre völlig neu zu ordnen und dabei auch die Macht des Königs als Oberhaupt der Kirche ungemein zu stärken und schließlich per Gesetz jegliche Autorität des Papstes zu eliminieren. Das englische Reformationsparlament war ein im damaligen Europa einmaliger Vorgang. In Versammlungen, im House of Lords (das die Gesamtheit der Hocharistokra-

12 Sir Thomas Smith (2009), 78 f.

tie umfasste) und im House of Commons (in dem die gewählten Mitglieder die gesamte übrige Bevölkerung von England repräsentierten) wurden jahrelang alle wichtigen religiösen Angelegenheiten einigermaßen öffentlich diskutiert und mit Mehrheit (auch das war neu) entschieden. Angelegenheiten, die bis dahin Gegenstand göttlicher Offenbarung und deren gelehrter Auslegung durch wenige Experten, sowie durch die Autorität der römischen Kirche gesichert gewesen waren, wurden nunmehr nach Diskussionen und Mehrheitsentscheidungen völlig neu gestaltet. Sichtbar für alle Welt wurden göttliche Angelegenheiten größtenteils von Laien (und nicht von zu Priestern geweihten Männern) diskutiert und entschieden und die Beschlüsse des Parlaments in der Folge von der Krone umgesetzt. Vieles von dem, was uns bis heute als übliche Verfahrensweisen des Parlamentarismus vertraut und geradezu selbstverständlich erscheint, ist in den Sitzungen des Reformationsparlaments, bzw. der weiteren Parlamente im Verlauf des 16. Jahrhunderts überhaupt erst ausgebildet worden: regelmäßige Frühjahrs- und Herbstsessionen, freie Rede und Diskussion, Mehrheitsabstimmungen, Immunität der Abgeordneten …

Das House of Commons hatte im Laufe des 16. Jahrhunderts immer wieder versucht, das Recht auf freie Rede im Parlament gewährt zu bekommen und zu sichern. Seit 1523 pflegte der *Speaker* des House of Commons auf dieses Privileg der freien Rede zu verweisen und um seine neuerliche Gewährung bzw. Bestätigung zu ersuchen. Dieses Privileg der freien Rede wurde zwar von der Krone gewährt, zugleich aber auch eingegrenzt. Es bestand im Parlament so lange und in solchem Ausmaß, als es nicht dazu führte, dass die *Commons* sich in unziemlicher Weise in Regierungsgeschäfte einmengten. Die Mitglieder des Parlaments genossen während seines Bestehens auch Immunität vor straf- und zivilrechtlicher Verfolgung. Im Zusammenhang mit der Etablierung dieses Privilegs im Jahr 1543 prägte Henry VIII. die (bis heute gültige) Formel „the king in parliament" als Definition für den (absoluten) Souverän in England.[13]

Die *Commons* hatten sich während des 16. Jahrhunderts bemüht, das Unterhaus als eine ebenso alte und ehrwürdige und bedeutsame Institution darzustellen, wie es die Krone oder das House of Lords waren; durch die Schaffung und Konstruktion von Präzedenzfällen sollte dieser Anspruch fundiert werden. Doch Ansprüche und politische Bedeutung rechtlich fundiert zu haben heißt noch lange nicht, über reale Macht zu verfügen. Keineswegs waren die *Commons* im 16. Jahrhundert in der Lage, die Politik der Krone wesentlich zu beeinflussen oder gar zu kontrollieren (wenn dies überhaupt je Absicht gewesen sein sollte). Das Parlament von England war im 16. und 17. Jahrhundert eine einzig-

13 G.R. Elton, ed.: The Tudor Constitution. Documents and Commentary. Cambridge: Cambridge UP 1968, 269 f.

artige Einrichtung im damaligen Europa. War das House of Lords eine Vollversammlung der Hocharistokratie (und erinnerte so noch stark an herkömmliche feudale Strukturen), so war das House of Commons eine Versammlung der gewählten Vertreter der (kleineren und mittleren) freien Grundbesitzer, Kaufleute, Unternehmer … und repräsentierte die gesamte Bevölkerung Englands. Aber: das House of Commons war im späten 16. und frühen 17. Jahrhundert keine selbst herrschende Institution, sondern barg in sich (noch) nicht entfaltete Möglichkeiten von Herrschaftsausübung.

Vo.4

3 Die Etablierung des modernen Staates in der Englischen Revolution (1640–1660)

3.1 Krone und Parlament bis 1640

Solange die Krone das Parlament nicht um die Genehmigung zusätzlicher Finanzmittel ersuchen musste, herrschte jene legendäre Eintracht zwischen den beiden Institutionen, die von den Parlamentariern im 17. Jahrhundert immer wieder im Zusammenhang mit der großen Königin *Elizabeth I.* beschworen worden war. In dem Maße, in dem die Finanznöte die Krone zwangen, ihre Einkünfte auf jede nur mögliche Art zu erhöhen, wurde die Interesseneinheit zwischen König und Parlament, zwischen absoluter Monarchie und der in den beiden Häusern des Parlaments repräsentierten herrschenden Klasse aufgelöst. Konflikte um die Finanzpolitik der Krone bildeten den Hintergrund für die „verfassungsrechtlichen" Konflikte zwischen den Stuarts und ihren Parlamenten. Die Eingriffe der Krone in den verschiedenen wirtschaftlichen Bereichen, in Industrie, Handel, Gewerbe und Landwirtschaft, waren unter den Stuarts vor allem durch Finanznöte, die noch durch extravagante Hofhaltung gesteigert wurden, begründet. Die Vergabe beziehungsweise der Verkauf von Monopolen und speziellen Privilegien an Günstlinge des Hofes, die Regulationen und Strafbestimmungen im Bereich von Handel, Gewerbe und Industrie, der Einsatz der königlichen Sondergerichtsbarkeit für die unmittelbaren Interessen der Krone entfremdete die Stuarts zunehmend relevanten Teilen der gleichen herrschenden Klasse, die durchaus die soziale Basis der Tudorherrschaft ausgemacht hatte.

1629 löste *Charles I.* sein Parlament auf und versuchte die folgenden elf Jahre hindurch, seine Einkünfte ohne die Zustimmung des Parlaments zu erlangen und zu erhöhen. Seine Politik war deshalb so bedrohlich, weil er zum einen alle Möglichkeiten der absoluten Monarchie ausnützte und seine Administration verhältnismäßig effektiv war, zum anderen es den Anschein hatte, dass er auf Dauer ohne Parlament regieren könnte. (Seine Einnahmen reichten aus, solange er sich nicht auf kriegerische Unternehmungen einließ.) Nachdem im Falle der Einhebung von Abgaben zum Zwecke des Flottenbaus („ship money") sogar durch eine Gerichtsentscheidung die königliche Praxis der Steuereinhebung ohne Parlamentsbewilligung für legal erklärt worden war, schien das Privateigentum durch königliche Willkürakte gefährdet und durch kein Recht und keinen Richter mehr geschützt. Es waren nicht nur die Interessen einiger Großer und Reicher, gegen die der König verstieß; viele kleine Produzenten in Stadt und Land (Handwerker und Bauern) sahen ihre Interessen durch die staatlichen Interventionen ebenso beeinträchtigt wie zahlreiche Adelige.

So entledigte sich Charles I. weitgehend der herkömmlichen gesellschaftlichen Basis der absoluten Monarchie, ohne sich aber zugleich eine neue soziale Basis zu schaffen. Die Krone büßte das Ansehen einer über den Parteien stehenden, neutralen Instanz ein: den Bauern auf den eigenen Gütern trat sie als Grundherr wie jeder andere auch gegenüber; den anderen Grundherren musste sie in zunehmendem Maß als wirtschaftlicher Konkurrent erscheinen, der seine außergewöhnliche Machtposition in unfairer Weise ausnützte.

Die Konflikte zwischen Krone und Parlament (und eben insbesondere dem House of Commons) in der Zeit Charles' I. hatten sich dadurch ergeben, dass die Commons nicht länger ohne Weiteres gewillt waren, Steuern pauschal und gar auf Lebenszeit des Monarchen zu bewilligen. Sie wünschten vielmehr, dass mit den genehmigten Geldern auch ihre ökonomischen Interessen verfochten werden sollten. Das bedeutete außenpolitisch den Schutz des eigenen Seehandels und forciertes Vorgehen gegen die katholischen Mächte, insbesondere Spanien; innenpolitisch aber die stückweise Überwindung der feudalen Schranken für die Entfaltung der neuen Produktivität. Der König hätte wahrscheinlich auch ohne parlamentarische Zustimmung zu zusätzlichen Steuern seine Regierung bis an sein Lebensende finanzieren können, hätte er nicht die Absicht gehegt, den Schotten mit militärischer Gewalt das englische Kirchensystem aufzuzwingen. Die daraus resultierende militärische Niederlage zwang Charles I., ein Parlament einzuberufen und sich Gelder bewilligen zu lassen, um die Kriegskosten finanzieren zu können.

3.2 Das Parlament (ab 1640)

In der Folge begannen beide Häuser des Parlaments, das House of Commons wie das House of Lords, die konstitutionellen Rechte enorm auszuweiten und abzusichern. Die maßgeblichen Berater des Königs wurden abgesetzt, verhaftet, angeklagt und hingerichtet – auf Initiative des House of Commons, mit der Zustimmung und Unterstützung durch das House of Lords und mit der Zustimmung des Königs. Das Parlament handelte nach seinem Zusammentreten am 3. November 1640 (jedenfalls in den ersten Jahren) auf der Grundlage einer politischen Theorie, die in Krone, Parlament und Volk einen Leib sah, dessen Kopf der König und dessen Glieder die Lords, die Mitglieder des House of Commons und das Volk waren. Daher waren auch die Maßnahmen des Parlaments nicht gegen die Krone überhaupt, sondern nur gegen die „bösen Ratgeber" gerichtet.

Die Parlamentarier waren gleichsam royalistischer als der König selbst, wenn sie seine bösen Ratgeber attackierten und ihn aus deren Fängen zu befreien suchten.

Es galt vor allem, jene ausgewogenen Verhältnisse, die vermeintlich zu Zeiten der Königin Elizabeth geherrscht hatten, wiederherzustellen – Harmonie und nicht Umsturz war das Ziel des Parlaments. Gleichzeitig waren jedoch alle Maßnahmen, die auf diese (Wieder-)Herstellung der Harmonie zwischen dem König, seinem Parlament und seinem Volk abzielten, so angelegt, dass sie die Vorherrschaft des Parlaments gegenüber der Krone bedeuteten. Am 25. November 1640 hatte *John Pym*, einer der führenden Parlamentarier, im House of Commons erklärt:

> "It is the law that unites the King and his people. … The law of this kingdom makes the King to be the fountain of justice, of peace, of protection; therefore we say, the King's courts, the King's judges, the King's laws; the royal power shines on in every public blessing and benefit we enjoy."

Dies klingt (insbesondere heutzutage) zunächst recht harmlos; doch selbst diese Aussage bedeutete, dass irgendwie alle – also auch der König selbst – den Gesetzen unterworfen wären: und das ist das Ende eines jeden absolutistischen Herrschertums und der Anfang eines modernen Konstitutionalismus. Ein schöner Gedanke aus der Zeit der Reformationsparlamente, verbunden mit der Vorstellung von der unverbrüchlichen Einheit von Krone und Parlament, wurde nun Wirklichkeit. Das Parlament, und insbesondere das House of Commons erreichte nunmehr jenen Status, der bisher imaginiert worden war. Im Konflikt mit der Krone, und später während des Bürgerkrieges, etablierte sich das Parlament tatsächlich als absoluter Souverän.

Die erste Phase der Auseinandersetzung des Parlaments mit der Krone (1640/41) endete mit einem vollen Erfolg des Parlaments:

- rechtliche Absicherung gegen Auflösung des Parlaments
- regelmäßige Parlamentssitzungen
- Bewilligung von Steuern und Abgaben durch das Parlament
- Garantie der Sicherheit der Person und des Eigentums vor willkürlichen Eingriffen durch die Krone

Man kann von einem Übergang von der absoluten zur konstitutionellen Monarchie sprechen.

In dieser ersten Phase der Auseinandersetzung zwischen Parlament und Krone wurde das Parlament auch immer wieder Adressat von Forderungen des Volkes. Es gab eine Volksbewegung (oder: eine Vielzahl von Initiativen im

Volk) außerhalb des Parlaments: es wurden Eingaben an das Parlament mit vielfältigen Forderungen ökonomischer, rechtlicher, religiöser Art formuliert und mit tausenden, ja zehntausenden Unterschriften versehen, im Parlament in Westminster eingebracht; Delegationen aus den Grafschaften überbrachten diese Forderungen. Darüber hinaus fanden in London Demonstrationen vor dem Parlament statt, die bestimmte Forderungen unterstützten und das Abstimmungsverhalten der Abgeordneten des Unterhauses und der Mitglieder des Oberhauses im Sinne der Interessen des Volkes zu beeinflussen trachteten. Zwei Forderungen, die von außen erhoben und im House of Commons diskutiert wurden, waren:

- Ohne Zustimmung des Parlaments sollte der König kein stehendes Heer unterhalten dürfen.
- die Abschaffung des Bischofsamtes (eine Forderung die auf eine Demokratisierung der anglikanischen Staatskirche abzielte)

Eine entscheidende Frage blieb, ob und in welchem Ausmaß das vom Parlament Erreichte gegenüber der Krone im Rahmen der herkömmlichen „Verfassung" auch tatsächlich bewahrt werden könnte: wichtig war daher die Kontrolle des Militärs. Die Sache war eben doch noch keine endgültig entschiedene: was, wenn der König mit bewaffneter Macht den vorherigen Zustand wiederherzustellen trachtete?

Darüber hinaus hatten das Ausmaß der Volksbewegung sowie der Rekurs eines Teils der Parlamentarier auf dieselbe dazu geführt, dass die Auseinandersetzungen sich nicht mehr auf einige hundert mehr oder weniger privilegierte Adelige und Kaufleute und den König beschränkten. Ein Teil der Parlamentarier begriff, dass eine derartige Volksbewegung nicht nur die Position des Königs bedrohte und einschränken half, sondern eine Gefahr für sie selbst darstellte. Einigen erschienen die religiösen Forderungen als Vorstufe künftiger sozialer Forderungen: Es gab Parlamentarier, die in der Religion ein Mittel zum Zweck der Sicherung der wirtschaftlichen, sozialen und politischen Stellung der oberen Klassen sahen und daher eine Abschaffung des Bischofsamtes als Vorstufe für die Abschaffung des Königtums und diese wiederum als Vorstufe für die Forderung nach Gütergleichheit betrachteten. Die Angst vor weiter reichenden politischen und sozialen Umwälzungen trieb eine Gruppe von Parlamentariern auf die Seite des Königs (es waren zum Teil die gleichen Personen, die noch vor Kurzem gegen ihn gestimmt hatten; eine andere Gruppe war der Überzeugung, die Volksbewegung kontrollieren und für die eigenen Ziele nutzbar machen zu können, und sah daher den König als die größere Bedrohung an, der man nötigenfalls mit Waffengewalt zu begegnen hatte.) Die Fragen der Kontrolle des Militärs und der Abschaffung der Bischöfe führten zu einer Spaltung unter den

Mitgliedern sowohl des Unter- wie des Oberhauses und in der Folge zur weiteren Verschärfung des Konflikts zwischen Krone und Parlament, und schließlich zur Abspaltung eines Teils der Parlamentspartei zum König hin und zum Bürgerkrieg.

3.3 Bürgerkrieg und Revolution

Der Beginn des Bürgerkriegs brachte das Parlament dazu, seine eigene Exekutive auszuformen, und zwar nicht nur in London, sondern ebenso in den einzelnen Grafschaften. Während des Englischen Bürgerkriegs 1642–1647 wurde eine enorme Steigerung der Stellung und der Macht des Parlaments vollzogen; und zwar im engen Zusammenhang mit der Konstituierung des modernen Staates. Das Parlament in Westminster musste sich notgedrungen von einer bloß gesetzgebenden Einrichtung in eine sowohl legislative als auch exekutive Institution verwandeln; bzw. in eine Institution, die überhaupt erst jeweils konkret zu schaffenden ausführenden Organen Anweisungen gab. Von den beiden Häusern des Parlaments bis hinunter auf die lokale Ebene gehörte die Schaffung von Komitees zur wesentlichen Organisationsweise der neuen Exekutive.

Um den Krieg zu finanzieren, griff das Parlament zu außergewöhnlichen Maßnahmen: von umfangreichen Landkonfiskationen bis hin zur Einführung einer völlig neuartigen Steuer, der Akzise. Bei der Akzise handelte es sich um eine Umsatzsteuer auf Güter des alltäglichen Bedarfs (Brot, Bier, Seife … – die Liste der so besteuerten Konsumgüter wurde laufend erweitert). Während die bis dahin üblichen Steuern ja gerade die Masse der Bevölkerung nicht oder nicht unmittelbar betroffen hatten, sondern von den Besitzenden gezahlt worden waren, betraf die Akzise die gesamte Bevölkerung, trieb die Preise für Artikel des täglichen Bedarfs in die Höhe und belastete die Armen ungleich härter als die Reichen. Die Einführung der Akzise bedeutete eine Revolution des Steuerwesens: die Steueraufbringung (das heißt die Finanzierung des Staatshaushaltes) wurde von den Besitzenden auf die Masse der Habenichtse abgewälzt, der Staat konnte sich erstmals sichere und berechenbare Einnahmen verschaffen und das Steueraufkommen nach seinen finanziellen Bedürfnissen gestalten. (Noch während des Bürgerkrieges kam es wegen der Einführung der Akzise in den vom Parlament kontrollierten Gebieten zu Protesten und Aufruhr der unteren Klassen, der gewaltsam unterdrückt wurde.) Die Finanzierungsmaßnahmen des Parlaments erforderten auch die Einführung einer ganz neuen Administration, zunächst auf lokaler Ebene, aber stets mit einer Zentralinstanz in London. Wurde diese Administration anfangs noch von Freiwilligen und durch individuelles Engagement aufrechterhalten, so wurde im weiteren Verlauf des Bürgerkriegs und der Republik ein zunehmend professioneller, d. h. von bezahlten Funktionären getragener Verwaltungsapparat ausgeformt.

Die Finanzpolitik des Parlaments stand stets in engem Zusammenhang mit der Agrarpolitik. Strafweise Besteuerung und Konfiskation des Grundbesitzes der begüterten Anhänger des Königs sollten den chronischen Geldmangel des Parlaments beseitigen helfen. Dabei kam es zu Interessengegensätzen innerhalb des Parlaments, zwischen Ober- und Unterhaus. Während die Mitglieder des Oberhauses die gesellschaftliche Stellung des Hochadels zu wahren trachteten, fanden im Unterhaus die Interessen der Hauptgläubiger des Parlaments, der Kaufleute von London wie auch anderer Städte Englands, ihren Ausdruck. Diesen Kreditgebern war es gleichgültig, woher das Geld für die Rückzahlungen kam, aber je länger der Bürgerkrieg andauerte, desto entschiedener bestanden sie auf Sicherstellungen (in Form von Grundbesitz) für zu gewährende Kredite. Dies führte zu einer Radikalisierung der Politik des Parlaments in Bezug auf die Enteignung von großem Grundbesitz. Das Ende des englischen Bürgerkriegs zwischen König und Parlament brachte die militärische Niederlage der Anhänger des Königs, die Gefangennahme, Anklage, Verurteilung und Hinrichtung König Charles I. sowie die Errichtung einer Republik (1649). Innerhalb von weniger als einem Jahrzehnt war in England ein Prozess vollzogen worden, der vom Übergang von der absoluten zur konstitutionellen Monarchie bis zur Abschaffung der Monarchie und der Errichtung einer Republik führte.

Während des Bürgerkriegs und der Zeit der Republik 1642–1660 kam es zu einigen sozialen und ökonomischen Umwälzungen. Es gab Enteignungen und umfangreiche Ländereien wechselten ihre Besitzer. Aber die bloße Übertragung von Grundstücken (und sei sie auf staatliche Zwangsmaßnahmen zurückzuführen) bedeutet so wenig eine soziale oder ökonomische Umwälzung, wie der Verkauf einer Ware eine revolutionäre Handlung darstellt. Allerdings waren die neuen Eigentümer durchaus daran interessiert, in möglichst kurzer Zeit ein Maximum an Profit aus den erworbenen Ländereien und den dazu gehörenden Bauern herauszuholen. Das hatte seine Ursache auch in der relativen Unsicherheit des Besitzstandes, da es stets ungewiss blieb, ob die Güter im Falle einer Restauration der Stuarts nicht an die alten Eigentümer rückerstattet werden müssten. Auch viele royalistische Grundherren, die Opfer von Konfiskationen und strafweisen Besteuerungen geworden waren, mussten nach Gewinnmaximierung streben, um ihren Lebensstandard erhalten, Grundstücke zurückkaufen oder Geldstrafen bezahlen zu können. Insgesamt bedeutete das die Intensivierung und Beschleunigung des Prozesses der Durchsetzung kapitalistischer Produktionsweisen in der Landwirtschaft, verbunden mit technischen Innovationen, wissenschaftlicher Forschung und der Anwendung ihrer Ergebnisse. Dazu kamen noch die Auswirkungen der Akzise, die ja eine beträchtliche

Verteuerung einer Reihe von Konsumartikeln und somit eine entsprechende Steigerung der Lebenshaltungskosten mit sich brachte. Für viele kleine Bauern bedeutete das in der Folge, dass ihre Tätigkeit unwirtschaftlich wurde und sie daher gezwungen waren, sie aufzugeben. Das Ergebnis war die Entstehung eines ländlichen Proletariats und die Schaffung größerer landwirtschaftlicher Produktionseinheiten. (Der dem Parlament während des Bürgerkriegs und der Republik zur Verfügung stehende Land-Fonds war ja auch in einer Weise veräußert worden, die die Bildung größerer Produktionseinheiten gefördert hatte.) Die Entwicklung in der Landwirtschaft führte zu einer quantitativen Steigerung der agrarischen Produktion, zu einer weiteren „Freisetzung“ von Arbeitskräften und zur Bildung eines großen Binnenmarktes für industriell gefertigte Güter des täglichen Bedarfs infolge der fortgeschrittenen Arbeitsteilung zwischen Landwirtschaft, Gewerbe und Industrie, der ausschließlichen Produktion für den Markt anstelle teilweiser für den Eigenbedarf.

3.4 Die Etablierung des modernen Staates und die Durchsetzung der kapitalistischen Wirtschaftsweise im England des 17. Jahrhunderts

Zusammenfassend kann festgestellt werden[1]: Der Konflikt zwischen Krone und Parlament im 17. Jahrhundert ist erklärbar aus dem gesteigerten Finanzbedarf der Krone und dem Unwillen der Besitzenden, die dafür notwendigen Geldmittel aufzubringen. Dazu kam, dass der Hochadel gegen Ende des 16. und im frühen 17. Jahrhundert zunehmend an wirtschaftlicher Bedeutung eingebüßt hatte. Es wurde geschätzt, dass Anfang des 17. Jahrhunderts im Unterhaus zwei Drittel der Besitztümer der englischen Nation vertreten waren, während das restliche Drittel dem Oberhaus zuzurechnen war.

Während der Englischen Revolution 1640–1660 etablierte das Unterhaus endgültig seine Vorherrschaft im Parlament (zeitweise war das Oberhaus sogar abgeschafft, und erst nach der Restauration der Stuarts 1660 wurde es wieder eingerichtet – aber mit eingeschränkten Befugnissen): Die wirtschaftliche Bedeutung der im Unterhaus Vertretenen fand auch in ihrer politischen Macht ihren Ausdruck. Das Parlament hörte auf, eine Institution der Selbstbesteuerung der herrschenden Klasse zu sein und bestimmte nunmehr über die Umwälzung der Steuerlasten auf die Masse der Bevölkerung. Mit der „Glorreichen

1 Siehe: Christopher Hill (1969); Johann Dvořák: Staat, Recht und Agrarpolitik während der Englischen Revolution, 1642–1653. Wien: Universität Wien 1976.

Revolution" von 1688 (dem Sturz des letzten Stuart-Herrschers *James II.* und seiner Ersetzung durch *Wilhelm von Oranien*) konnte das vom Unterhaus dominierte Parlament seine Position als tatsächlicher Souverän von England sichern: Das Parlament wurde eine ständige Einrichtung mit regelmäßigen Sitzungsperioden und geregelten Wahlen zum Unterhaus. Die neue Steuerpolitik bedeutete eine sichere Finanzierung des Staatshaushaltes und ein Ende der Konflikte zwischen Krone und Parlament in Finanzfragen, da dem König einfach bestimmte Einkünfte garantiert wurden und er zunehmend in die Rolle des Staatspensionärs geriet. Mit sicheren und kalkulierbaren Einnahmen für den Staatshaushalt war es möglich, einen Staatsapparat systematisch auf- und auszubauen und strukturell zu verändern, zum Beispiel neue zentrale Behörden (Schatzamt, Admiralität) zu schaffen.

Auch konnte der Staat aufgrund der verbesserten Finanzlage nach außen hin zugunsten der nationalen Handelsinteressen (Flottenpolitik, Kolonien, Sicherung von Absatzmärkten) intervenieren, während im Inneren die Entwicklung dem stummen Zwang der Verhältnisse überlassen bleiben konnte. Während der Englischen Revolution und in der zweiten Hälfte des 17. Jahrhunderts wurden die Reste feudaler Wirtschaftsweise gründlich beseitigt und der Großgrundbesitz der Adeligen in agrarkapitalistische Unternehmungen transformiert – mit einem zahlenmäßig ständig wachsenden ländlichen Proletariat. (Die große Zahl der Lohnarbeiter auf dem Land wiederum war die Voraussetzung und die Rekrutierungsbasis für die Entstehung des Industrieproletariats gegen Ende des 18. und zu Beginn des 19. Jahrhunderts.)

4 (Mittel-)Europa um 1600: Protestantismus, Überwindung der Leibeigenschaft, Ständeversammlungen und landesfürstlicher Absolutismus

"... the right of choosing, yea of changing their own government, is by the grant of God himself in the people ..."

"... who knows not that there is a mutual bond of amity and brotherhood between man and man over all the world ..."[1]

John Milton

"... experience daily shews us that nothing is impossible unto man, but that through labour and industry the most difficult things at length may be obtained ..."

The Moderate, 1648[2]

„Da wir Bürger einer Welt sind, was hindert, daß wir uns in einem Gemeinwesen unter gleichen Gesetzen zusammenfinden."[3]

Jan Amos Komenský

Die diversen Strömungen der protestantischen Reformation in Europa können begriffen werden als Versuche der Verknüpfung von einheitlicher Weltsicht, individueller und sozialer Lebenspraxis. Wesentlich dafür war die massenhafte Verbreitung des – bis dahin – Wenigen vorbehaltenen Wissens um die göttlichen und menschlichen Angelegenheiten und um die Vorgänge in der Natur in Form von Druckschriften. So entstand die neuzeitliche Kultur des Buches mit individueller Lektüre, sowie der Kommunikation über die individuellen Leseerfahrungen. Lesen zu können (was damals nicht unbedingt mit der Fertigkeit des Schreibens verbunden sein musste) bedeutete für die einzelnen Menschen die Entdeckung und Erschließung einer neuen Welt, das Ende der Abhängigkeit von herkömmlichen Autoritäten, das Gewinnen von Eigenständigkeit – von Eigenständigkeit im Denken, aber auch im wirtschaftlichen, religiösen, politi-

1 John Milton: Prose Writings. London: Dent 1970, 195.

2 Zitiert nach: Joseph Frank: The Beginnings of the English Newspaper 1620–1660. Cambridge, Mass.: Harvard University Press 1961, 160.

3 Zitiert nach: Heinz-Joachim Heydorn und Gernot Koneffke: Studien zur Sozialgeschichte und Philosophie der Bildung I: Zur Pädagogik der Aufklärung. München: List 1973, 27.

schen Handeln. Daher war die Ausbildung einer Kultur des Buches eng verbunden mit der Ausformung einer Kultur der Arbeit.

Der revolutionäre Befreiungskampf der Niederlande gegen das mächtige Spanien unter der Herrschaft der Habsburger im späten 16. Jahrhundert war ein Beispiel dafür, dass ein relativ kleines Volk über sein Schicksal selbst zu bestimmen vermochte; aber auch ein Beispiel dafür, wie politische Selbstbestimmung, Protestantismus und ökonomische Entwicklung zusammenzuwirken vermochten. Die Niederlande wurden zu einem der reichsten und mächtigsten Staatswesen in Europa.

Böhmen und Mähren gehörten um 1600 (neben den Niederlanden, England und Teilen Italiens) zu den ökonomisch und kulturell höchstentwickelten Regionen Europas. Die Leibeigenschaft war in Böhmen und Mähren um diese Zeit weitgehend überwunden. Die aufstrebenden kleinen, eigenständigen Produzenten (Bauern, Handwerker, Gewerbetreibende, Kaufleute) überwiegend protestantischen Glaubens beförderten den Prozess des Übergangs von der Feudalgesellschaft zur kapitalistischen Produktionsweise.

> "The generally favourable conditions of economic development in Bohemia found their reflection too in the field of culture. Printers disseminated not only religious literature which by the end of the sixteenth century had penetrated to the very lowest levels of society as a vehicle for polemic and public agitation, but were also active in reporting the events of the moment, providing technical books, especially in the sphere of agriculture, and feeding the popular demand for traveller's tales and folk songs. The most outstanding success in confessional literature and in the cultivation of the Czech language was achieved by the Czech Brethren. The Czech grammar of Jan Blahoslav and the collective translation of the Scriptures which was published in 1579–88 as the Bible of Kralice established themselves as lasting models."[4]

Für die Zeit zu Beginn des 17. Jahrhunderts konnte festgestellt werden:

> "the state of Bohemia grew to be a notable representative of the kind of racial and confessional toleration which is regarded as the achievement of the age of Enlightenment, two centuries later".[5]

Zugleich mit den ökonomischen und kulturellen Errungenschaften entwickelten sich in den Ländern der böhmischen Krone auch politische Theorien von

4 J.V. Polišenský: The Thirty Years' War. London: New English Library 1974, 52.
5 Ebenda, 51 f.

der Bedeutung der Ständeversammlungen und der in ihnen repräsentierten allgemeinen Volksinteressen.[6]

Das Modell dafür hatten die Niederlande geliefert und die politische Praxis zusammenfassend in der Unabhängigkeitserklärung der Generalstände im Jahr 1581 theoretisch begründet:

> "God did not create the people slaves to their prince, to obey his commands whether right or wrong, but rather the prince for the sake of the subjects (without which he could be no prince), to govern them according to equity, to love and support them as a father his children or a shepherd his flock, and even at the hazard of life to defend and preserve them.
> And when he does not behave thus but on the contrary oppresses them, seeking opportunities to infringe their ancient customs and privileges, exacting from them slavish compliance, then he is no longer a prince but a tyrant, and the subjects are to consider him in no other view.
> And particularly when this is done deliberately and authorised by the States (i. e. the representative assembly), they may not only disallow his authority but legally proceed to the choice of another prince for their defence."[7]

In der Unabhängigkeitserklärung hatten die niederländischen Generalstände auch festgestellt:

> "Let all men know that … we have declared and declare hereby by a common accord, decision and consent the king of Spain, *ipso iure* forfeit of his lordship, principality, jurisdiction and inheritance of these countries, and that we have determined not to recognize him hereafter in any matter concerning the principality, supremacy, jurisdiction or domain of these Low Countries, nor to use or permit others to use his name as Sovereign Lord over them after this time."[8]

Als im Jahr 1618 die böhmischen Stände dazu ansetzten, sich eine neue Verfassung zu geben und einen neuen König zu wählen, hieß es in einem Bericht des venezianischen Gesandten *Giustiniani:*

6 Siehe: Hans Sturmberger: Georg Erasmus Tschernembl. Religion, Libertät und Widerstand. Ein Beitrag zur Geschichte der Gegenreformation und des Landes ob der Enns. Linz: Oberösterreichisches Landesarchiv 1953; Hans Sturmberger: Land ob der Enns und Österreich. Aufsätze und Vorträge. Linz: Oberösterreichisches Landesarchiv 1979, darin über Tschernembl: 91–97.

7 Zitiert nach: Christopher Hill and Edmund Dell, eds.: The Good Old Cause. London: Frank Cass 1969, 208.

8 Zitiert nach: Geoffrey Parker: The Dutch Revolt. Harmondsworth: Penguin 1979, 199.

> „Es zeigt sich immer mehr, daß das wahre und hauptsächlichste Ziel aller dieser Provinzen ist, eine Konföderation unter sich zu schließen und eine freie Regierung ähnlich jener der Schweizer und der holländischen Generalstaaten zu errichten, indem sie sich der Herrschaft des Hauses Österreich entziehen, oder diese so beschränken, daß nur noch der Name übrig bleibt.“[9]

Es könnte der Eindruck entstehen, dass um 1600 in Zentraleuropa Fürsten, bedrängt durch ihre (religiösen Irrlehren anhängenden und nach politischer Macht strebenden) Untertanen, in ihrer Not Zuflucht bei Formen absolutistischer Herrschaft suchten. Allerdings lässt sich zeigen, dass katholische Fürsten nicht nur nach Herstellung religiöser Konformität, sondern gleichzeitig nach entscheidender Schwächung oder Ausschaltung von Ständeversammlungen und damit verbunden nach Herstellung absolutistischer Herrschaft strebten. In Bayern etwa war der dortige Herrscher so erfolgreich, dass die Stände ihn im Jahr 1577 von sich aus baten, sie, solange er lebte, nicht wieder einzuberufen.[10] Der spätere Kaiser *Ferdinand II.*, der zunächst als Erzherzog in der Steiermark herrschte, wurde in Bayern bei den Jesuiten in Ingolstadt erzogen und nahm das Vorbild der bayrischen Herzöge ebenso wie die Lehren seiner Erzieher mit zurück in die Erblande; darüber hinaus hatte ihm auch sein Vater testamentarisch aufgetragen, die Steiermark wiederum katholisch zu machen.

> „Als er [Erzherzog Ferdinand] 1597 in Prag am kaiserlichen Hof weilte, erklärte er, die Stände würden immer vertrauter mit dem Gedanken, die Niederländer und die Schweizer nachzuahmen.“[11]

Selbst wenn die Ständeversammlungen nur die bestehenden und angestammten Rechte zu verteidigen suchten, wurde dies von ihren Fürsten als Anmaßung und geradezu aufrührerische Tätigkeit angesehen (und mit revolutionären Vorgängen wie in den Niederlanden in ihrem Befreiungskampf gegen die spanischen Habsburger verglichen). Die Auseinandersetzungen um die Stellung des Fürsten und um die Stellung der Ständeversammlungen waren eben tatsächlich Auseinandersetzungen um politische Macht und nicht (gleichsam herrschaftsfreie) Diskurse um ein harmonisches Verhältnis miteinander: am Ende der Konflikte gab es Sieger und Besiegte, und eben einen Triumph des fürstlichen Absolutismus.

9 Zitiert nach: Hans Sturmberger: Aufstand in Böhmen. München und Wien: Oldenbourg 1959, 46.

10 Hans Sturmberger: Land ob der Enns und Österreich. Aufsätze und Vorträge. Linz: Oberösterreichisches Landesarchiv 1979, 166.

11 Ebenda.

Wenn wir die Steiermark als das innerösterreichische Experimentierfeld der Gegenreformation und der völligen Entmachtung der Stände betrachten, dann wird erklärbar, warum nahezu zwei Jahrzehnte später die böhmischen Stände gleich einen anderen König wählten: von den gegenreformatorischen Habsburgern in der Generation Ferdinands waren weder Toleranz noch Kompromiss in religiösen wie in politischen Angelegenheiten zu erwarten.

> „Noch im Oktober 1598 betonten die steirischen Stände leidenschaftlich ihre hochprivilegierte Stellung, wodurch es in der Steiermark anders sei als in anderen Provinzen, ‚darüber die herrn und landsfürsten etwo absolutum imperium‘ hätten.“[12]

Im Frühjahr 1599 begann Erzherzog Ferdinand mit der Verwirklichung seines gegenreformatorischen Programms und des fürstlichen Absolutismus.

> „Es war ein Absolutismus der Praxis, dessen theoretischer Anspruch auf absolute Gewalt noch verschwommen und unklar war. Dieser praktische Absolutismus schob die Rechte der Stände beiseite …, beschränkte ihr Recht auf Verleihung der Landsmannschaft und verbot gemeinsame Aktionen der innerösterreichischen Landtage. Die Steirer und Kärntner fühlten dies: ‚sub praetextu religionis‘ würden ihre Landesbräuche ‚difficultiert‘ oder gar ‚eliminiert‘, beschwerten sie sich.
> Führende Beamte der steirischen Stände mußten in die Verbannung, die ständischen Institutionen wurden durch die Ersetzung mit regierungstreuen Landleuten und Beamten paralysiert. Ferdinand war schließlich das gewaltige Werk gelungen: die Restauration des Katholizismus und eine absolutistische Stärkung der landesfürstlichen Gewalt. Um 1600 war das Wesentliche geschehen, im selben Jahr, da Bischof Martin Brenner von Seckau im steirischen Landtag das Wort sprach: ‚princeps debet esse nulli subjectus‘ und damit den unumschränkten Herrschaftswillen des Landesfürsten ausdrückte.”[13]

12 Ebenda.
13 Ebenda, 167 f.

5 Die habsburgische Gegenreformation und die Zerstörung der zivilisatorischen Errungenschaften in Mitteleuropa

„Wehe dem König, der die Stimme Gottes, welche die Ketzer zu töten befiehlt, verachten sollte…“[1]

Kaspar Scioppius [1619]

„Der Terminus ‚Gegenreformation‘ … bedeutet gewaltsame, oft nur äußerlich bewirkte Glaubensänderung evangelischer Territorien zum Katholizismus durch das Fürstentum.“[2]

„Freilich war in der Praxis die gewaltsame Restauration des Katholizismus in den Erbländern zugleich ein sehr wirksames Mittel zur Ausbildung des Fürstenstaates und ein Instrument, den Ständen politisch das Rückgrat zu brechen.“[3]

Hans Sturmberger

“… the Habsburg Cause was saved by the operation of two decisive factors. The Czech aristocracy … was unable to rally any profound social enthusiasm among the rural or urban masses for its revolt; some two-thirds of the population was Protestant, but at no point did religious zeal serve to cement an inter-class bloc against Austrian counter-attack, of the type, which had marked the Dutch struggle against Spain. The Bohemian Estates were socially and politically isolated: the House of Austria was not. The militant solidarity of Madrid with Vienna turned the tide, as Spanish arms, allies and money were mobilized to crush Czech secessionism, effectively organizing Ferdinand II’s whole war effort. The result was the Battle of the White Mountain, which destroyed old Bohemian noble class.”[4]

Perry Anderson

„Am Weißen Berg zerbrach die ständische Konföderation von 1619, ein großböhmisches, von den Ständen her bestimmtes Staatsgebilde, dem sich auch die Länder Ober- und Niederösterreich verbunden hatten. Hier wurde gleichsam unmittelbar vor dem Zusammenbruch des Ständetums das Muster einer ständischen Staatsverfassung geschaffen. Die Niederlage

1 Zitiert nach: Hans Sturmberger (1979), 169.
2 Hans Sturmberger (1979), 163.
3 Ebenda, 164.
4 Perry Anderson: Lineages of the Absolutist State. London, New York: Verso 2013, 306.

> dieser Confoederatio Bohemica veränderte die ganzen Voraussetzungen für die Bildung eines fürstlichen, absolutistisch ausgerichteten Staatswesens.“ [5]
>
> *Hans Sturmberger*

Wir müssen uns vor Augen halten, dass mit Ende des 16. und zu Beginn des 17. Jahrhunderts ein wesentlich verschärfter Kampf des römischen Katholizismus und der mit ihm eng verbundenen Fürsten (insbesondere der Habsburger) gegen alle Andersgläubigen und Anders- (oder: überhaupt) -denkenden geführt wurde. Was verniedlichend als Gegenreformation bezeichnet wird und den Eindruck erweckt, als wäre es hierbei um eine geistige Erneuerung im innerkatholischen Raum und um eine argumentative Überzeugungsarbeit (mit einem Gemisch aus Kanzelpredigten und unterhaltsam-belehrenden Theaterstücken) gegenüber den Nicht-Katholiken gegangen, war in Wirklichkeit – nach Maßgabe der Möglichkeiten – ein andauernder Kreuzzug, der der Ausrottung des sogenannten Unglaubens und der sogenannten Ketzerei dienen sollte.

Sowohl Böhmen und Mähren, als auch die geografisch auf dem Gebiet des heutigen Österreich liegende Territorien, wie die Steiermark oder Oberösterreich, zählten um 1600 zu den ökonomisch höchstentwickelten Regionen Europas: die Leibeigenschaft war weitgehend abgebaut; der Protestantismus (vor allem in der hussitischen Tradition) hatte einen relativ hohen Grad der Literarität in der Bevölkerung mit sich gebracht; das ökonomische Niveau war durchaus vergleichbar mit den damals höchstentwickelten Zonen Europas, mit den Niederlanden, England, Norditalien. Als im Jahr 1618 die böhmischen Landstände einen neuen König anstelle eines Habsburgerherrschers wählten, wurde diese Rebellion von den Habsburgern mit massiver militärischer Gewalt niedergeworfen; der damit begonnene Dreißigjährige Krieg bedeutete die Vernichtung der Ansätze jener humanen mitteleuropäischen Zivilisation, die in den böhmischen Ländern entwickelt worden waren. Zugleich wurden die ökonomischen Entwicklungen wiederum zerstört und die katholische Gegenreformation gewaltsam durchgeführt; ebenso kam es zur Wiedereinführung der Leibeigenschaft und des allgemeinen Analphabetismus: die Kultur des Buches, die Elemente demokratischer Lebensgestaltung, die Kultur des selbständigen Denkens und Handelns, Arbeitens und Wirtschaftens – all diese Errungenschaften wurden im wieder stabilisierten Habsburgerreich ersetzt durch ein System der geistigen, politischen und wirtschaftlichen Sklaverei.

Im Westen Europas, in England und in den Niederlanden, hatten sich revolutionäre Volksbewegungen gegen absolutistische Herrschaft durchgesetzt

5 Hans Sturmberger (1979), 216.

und es wurden so insgesamt Protestantismus, Konstitutionen, Parlamentarismus und Kapitalismus etabliert; und es waren moderne Staatswesen entstanden, in denen ein relativ hohes Maß an Freiheit der Individuen mit weiteren Entfaltungsmöglichkeiten der Ökonomie und der politischen Gestaltung der Gesellschaft verknüpft war.[6] Dem gegenüber war das entscheidende Ereignis, und das – bis heute – unbewältigte Trauma in der neuzeitlichen Geschichte des zentraleuropäischen Raumes die von den Habsburgern mit militärischer Gewalt durchgeführte Gegenreformation, die zwangsweise Rekatholisierung Mitteleuropas im 17. Jahrhundert.

Nach dem Dreißigjährigen Krieg war Mitteleuropa weitgehend jene Wüste, über die der Kaiser Ferdinand lieber hatte herrschen wollen, als über ein Reich voller Ketzer: Analphabetisierung der Bevölkerung, Versklavung der Bauern in Form der „zweiten Leibeigenschaft", künstliche Herstellung einer lang andauernden ökonomischen Rückständigkeit, Herstellung einer absolutistischen Herrschaft extrem militärdespotischer Art. Die Habsburger machten in Zentraleuropa allen Ansätzen der Entwicklung einer politischen Kultur in Richtung Konstitution, Parlamentarismus und Demokratie ebenso ein Ende wie den Entwicklungen einer Kultur des Buches und einer Kultur der Arbeit, sowie den Anfängen einer kapitalistischen Wirtschaftsweise. Für das Gebiet des heutigen Österreich wird die Wirkung der Gegenreformation in einer neueren Wirtschaftsgeschichte wie folgt beschrieben:

> „Während die Gegenreformation in der Steiermark schon zwischen 1598 und 1605 mit der Emigration von 11.000 Exulanten, großteils Bürgern und Eisenarbeitern, … massiv durchgezogen worden war und 1628 auch der protestantische Adel ausgewiesen wurde, erreichte in Donauösterreich die

6 Siehe: Jonathan I. Israel: Dutch Primacy in World Trade 1585–1740. Oxford: Clarendon Press 2002; Jonathan I. Israel, ed.: The Anglo-Dutch Moment. Cambridge: Cambridge UP 2003. Bemerkenswert ist auch die Einschätzung der Lage und das Bemühen eines bedeutenden tschechischen Emigranten, der in den Niederlanden lebte:
"The year 1567 has traditionally been seen as the beginning of the armed uprising of the Dutch Estates against Spanish government; exactly a century later, in 1667, it was in Amsterdam that the Moravian exile Jan Amos Comenius wrote the sorrowing pages of his Angel of Peace, a political treatise designed to reconcile the two great powers of the new commercial Europe, England and Holland, but above all the latter, which Comenius all his life regarded as models of a purposive ordering of society and government; he thought it their task to crush the 'universal monarchy' of the Spanish and Austrian Habsburgs and safeguard the European corpus evangelicorum in a united and enlightened form. In them, and in Sweden whose links with them were close, he placed his hopes for the resurrection of an independent Czech state, that Bohemia which had been engulfed by the Habsburg 'Babylon' at the very beginning of the recent great war, the 'Thirty Years War' as contemporaries were already coming to call it."
J.V. Polišenský (1974), 9.

> Rekatholisierung erst nach dem Dreißigjährigen Krieg ihren Höhepunkt. In Oberösterreich wurden etwa 20.000, in Niederösterreich einige Tausend Exulanten gezählt, vor allem aus dem städtischen und montanistischen Bereich. Insgesamt werden die Bevölkerungsverluste durch Emigration auf etwa 100.000 Menschen geschätzt.“[7]

Aber es gab in den damaligen neuen Zeiten nicht nur Verlierer, sondern auch Gewinner: wer etwa in den geistlichen Stand in der katholischen Kirche eintreten wollte, dem eröffneten sich neue Möglichkeiten und Lebensperspektiven.

> „Durch Klosterneugründungen und Aufblühen der bereits bestehenden … Gemeinschaften kam es zu einer beträchtlichen Zunahme der Geistlichkeit. Die enorme Zahl und der prunkvolle Aufwand der Kloster- und Kirchenbauten des Barock waren nicht nur Ausdruck eines neuen kirchlichen Selbstbewußtseins, sondern auch der wiedergewonnenen gesellschaftlichen und wirtschaftlichen Macht der Kirche.“[8]

Den Besiegten wurde die Macht der Sieger in Form von barocken Kirchen und darin stattfindenden theatralischen Gottesdiensten eindrucksvoll vor Augen geführt und zu Gehör gebracht. Doch irgendwer musste die Kosten für all diesen Aufwand der „religiösen Erneuerung“, wie die Gegenreformation auch bezeichnet werden kann, tragen; nämlich die unterworfenen Bauern.

> „Das Einsetzen der religiösen Erneuerung wirkte sich vor allem auf die Situation der bäuerlichen Untertanen der geistlichen Grundherrschaften aus. Aus den Stiftsgrundherrschaften mußte nun nicht nur das Auskommen für die wieder erstarkten Konvente, sondern auch das Geld für die großzügigen Bauprogramme, die in den Stiften, Pfarren und Wallfahrtskirchen in die Wege geleitet wurden, erwirtschaftet werden.“[9]

7 Roman Sandgruber: Ökonomie und Politik. Österreichische Wirtschaftsgeschichte vom Mittelalter bis zur Gegenwart. Wien: Carl Ueberreuter 2005, 131.

8 Ebenda.

9 Ebenda. Die Erinnerung an das Erlittene (vom Historiker „Ressentiments“ genannt) scheint bewahrt worden zu sein.
„Es war eine nicht zu unterschätzende Hypothek für die katholische Kirche, daß der Wiederaufstieg und die wirtschaftliche Sanierung der Klöster … mit einer stärkeren Belastung der Untertanen einhergingen. Hier bildeten sich Ressentiments aus, die noch 180 Jahre später wirksam waren, als die Klosteraufhebungen Josephs II. in weiten Kreisen der Bevölkerung auf wenig Widerstand stießen und durchaus populär waren.“ (ebenda)

Die kulturellen Folgen der Gegenreformation in Bezug auf Böhmen wurden in einem 1915 erschienenen Büchlein über *Comenius* und die Böhmischen Brüder folgendermaßen beschrieben:

> „In der Absicht, dem tschechischen Volke seine geschichtlichen Erinnerungen, seine Literatur und Sprache zu rauben, wurden alle tschechischen Bücher, soweit man ihrer nur irgend habhaft werden konnte, als des Hussitismus verdächtig, feierlich verbrannt, so dass z. B. ein einzelner Jesuit sich rühmen konnte, er allein habe etwa 60.000 Bände den Flammen übergeben. Solcherart ist auch das vorher durchaus freundliche Verhältnis zwischen Deutschen und Tschechen in jenen wütenden Nationalhaß verwandelt worden, durch den für die Folge und bis auf unsere Tage das politische Leben in Böhmen vergiftet worden ist. Ein wahrhaft schrecklicher Gedanke, wie das mächtig aufstrebende Tschechenvolk infolge aller dieser Kriegsgreuel von seiner damals schon beträchtlichen Kulturstufe wieder in tiefe Barbarei, geistige Finsternis und in stupiden Aberglauben herabgedrückt worden, und dass die tschechische Sprache seither nur mehr in den untersten Volksklassen ein kümmerliches Dämmerleben zu führen verdammt war, so dass der Abbé Josef Dobrowsky, jener berühmte tschechische Sprachforscher, von dessen Wirken die Wiederbelebung des Tschechischen und seiner Literatur herdatiert, diese Sprache selbst erst hatte erlernen müssen wie eine ganz fremde, ehe er sich seiner Lebensaufgabe hinzugeben vermochte.“[10]

Für die Gebiete des heutigen Österreich wurde festgestellt:

> „Ein grundlegender Wandel der literarischen Kultur trat ein. Der Bücherbesitz ging stark zurück. Während in den meist protestantischen Adels- und Bürgerhaushalten der zweiten Hälfte des 16. Jahrhunderts Bibliotheken, bisweilen sogar mit weit mehr als 100 Bänden religiösen, juridischen und auch naturwissenschaftlichen und humanistischen Inhalts keine Seltenheit waren und selbst in den meisten Mitwohnerhaushalten eine Lutherbibel oder Hauspostille vorhanden war, wurde nach 1630 der Besitz von Büchern wieder sehr rar, während Bildwerke und Gemälde zahlreicher wurden. Es kam zu einer langdauernden Krise des Buchdrucks und Buchhandels.“[11]

Insgesamt wurden im habsburgischen Reich in Zentraleuropa im Gefolge der Gegenreformation und der militärischen Unterwerfung Böhmens und der mit

10 Friedrich Eckstein, Hg.: Comenius und die Böhmischen Brüder. Ausgewählt und eingeleitet von Friedrich Eckstein. Leipzig: Insel 1915, 7.

11 Roman Sandgruber (2005), 132.

ihm verbunden gewesenen österreichischen Länder alle ständischen Organe völlig entmachtet und dem fürstlichen Absolutismus unterworfen (auch in jenen Gegenden, die gar nicht Gegenstand militärischer Operationen gewesen waren, wie die Steiermark oder Tirol). In der „Verneuerten Landesordnung" von 1627 wurde gegenüber Böhmen festgelegt: „das Gesetzgebungsrecht war allein in der Hand des Königs, seine Souveränität wurde unteilbar …, die Stände verloren jedes Antragsrecht im Landtag, all ihre Privilegien und Freiheiten, soweit sie die Hoheit des Königs schmälern konnten, gingen ihnen verloren. Die ständischen Beamten wurden vom König ernannt, aus der ständischen Regierung wurde eine königliche Behörde." „Das Erbrecht der Habsburger – auch in der weiblichen Linie – wurde fixiert." „Die Böhmische Hofkanzlei, eine zentrale Behörde für Böhmen … hatte ihren Sitz … in Wien."[12] Dies waren die Anfänge einer ziemlich gründlichen Reorganisierung des Staatswesens. Der alte, protestantische Adel wurde weitgehend vernichtet, in Böhmen vor allem, aber auch in den innerösterreichischen Gebieten. Im Rahmen des neuen absolutistischen Regimes wurden im habsburgischen Reich bis gegen Ende 17. und Beginn des 18. Jahrhunderts eine Reihe von eigentümlichen Modernisierungen erreicht: eine gewisse Zentralisierung der Verwaltung; ein stehendes Heer, das auch notwendig war, um die reorganisierte Grundherrschaft des neuen Adels und der wiederhergestellten katholischen Kirche gegenüber den unterworfenen und in eine neue Untertänigkeit gezwungenen Bauern zu sichern. Das neue, stehende Heer musste finanziert werden und dazu bedurfte es entsprechender Einnahmen des Staates. Im Zusammenhang mit der „zweiten Leibeigenschaft" wurden die Bauern auf großen Gütern zusammengefasst; das bedeutete durchaus eine Intensivierung der Arbeit in der Landwirtschaft und eine Steigerung der Erträge. Nicht, wie etwa in England, in einem agrarkapitalistischen System mit freier Lohnarbeit, sondern in einem Zwangssystem. Selbst wenn auf den Gutsherrschaften Manufakturen, frühe Industrieunternehmen, etabliert wurden, war das nicht verbunden mit dem Entstehen freier Lohnarbeiterschaft, sondern geschah im Rahmen der Dienst- und Arbeitspflichten der untertänigen Bauern. Das wiederum bedeutete den Bestand einer unterentwickelten Ökonomie, im Vergleich mit der dynamischen, kapitalistischen Entwicklung im Westen.

Die Habsburger waren jene europäischen Fürsten, die jahrhundertelang die erbittertsten Kämpfe gegen alle neuzeitlichen Errungenschaften in Europa, gegen Reformation, Aufklärung und bürgerliche Revolution geführt hatten; und sie verdankten den Erhalt ihrer Herrschaft immer wieder wesentlich der Anwendung militärischer Gewalt. Erzeugt wurde infolge der Gegenreformation

12 Hans Sturmberger (1979), 217.

eine andauernde politische „Kultur“ der Untertänigkeit und Unterdrücktheit und der Neigung, jedes von der vorgegebenen Norm abweichende Denken und Verhalten, sowie jede Art politischer Opposition völlig zu vernichten; im Sinne dieser Kreuzzugsmentalität wurde nicht nur im Inneren des Habsburgerreiches jegliche kritische Regung bekämpft, sondern auch danach getrachtet, kein ausländisches Gedankengut hereinkommen zu lassen.

6 Reform, Aufklärung und Reaktion in der Habsburgermonarchie (von Maria Theresia und Joseph II. bis Leopold II. und Franz II.)

„Gut ist keiner. Doch ist der minder Böse
Von den Königen der, den seines Volkes
Majestät bei der Krone
Faßt und unters Gesetzbuch beugt."[1]

Lorenz Leopold Haschka

„Die bürgerliche Freiheit fordert, daß Jederman wisse, wie weit jeder Beamte, jede Stelle in ihren Verrichtungen gehen könnte. Es ist vielleicht das sicherste Mittel, Plakereyen und Eigenmächtigkeiten vorzubauen, wenn die Pflichten und Rechte eines jeden Amtes allgemein bekannt sind."[2]

„Ohne Staatsverfassung kann eine rechtmäßige Regierung nicht einmal gedacht werden, weil der Mangel einer Verfassung an willkürliche Gewalt zu viel erinnert, und bei willkürlicher Gewalt ist keine Regierung, nur Anarchie."[3]

Joseph von Sonnenfels

„Nur dort, wo man in jedem guten Mann
Der Gottheit heil'gen Abdruck ehret,
Von jenem, der nicht glauben kann,
Nie, daß er glauben soll, begehret,
Den züchtiget, der als Tyrann
Die Menschen mit der Geißel lehret,
Unglauben nicht bestraft, und Glauben nicht belohnt,
Dort ist es, wo die Duldung wohnt."[4]

Johann Baptist von Alxinger

Im Jahr 1740 trat *Maria Theresia* die Nachfolge von *Karl VI.* im Habsburgerreich an. Jahrelang hatte sie zu kämpfen, um ihre Herrschaft nach außen und im Inneren zu sichern. Und es wurde ihr klar, dass ohne drastische Reformen des Staatswesens nicht nur keine Chancen auf Wiedergewinnung verlorener Terri-

1 Lorenz Leopold Haschka: Ode an die Könige. Zitiert nach: Ernst Wangermann: Von Joseph II. zu den Jakobinerprozessen. Wien: Europa Verlag 1966, 37.

2 Joseph von Sonnenfels, zitiert nach: Ernst Wangermann (1966), 35.

3 Ebenda, 36.

4 Zitiert nach: Ernst Wangermann (1966), 26 f.

torien existierten, sondern darüber hinaus der Bestand des Imperiums überhaupt gefährdet war. Nach den militärischen Niederlagen gegen Preußen, nach dem Verlust Schlesiens, war Maria Theresia …

> „entschlossen, Schlesien in einem neuen Waffengang zurückzugewinnen. Dieser Entschluß war der Ausgangspunkt des großen Reformwerks, das mit ihrem und dem Namen ihres Sohnes Joseph verbunden ist. Angefangen wurde mit der Reform der Armee. Dies zog Reformen auf anderen Gebieten nach sich. Die erhöhten Militärausgaben machten eine wesentliche Erhöhung der Steuern notwendig, die aber nur durch weitreichende konstitutionelle, politische, wirtschaftliche und administrative Reformen erzielt werden konnte. Um die Reformen zu verwirklichen, war ein neuer Verwaltungsapparat erforderlich, und um die notwendigen Staatsbeamten heranzubilden, mußte ein von klerikaler Kontrolle … befreites Unterrichtssystem aufgebaut werden.“[5]

Das maria-theresianisch-josephinische Reformwerk wird gerne unter der Kategorie „aufgeklärter Absolutismus“ eingeordnet (und so in Verbindung mit Preußen und Russland gebracht). Aber das Habsburgerreich wies deutliche Abweichungen von anderen „aufgeklärten Absolutismen“ auf: zunächst lagen als langfristige Folge der Gegenreformation ökonomische Rückständigkeit und auch mangelhafte staatlichen Strukturen vor; weiters war ein Teil der Reformen schließlich so beschaffen, dass Stücke der Reformation wieder nachträglich in das Herrschaftssystem eingebracht wurden (ohne sie so zu benennen). Dass die katholische Kirche teilweise dem Staat untergeordnet wurde, dass es zur Aufhebung der beschaulichen Orden kam (was auch als eine „Verfleißigung“ und Nutzbarmachung der katholischen Kirche für die Verbesserung der allgemeinen wirtschaftlichen Lage bedeutete), dass Versuche einer inneren Reformierung der Kirche (etwa mit Kritiken von Sonntagspredigten) unternommen wurden – all das wäre eineinhalb oder zwei Jahrhunderte früher wohl als Einführung protestantischen Staatskirchentums angesehen worden. Bemerkenswert aber ist vor allem, dass die Träger der Staatsreform nicht nur die Monarchen, sondern eine größere Gruppe von neuen Beamten des Staates waren. Schon die Anfänge der Verwaltungsreformen unter dem Grafen *Friedrich Wilhelm Haugwitz* hatten zum Aufbau eines neuen Beamtenapparates (nicht zuletzt zur Einhebung von Steuern) geführt. Später entstanden daraus tatsächlich die Anfänge eines modernen staatlichen Berufsbeamtentums.

5 Ernst Wangermann (1966), 14.

Die höheren Beamten wurden an der Universität ausgebildet; und der wichtigste Universitätslehrer der Reformzeit war *Joseph von Sonnenfels*.[6] Was in dieser Reformperiode auch entstand, waren eine säkulare Staatsdoktrin und eine säkulare Amtssprache Deutsch. Bedenkt man, dass der kontinentale Absolutismus (und insbesondere jener der Habsburger) sich auf ein Konzept des Herrschers von Gottes Gnaden stützte, dann mutet es ziemlich seltsam an, dass unter einer frommen und gläubigen katholischen Herrscherin allmählich eine eigenartige Staatslehre entwickelt wurde, die zwar einerseits die Untertanen Maria Theresias als die glücklichsten Untertanen pries, gleichzeitig aber danach trachtete, die Notwendigkeit von konstitutionellen Regeln zu propagieren, denen auch die Herrscher unterliegen sollten. Als Amtssprache hätte auch Kirchenlatein dienen können; aber bei all den vielen Reformen, die auch auf den Widerstand kirchlicher Kreise stießen, erschien es offenbar zweckmäßiger, eine säkulare Amtssprache Deutsch einzuführen. Interessant dabei ist, dass nicht die Luther-Bibel und ähnliche protestantische Sprachtraditionen als Muster dienten, sondern ein eigenes Lehrbuch des Joseph von Sonnenfels zur Ausbildung der Beamten in der Sprache, im Schreibstil, im Umgang innerhalb der Bürokratie, in der Gestaltung von Akten, Berichten und Bescheiden diente: „Joseph von Sonnenfels: Über den Geschäftsstil. Die ersten Grundlinien für angehende österreichische Kanzleybeamten" (Wien: Verlegt bei Joseph Edlen von Kurzbek 1784).

Dieses Lehrbuch, dessen Lektüre sich noch heute lohnt, vermittelte berufsorientiertes Sachwissen und Anleitungen zur Ausübung der Tätigkeit im Staatsapparat. Zugleich aber wurde zusammen mit der Forderung nach einer klaren, für alle verständlichen Sprache (im Umgang mit Vorgesetzten wie mit der Bevölkerung) eigenständiges Denken der Beamten und eine berufliche Identität gefördert. Das Lehrbuch von Sonnenfels' war bis zur Revolution 1848 verbreitet und in Anwendung; schriftstellernde Beamte bis hin zu *Grillparzer* dürften davon profitiert haben. Eine der wichtigsten rechtlichen Errungenschaften der Habsburgermonarchie, das Allgemeine Bürgerliche Gesetzbuch (ABGB) von 1811 wurde von Sonnenfels sprachlich redigiert und war auch hinsichtlich der Verständlichkeit wohl eines der bedeutendsten deutschsprachigen Gesetzeswerke.

Die maria-theresianisch-josephinischen Reformen wurden getragen von einer Gruppe von Intellektuellen, die maßgebliche Funktionäre des neuen Staatsapparates waren und versuchten, aufgeklärte und aufklärende Politik zu betreiben, politische Theorie mit alltäglicher politischer Praxis zu verknüpfen.

6 Siehe: Johann Dvořák (2014), 117–25.

Nirgendwo sonst in deutschen Landen ist dies in solcher Form geschehen. Vom Staatskanzler *Kaunitz* abwärts gab es ein Netzwerk solcher Staatsfunktionäre. Bis zum Tod *Joseph II.* ging diese Politik der Aufklärung noch ganz gut; dann aber, angesichts der Französischen Revolution, verschlechterten sich die politischen Verhältnisse. Jene, die mit der Revolution sympathisierten, wurden als politische Verbrecher klassifiziert und mit dem Tod oder langjähriger Gefängnishaft bestraft[7]. Die Aufklärung überhaupt erschien als Wurzel allen Übels und aller Revolutionen. In der Habsburgermonarchie waren die Folgerungen aus der Erfahrung mit der Französischen Revolution ebenso deutlich wie einfach: Jeder Versuch einer Aufklärung und einer aufgeklärten Reformpolitik von oben (wie dies unter Joseph II. geschehen war) konnte nur zu einer Revolution von unten führen. Daher waren sowohl die Ideen, die zu einer Aufklärung der großen Zahl der Bevölkerung (aber auch der „Eliten") zu verleiten vermochten, zu bekämpfen und ihre Ausbreitung zu verhindern, als auch jene ökonomischen Entwicklungen tunlichst zu vermeiden, die im Westen zur Entstehung eines starken Bürgertums (und auch eines stärker werdenden Proletariats) geführt hatten. Kaiser *Franz* forcierte den Rückgriff auf altbewährte Herrschaftsmethoden: militärische Gewalt, Bündnis von Thron und Altar, das Dumm- und Armhalten der Massen; die Behinderung kapitalistischer Wirtschaftsentwicklung und – damit verbunden – die Bewahrung ökonomischer Rückständigkeit.

Diese Politik war unter dem Gesichtspunkt der Machterhaltung für die Familie Habsburg recht erfolgreich; sie verhinderte die Ausbildung quantitativ bedeutender besitzender Klassen und durch die relativ geringe Industrialisierung auch das Anwachsen einer zahlenmäßig ins Gewicht fallenden Lohnarbeiterklasse. Daher gab es auch nur geringe politische Ansprüche und kaum die Einforderung politischer (auch nur Mitsprache-)Rechte durch ein ökonomisch starkes, und daher nach politischer Macht strebendes Bürgertum. Dies war die Zeit, die im Rückblick so gerne als die Epoche des Biedermeier verklärt wird: als eine Zeit der (etwas ärmlichen) Bescheidenheit, aber auch der Fröhlichkeit, der Gemütlichkeit und des kleinen Glücks; eine Epoche, in der die Menschen noch Zeit füreinander hatten, für das Leben in der Familie, in den kleinen überschaubaren Räumen, den Freundeskreisen. In der Wirklichkeit erzeugte die Mischung aus mangelndem breiteren Wohlstand und obrigkeitsstaatlicher Überwachung und Repression jene „Kultur" des Biedermeier, die geradezu als wienerischer oder überhaupt österreichischer „Volkscharakter" verewigt worden ist; eine „Kultur" des Unwissens, der Enge und der Ängstlichkeit, die als „ur-österreichische", *unpolitische*, Gemütlichkeit propagiert wurde (und wird).

7 Siehe die Jakobiner-Prozesse in Wien und in Ungarn 1794. Ernst Wangermann (1966), 153–223.

Trotz der von oben erzwungenen Dumpfheit waren die ausländischen Erfahrungen, die Gedanken an Freiheit, politische Rechte, an den endlichen Sturz des fürstlichen Absolutismus und der römischen Kirche nicht völlig auszurotten. Einzelne Intellektuelle produzierten Texte, die die Erinnerung an die völlige Umwälzung der bestehenden Verhältnisse, an die mögliche Verbesserung der allgemeinen Lebenslage weiter trugen.

7 Der Kampf gegen die Französische Revolution in Zentraleuropa und die Entstehung des Deutsch-Nationalismus

„Die Zeiten, Brüder sind nicht mehr
Wo Thron und Zepter galten;
Bald sind die Königsthrone leer
Und ach! Im Grab erkalten
Wird Fürstenmajestät. Ha ha! Ça ira!
Von seiner jähen Höhe fällt
Der Adel zum Erschrecken,
Wird in der aufgeklärten Welt
Kein weitres Unheil hecken.
Die Wappenhoheit sinkt. Ha ha! Ça ira!
Auch Priestermacht, Religion
Samt Götterfurcht und Glaube
Wer achtet sie? Mit Schimpf und Hohn
Verscharrt man sie im Staube.
Da faulen, modern sie. Ha ha! Ça ira!
Frei sind die Menschen von Natur,
Tand sind die Fürstenblitze!
Drum keine Krone mehr als nur
Die Jakobinermütze.
Kein Fürst, nur Sansculotten. Ha ha! Ça ira!“[1]

(Anonymes Gedicht aus der Zeit der Französischen Revolution, das von Schleswig-Holstein bis in die Steiermark verbreitet war.)

„Ich habe gesagt, daß bei unseren Teutomanen der affichierte Franzosenhaß ein doppelt falsches Ziel ist. Sie bezwecken dadurch zunächst eine Popularität, die sehr wohlfeil zu erwerben ist, da man dabei weder Verlust des Amtes noch der Freiheit zu befürchten hat. Das Losdonnern gegen heimische Gewalten ist schon weit bedenklicher. Aber um für Volkstribunen zu gelten, müssen unsere Teutomanen manchmal ein freiheitliches Wort gegen die deutschen Regierungen riskieren, und in der frechen Zagheit ihres Herzens bilden sie sich ein, die Regierungen würden ihnen gern ein gelegentlich bißchen Demagogismus verzeihen, wenn sie dafür desto unablässiger den Franzosenhaß predigten.
Sie ahnen nicht, daß unsere Fürsten jetzt Frankreich nicht mehr fürchten, des Nationalhasses nicht mehr als Verteidigungsmittel bedürfen, und den

1 Walter Grab und Uwe Friesel: Noch ist Deutschland nicht verloren. München: dtv 1973, 31.

> König der Franzosen als die sicherste Stütze des monarchischen Prinzips betrachten."[2]
>
> *Heinrich Heine [1837]*

Wir brauchen als Historiker durchaus nicht immer nur im Nachhinein eine Beurteilung von geschichtlichen Vorgängen zu liefern, häufig bieten bereits die Aussagen der Zeitgenossen die Maßstäbe, an denen jene Vorgänge gemessen werden können. Der deutsche Nationalismus des 19. Jahrhunderts wurde von Anfang an als eine konterrevolutionäre Ideologie von oben propagiert; er diente dem Erhalt der alten Ordnungen, dem Erhalt feudaler Verhältnisse und des fürstlichen Absolutismus; und er war gegen die Französische Revolution und ihre Errungenschaften gerichtet. Die Idee der deutschen Nation war keine Sache des Volkes – wie zum Beispiel bei der frühen Nationenbildung in England und Holland, oder eben im revolutionären Frankreich – sondern eine Angelegenheit der Herrschenden: ein Versuch, das, was an Rechten und materiellen Verbesserungen dem Bürgertum (geschweige denn den unteren Klassen) nicht gewährt werden sollte, durch die Ideologie eines deutschen Nationalismus zu ersetzen. Der deutsche Nationalismus war von Anfang an eine Art politische und ökonomische Billigvariante des westlichen Nationalismus und zugleich heftig gegen all dessen Errungenschaften gerichtet.

Die deutsche Intelligenz war – nach anfänglicher Begeisterung für die Französische Revolution – mehrheitlich für den Kampf gegen diese Revolution eingetreten und hatte dann begonnen, gegen das wirkliche Volk (das ja niedergehalten werden sollte) die Idee eines *deutschen* Volkes zu schaffen, zu verbreiten und aus der Geschichte, den Sagen und Märchen, dem Volksbrauchtum (aus deutscher Art und deutschem Wesen) heraus zu konstruieren. Die deutsche Bevölkerung sollte durch diesen Nationalismus von oben dazu aufgewiegelt werden, gegen die vermeintlichen äußeren Feinde wie gegen ihre eigenen Interessen zu kämpfen, die eigene Unterdrücktheit nach außen zu tragen. Da die deutsche Nation kein auf Grundlage des artikulierten politischen Willens seiner Bürger real existierender Staat war, sondern bloß eine Idee, galt es, diese Idee von der deutschen Nation in Geschichte, Recht, Volkstum, Sprache zu finden und zu begründen. Und das war in der Folge eine der vornehmsten Aufgaben deutscher Gelehrsamkeit.

Während Engländer, Holländer, Tschechen und Franzosen auf ihre tatsächliche Geschichte und auf tatsächliche wirtschaftliche, kulturelle, politische Leistungen und Errungenschaften stolz sein konnten, wurde die deutsche Nation

2 Heinrich Heine: Über den Denunzianten [1837]. In: Heinrich Heine: Sämtliche Schriften. Hrsg. v. Klaus Briegleb. Band 5. München: dtv 1997, 40.

als historischer Anspruch fantasiert, die deutsch-nationale Identität in Heldensagen, legendären Kaisergestalten und in der willkürlichen Konstruktion einer Reichstradition (von den alten Römern über Karl den Großen, die Staufer, bis hin zu den Habsburgern oder Hohenzollern) gefunden. Eine derart schwach begründete „Nation", eine derartige deutsch-nationale Identität war stets schon auf der theoretischen Ebene vom Untergang bedroht, noch ehe die Idee der Nation verwirklicht werden konnte. Schon Zweisprachigkeit, schon das Erlernen einer „Fremd"-Sprache, gefährdete das Deutschtum; „Überfremdung", „Vermischung" mit anderen Völkern erschienen so ebenfalls existenzgefährdend: „deutsche Einheit" und „der Rasse Reinheit" wurden alsbald verbunden. Selbständiges und kritisches Denken überhaupt galt als nicht der deutschen Eigenart entsprechend, als „zersetzend".

Da die deutschen Dichter und Denker im 19. Jahrhundert in großer Zahl mit der Propagierung der deutschen Frage, der deutschen Nation, der deutschen Einheit, des deutschen Volkstums, deutscher Sitten, Art und Wesen beschäftigt waren, galt ihnen jeder kritische Gedanke als Verrat am Vaterland, als Ausdruck der Volksfremdheit, galten ihnen kritische Intellektuelle als vaterlandslose Gesellen (die wohl ausländisches, fremdartiges, kosmopolitisches Gedankengut zu verbreiten trachteten). Das Weltbild des Deutsch-Nationalismus war von Anfang an geprägt von Verfolgungswahn, von in die Vergangenheit projizierten Leidens- und Versagensvorstellungen sowie Rache- und Allmachtsfantasien, die sich auf die Zukunft der Deutschen bezogen. Deutschland wurde als von Feinden umschlungene, eingekreiste Nation gesehen, die schon an ihrer Entstehung und später an ihrer Entfaltung gehindert werden sollte; aber gleichzeitig von innen bedroht durch fremdrassige, volksfremde Elemente und die mit ihnen im Bunde stehenden Intellektuellen und sozialistischen Agitatoren; die Arbeiterbewegung wurde als antinationale und antipatriotische Angelegenheit betrachtet. Die westlichen Nationalismen kannten so etwas wie einen breiten Konsens in der Bevölkerung. Eine Art von umfassendem Sozialvertrag bedeutete schließlich auch für die Masse der Bevölkerung mehr Freiheit und politische Rechte. Der Deutsch-Nationalismus gründete auf Untertanengeist und Obrigkeitsstaat, auf Unterdrückung im Inneren und Aggression nach außen: im Falle eines Eroberungskrieges bestand für die deutschen Untertanen die Aussicht, die Angehörigen fremder Völker unterdrücken zu dürfen.

Die Französische Revolution von 1789 hatte nicht nur das Ende des Ancien Régime, der alten herrschenden Klasse, des Königtums und des Adels, sondern auch über die Grenzen Frankreichs hinaus Furcht und Schrecken für alle Herrschenden in Europa mit sich gebracht. Sie war ein weiteres Beispiel dafür, dass Volksbewegungen erfolgreich Umstürze herbeiführen konnten, dass eine Republik, ein freier Staat die Masse der Bevölkerung zu ungeheuren Anstrengungen bewegen konnte. Der Versuch der Habsburgermonarchie und des Königs von Preußen, die Revolution durch militärische Intervention von außen zu vernichten, scheiterte; die Berufsarmeen der alten Mächte waren den ungeübten, aber hoch motivierten und neue Kampftaktiken entwickelnden Volksaufgeboten Frankreichs unterlegen. Nach der Niederlage der Interventionsstreitkräfte bei Valmy 1792 stießen die französischen Truppen nach Deutschland vor. *Christoph Martin Wieland* kommentierte diese Vorgänge im *Neuen Deutschen Merkur* im November 1792 so:

> „Die französische Nation hat der von außen auf sie eindringenden Gefahr des Vaterlandes eine Fülle von Kraft, eine Einmütigkeit, eine wetteifernde Entschlossenheit zu den größten Aufopferungen, einen Enthusiasmus für Vaterland und Freiheit entgegengesetzt, den man sich wohl nicht eher so groß vorstellen konnte, bis der Augenschein sein Dasein bewies."[3]

Und der kaiserliche Gesandte in Hamburg berichtete dem Wiener Hof im gleichen Monat:

> „Die äußerste Gefahr dess Deutschen Reiches bei den immer weiter gehenden Unternehmungen der Franzosen und dem verzweiflungsvollen panischen Schrecken aller Höchst- und hohen Stände kann nicht verkannt werden."[4]

Die äußerste Gefahr bestand vor allem darin, dass die unteren Klassen in Deutschland sich erheben und mit den Franzosen gemeinsame Sache machen könnten. *Varnhagen von Ense* beschreibt in seinen Erinnerungen die Stimmung im Herbst 1792:

> „Hatten die Gegner der Franzosen in unseren Ländern noch alle Vorteile der Macht und Formen, so war doch die große Menge der Einwohner den Franzosen, oder vielmehr ihrer Sache geneigt, und die Siege und Fortschritte der letzteren gelten auch uns zum Gewinn; der Augenblick schien nicht fern, wo die Waffen der Freiheit bis zu uns vordringen und die alten Zustände in sich zusammenbrechen würden."[5]

Jene Angehörigen der deutschen Intelligenz, die mit der Französischen Revolution sympathisierten, wünschten meist nicht mehr als eine konstitutionelle Monarchie, einen Rechtsstaat, in dem alle vor dem Gesetz gleich und auch die

3 Zitiert nach Walter Grab und Uwe Friesel (1973), 19.
4 Walter Grab und Uwe Friesel (1973), 18.
5 Ebenda.

Fürsten den Gesetzen unterworfen sein sollten. Doch die deutschen Fürsten dachten keineswegs daran, in ihren Staaten Verfassungen zu gewähren, vielmehr besannen sie sich darauf, den Gedanken der Nation zu nähren und für ihre Zwecke zu benutzen. Als mit den napoleonischen Armeen bürgerliches Gesetzbuch, Rechtsstaatlichkeit und Gleichheit aller Bürger vor dem Gesetz (was z. B. auch die bürgerliche Gleichstellung der Juden bedeutete!) verbreitet und angestammte Herrscherhäuser gestürzt wurden, da ging es in deutschen Landen umso mehr um die nationale Mobilmachung; und im Laufe der Jahre fanden sich immer mehr Dichter und Journalisten, die dabei eifrig mitmachten.

Will man die Eigentümlichkeiten des Deutsch-Nationalismus recht verstehen, darf man ihn nicht bloß an seinen späten – nationalsozialistischen – Ausformungen studieren, sondern muss ihn vielmehr in seinen Anfängen und Frühformen beobachten. Sehr gut kann das am Beispiel von Texten deutscher liberaler Autoren aus den 30er-Jahren des 19. Jahrhunderts, wie *Carl Theodor Welcker, Carl von Rotteck* und *Paul Achatius Pfizer* geschehen. Carl von Rotteck und Carl Theodor Welcker gaben ab 1834 das vielbändige Werk „Staatslexikon oder Encyclopädie der Staatswissenschaften" heraus. Darin schrieb Carl Theodor Welcker 1837:

> „[Die Freiheitskriege] brachten als geistigen Gewinn das mehr oder minder deutliche Bewußtsein mit, daß es eine Einheit des Volkes gebe, wie es eine Einheit der Glieder des menschlichen Körpers und der geistigen Kräfte gibt, welche den Körper beseelen, und daß jeder Versuch, diese Einheit zu zerreißen, ein Verbrechen gegen die Rechte der Menschheit ist."[6]

Dieses „mehr oder minder deutliche Bewusstsein" der Einheit war erzeugt worden im Zusammenhang mit der nationalen Mobilmachung gegen die Heere *Napoleon*s, als die Interessen diverser Herrscherhäuser auf dem Spiel standen; die Reden vom Kampf gegen welsche Unterdrückung, von deutscher Freiheit, deutscher Einheit, von Nation und Vaterland meinten nur die Sicherung der Souveränität der Fürsten und der Privilegien des Adels. Die Erinnerung an die sogenannten Freiheitskriege wird daher nicht so sehr im Zusammenhang mit der Frage, wie es denn nunmehr um die Freiheit des deutschen Volkes stünde, diskutiert, denn im Zusammenhang mit der sogenannten deutschen Frage, der Frage nach der deutschen Einheit; aber auch diese Frage wird in eigenartiger Manier debattiert. Da mochte Welcker bedauern, „daß die Idee einer festeren politischen Einigung populärer und von größerer praktischer Bedeutung ist,

6 Carl von Rotteck und Carl Welcker, Hg.: Staats-Lexikon oder Encyklopädie der Staatswissenschaften. Bd. 4. Altona: Verlag von Johann Friedrich Hammerich 1837, 639.

als die Idee irgendeiner bestimmten Verfassung, die vielleicht an die Stelle der bestehenden treten könnte"[7] und Carl von Rotteck „lieber Freiheit ohne Einheit, als Einheit ohne Freiheit"[8] wünschen – die Frage, wie denn ein einheitlicher deutscher Staat in Freiheit gebildet werden könnte, vermochten sie nicht zu beantworten. Und dies deswegen, weil sie sich durch die Absage an jegliche Revolution den gedanklichen Zugang zur Schaffung von Republiken und zur Zusammenfassung dieser Republiken zu einem einheitlichen Flächenstaat auf demokratischem Wege selbst versperrt hatten.

Da eine Vereinigung von unten auf demokratischem Wege nicht gedacht werden sollte, an die republikanische Staatsform eine stete Absage erteilt wurde, blieb nur die konstitutionelle Monarchie; und so war die Spekulation über jede künftige Organisationsweise eines deutschen Nationalstaates müßig: man hatte es mit einer Vielzahl von souveränen Fürsten zu tun, nicht mit freien Republiken. So blieb nur der Appell an die Fürsten, sich zu Deutschlands Bestem zu einer Nation zu vereinigen. Und schien auch bei den Autoren des Staatslexikons ungeklärt, wie denn die Einigung Deutschlands zu erreichen wäre, so war diese Entscheidung doch bereits angelegt: Einigung nicht in Freiheit von unten, sondern von oben durch eine der Hegemonialmächte (durch Österreich oder Preußen). Im Jahre 1831 erschien ein – fiktiver – „Briefwechsel zweier Deutschen", verfasst von dem süddeutschen Liberalen und späteren Mitarbeiter des Rotteck/Welcker'schen Staatslexikons, Paul Achatius Pfizer. Darin wird unter anderem die Meinung vertreten, dass der Sitz des eigentlichen Lebens der Deutschen weder in Österreich noch in Preußen sei, sondern in

> „jener dritten Ländermasse, deren Mittelpunkt im südlichen Deutschland liegt"[9],

und die „den Geist der deutschen Nation darstellt"[10]:

> „Denn der Sitz unseres eigentlichen Lebens ist doch weder in Östreich, noch in Preußen; nicht in Östreich, weil dort gegenwärtig alles Leben zurückge-

7 Ebenda, 640.

8 Hermann von Rotteck, Hg.: Carl von Rotteck's gesammelte und nachgelassene Schriften mit Biographie und Briefwechsel. Bd. 4. Pforzheim: Verlag von Dennig Finck & Co. 1843, 400.

9 P.A. Pfizer: Briefwechsel zweier Deutschen. Neu herausgegeben und bearbeitet von Georg Küntzel. Berlin: B. Behr's Verlag 1911, 230.

10 Ebenda, 229. „Diese Staaten haben auf ihre Selbständigkeit und Unabhängigkeit nicht verzichten wollen, um der preußischen Militärherrschaft oder Östreichs einschläferndem Stabilitätssystem anheimzufallen, und man darf wohl behaupten, daß in dieser Beziehung die deutschen Fürsten nicht bloß ihr und ihrer Familien persönliches Interesse gewahrt, sondern ganz im Sinne ihrer Unterthanen gehandelt haben." (ebenda, 230)

> drängt scheint, nicht in Preußen, weil daselbst kein deutsches Leben, sondern die hohle Lebensfratze eines aufgeblasenen Preußenthums zu Hause ist."[11]

Andererseits wird in dem Briefwechsel durchaus auf die Möglichkeit der Einigung Deutschlands unter Preußen als einzig realistische verwiesen; aber entscheidende Schlussfolgerungen sollen dem Leser überlassen bleiben; die Briefe wollen Gegensätze zum Ausdruck bringen und eben Möglichkeiten diskutieren. Eigenartig ist nur, dass in einem relativ umfangreichen Anhang eine Folge von Gedichten gebracht wird, die bestimmte Anschauungen des einen Briefschreibers verdeutlichen sollen:

> „Wenn du mich nun aber fragst, was die Poesie denn etwa zu Deutschlands Wiedererweckung beizutragen vermöge, das die Philosophie nicht zehnfach vermöchte, so ist mir gar wohl bekannt, daß nur die Rückkehr zum Leben, nur die That, nicht die Poesie, das Vaterland aus seiner gegenwärtigen Schmach und Unmacht retten kann. Daß die Poesie dies nicht vermöge, ist mir bei eigenen Versuchen dieser Art klar genug geworden, die ich jedoch, ihrer vielfachen Mängel auch in anderer Beziehung ungeachtet, dir mittheile, weil sie dazu dienen können, dir meine Meinung über manche Dinge deutlicher zu machen."[12]

Die Analyse der Gedichte gibt weit mehr Aufschluss über die Intentionen des Verfassers als die theoretischen Ausführungen in den Briefen. Da lässt Paul Achatius Pfizer den Geist eines Ritters erscheinen, der munter drauflosschwadroniert und Geschichte klittert:

> „Wir traten Welschland auf den Rücken,
> Uns mußte Frankreichs Stolz sich bücken,
> Und in der Welt der Christenheit
> Galt unser Name weit und breit.
> Da war ein König uns genug,
> Daß er der Erde Szepter trug …"[13]

Er beschwört die alten Zeiten der einfachen Rechtsfindung als Vorbild für das 19. Jahrhundert:

11 Ebenda, 230 f.
12 Ebenda, 102 f.
13 Ebenda, 291.

„Gesetz und Freibrief schrieben wir,
und brauchten doch nicht viel Papier.“[14]

Der Geist des Ritters findet auch erbost, dass die Deutschen von den Fremden ausgenutzt werden und nicht die ihnen gebührende internationale Vorherrschaft haben:

„Statt daß ihr seyd das Herz der Welt,
Wie's Gott in seiner Huld gefällt,
Darf jeder Fremdling sich vermessen,
Wie nassen Schwamm euch auszupressen;
Im Rat der Völker sitzt ihr stumm,
Enterbt von Ruhm und Eigenthum.“[15]

Schließlich empfiehlt er, den Blick nach Osten zu wenden, und eventuell Vorstöße dorthin zu unternehmen, wobei allerdings der angestammte Anspruch auf den Norden nicht aufgegeben werden sollte:

„In Thälern wohnt das Volk der Zwerge,
Doch stehen fest noch unsre Berge!
Sie dämmern schon – o lenktet ihr
Nach Ost den Blick und folgtet mir!
Der Sonne, wie der Nacht, verwandt,
Habt ihr ein doppelt Vaterland,
Und seyd ihr, Götter einst dem Norden,
Jetzt feig und jämmerlich geworden,
So geht und wärmt euch wieder dort!
Des Eismeers Hunde treibet fort!“[16]

Die Unzufriedenheit Pfizers mit den bestehenden deutschen Verhältnissen ist groß; was aber ist wirklich schlecht und warum, was soll sich ändern und wie können diese Änderungen erreicht werden?

In einem Gedicht mit dem Titel „Fragen“ heißt es:

„Saget Winde!
Wo ich finde
Noch vom ächten deutschen Blut? …
Was ich sehe

14 Ebenda, 292.
15 Ebenda.
16 Ebenda, 293.

In der Nähe,
Scheint gemeiner Wegwurf nur …
Die sich drücken hier und bücken …
Sind nicht Enkel jener Heere,
Deren Schwert der Welt gebot."[17]

Es wird eine glorreiche Vergangenheit der Deutschen konstruiert, eine Epoche, in der der Erdkreis widerhallte vom Marschtritt deutscher Heere und sich offenbar alles ängstlich duckte und gegenüber den „ächten" Deutschen äußerst untertänig verhielt. Dem wird die Gegenwart der Deutschen gegenübergestellt und die erscheint dann allerdings als vergleichsweise elend, jedoch nicht, weil es der Masse der Bevölkerung schlecht geht (das auch, die soziale Frage wird allerdings stets zugunsten der „nationalen" Frage verdrängt), sondern weil Deutschland nicht groß und mächtig ist. Die Ursache dafür wiederum wird nicht etwa in ökonomischer Rückständigkeit gesehen, sondern in Dekadenz, welscher Tücke und mangelnder Einheit.

„Heischt nicht Rache
Unsrer Sprache
Schwächster Laut, der uns ein Pfand,
Daß nicht jede Spur vergangen,
Wenn wir einst zurückverlangen,
Was der Fremden List entwandt?"[18]

Die deutsche Sprache als einheitsstiftendes Element dient steter Erinnerung an das angeblich erlittene Unrecht und konstituiert zugleich die Grundlage für die spätere Rache – nämlich die deutsche Einheit. Die deutsche Größe und Macht hat es zwar in der wiederholt imaginierten Form nie gegeben, aber durch wiederholtes Behaupten eben dieser Größe und Macht, durch fortwährende Geschichtsklitterung, ist es möglich, politischen Einfluss zu üben. Sobald nur an die Wiederkehr der durch Gottes Huld oder durch Schicksalsfügung den Deutschen bestimmte Vorrangstellung unter den Völkern geglaubt wird, ist das oberste Ziel das Streben nach nationaler Größe und die dadurch möglich werdende Revanche; das Mittel zur Verwirklichung dieser Zielvorstellung ist die Einheit, die schon (und vorläufig einzig) in der Sprache angelegt ist. Daher kommt auch die Angst vor der zersetzenden Kraft der Fremdsprachen; und so lässt Pfizer in dem Gedicht „Der Rhein und seine Töchter" den Flussgeist sagen:

17 Ebenda, 300 f.
18 Ebenda, 301 f.

„Das fehlte noch, bei meiner Ehre,
Daß ich mein Kind Französisch lehre!“[19]

In dem Gedicht „Die beiden Schwerter“ bringt Paul Achatius Pfizer endlich zum Ausdruck, worin denn die hoffnungsfrohen Aussichten der Deutschen allenfalls bestehen könnten. Der habsburgische Adler wird als „verzagt und träg“ charakterisiert; die Habsburger als nicht fähig, jenes angeblich einst blühende Reich wiederherzustellen; als Kontrast dazu gibt es einen anderen Adler:

„Die Fänge stark, die Schwingen sicher –
Sie heißen Friederich und Blücher;
Er sey's, der alles wieder bringt,
Dem bräutlich Luthers Tochter winkt.“[20]

Und „Luthers Tochter“ (= Deutschland) wird, so hofft Pfizer, dereinst

„durch die Länder siegend schreiten;
Glückselig, wer den Tag erlebt, der auf der Erde Thron sie hebt!“[21]

Bemerkenswert ist auch die Darstellung des echten deutschen Mannes und vor allem Untertanen im Gedicht „Speckbacher“ :

„Speckbacher ist ein deutscher Mann,
Kein Modeheld, der Welt zur Plage,
Des Kaisers schlichter Unterthan
Ist er noch ächt vom alten Schlage,
Und hat auch wenig sonst studirt,
Als wie man frei die Büchse führt.“[22]

Paul Achatius Pfizer macht in seinen Gedichten wirklich seine „Meinung über manche Dinge deutlicher“. Lässt auch die Sprache der Briefe, deren Aufgabe es sein soll, „den unausgeglichenen Gegensatz des Theoretischen und Praktischen, von dessen glücklicher Auflösung das künftige Schicksal von Deutschland abzuhängen scheint, mit möglichster Bestimmtheit auszusprechen“[23], oft das Schlimmste befürchten, so bleibt doch im Großen und Ganzen alles un-

19 Ebenda, 290.
20 Ebenda, 303.
21 Ebenda, 304.
22 Ebenda, 310.
23 Ebenda, 3.

entschieden: ob Preußen oder Österreich die einigende Hegemonialmacht sein soll; ob nicht vielleicht doch Bildung ein wenig mäßigend auf den kriegerischen Geist sich auswirken könnte ... Die Gedichte dagegen sind eindeutig: Preußen, nicht Österreich (von den süddeutschen Ländern ist schon gar nicht mehr die Rede); der König von Preußen, der brave Untertan, deutsche Größe, deutsche Einheit, deutsche Rache, deutsche Weltherrschaft – alles, was im Jahrhundert nach Pfizers 1831 erschienener Schrift aktuelle Bedeutung erlangen wird, ist hier bereits angelegt: als Traum und Verheißung.

Der Deutsch-Nationalismus, der hier in seiner milden, liberalen, Version präsentiert worden ist, erzeugte einen Geist der Untertänigkeit, der Sehnsucht nach Unterwerfung unter die Mächtigen und trachtete jeden Versuch eigenständigen Denkens und Gestaltens bei den Individuen zu destruieren; ebenso wie jeden Versuch eines demokratischen kollektiven Denkens und Handelns zum Zweck der organisierten Interessenvertretung der unteren sozialen Klassen. Somit war der Deutsch-Nationalismus seiner sozialen Funktion nach von Anfang nicht nur eine gegen jede Art von Aufbegehren der unteren Klassen, gegen jede Art von Revolution gerichtete Ideologie, sondern bereitete auch stets schon dem künftigen Sieg der Konterrevolution, dem künftigen Sieg der Herrschenden den Boden auf. Der Deutsch-Nationalismus hatte die Funktion, eine jegliche Revolution in deutschen Landen zu desorientieren und desorganisieren zu helfen.

8 Poesie und Politik im Vormärz

8.1 Vom Bild Wiens und der Wiener – eine historische Reminiszenz

> „Wo sind die Zeiten dahin,
> als es noch g'mütlich war in Wien,
> als noch die herzigen Fiaker durch die Straßen glitten,
> als noch die schneidigen Husaren durch die Hofburg ritten,
> als noch Maria Antoinette nach Paris kutschierte,
> als noch der Schubert komponierte, weil er Hunger spürte,
> als noch der gute Kaiser Franz beinahe nichts erlaubte
> und das Volk in Kriege lenkte, manche köpfte, manche hängte,
> nix wie Tod gabs weit und breit,
> wo ist die Zeit?"[1]
>
> *Georg Kreisler*

> „In Europa weiss man von Wien, dass es dort immer Sonntag ist, immer am Herd sich der Spiess dreht. Ferner: dass es ein Capua der Geister ist – man lebt in halber Poesie, gefährlich für die ganze. Ferner noch etwa die Namen einiger Walzer von Lanner und Strauss; einer heisst: ‚Das Leben ein Tanz'; ein anderer: ‚Lustig lebendig'; ein anderer: ‚Heiter auch in ernster Zeit'. Ferner vielleicht noch ein paar solcher Refrains: ‚Der Wiener geht net unter'; oder: ‚Allerweil fidel'. Und also: dass es ‚halt' die Stadt der Backhendel, der feschen Fiaker und der weltberühmten Gemütlichkeit ist. Diesen Ruf einer glücklich in Ton und Tanz eingewiegten Stadt von harmlosen, ein bisschen liederlichen, nicht sehr tätigen, nicht sehr tüchtigen, aber guten und lieben Menschen hat es draussen bewahrt. Wem aber verhängt ist, hier zu leben, der begreift das nicht. Er ist voll Zorn."[2]
>
> *Hermann Bahr*

Die Lieblichkeit der Wiener Stadt und ihrer Bewohner scheint stark auf die Zeit des Biedermeier (oder besser: die Epoche der konterrevolutionären Heiligen Allianz nach 1815) zurückzugehen. Es gehörte zur damaligen Propaganda des Habsburgerregimes, den „guten Kaiser Franz" nicht als finsteren, sich auf Militär und Bürokratie stützenden Despoten (der er war) erscheinen zu lassen, sondern als volksnahen Herrscher. Zugleich galt es, soziale Idyllen zu malen,

1 Georg Kreisler: Ich hab ka Lust. Seltsame, makabre und grimmige Gesänge. Berlin: Henschelverlag 1980, 30.

2 Hermann Bahr: Wien. Stuttgart: Carl Krabbe Verlag 1906, 7.

vom Zusammenleben zwischen Großen und Kleinen, Reichen und Armen – die Gesellschaft als Familie. Der äußeren Unterdrückung entsprach der Rückzug ins Innerliche, in den kleinsten überschaubaren Kreis; die politische Enthaltsamkeit der Individuen galt als hohe Tugend. Dazu kam noch, dass Wien im Vormärz eine nicht-industrialisierte Großstadt war und daher im Vergleich zu Paris und London durchaus ein liebliches Bild bot. Wien, die Haupt- und Residenzstadt des habsburgischen Reiches war keine Stadt der industriellen Arbeit, sondern eine Stadt des Militärs, der Beamten, der Dienstboten, des Hofadels; die Arbeiterklasse machte hier nie eine Mehrheit der Bevölkerung aus. Der Mangel an Fabriken, an großer Industrie, und die daraus resultierende urbane Idylle war Ergebnis einer von den Habsburgern in der Gegenreformation mutwillig hergestellten ökonomischen Unterentwicklung. Das entscheidende Ereignis, das unbewältigte Trauma in der neuzeitlichen Geschichte des zentraleuropäischen Raumes war die von den Habsburgern mit militärischer Gewalt durchgeführte Gegenreformation, die zwangsweise Rekatholisierung Mitteleuropas im 17. Jahrhundert. Was so gerne als wienerischer oder auch österreichischer „Volkscharakter“ dargestellt wird, jene Gemütlichkeit (die jederzeit in barbarische Aggressivität umschlagen kann) und jene seltsame Nähe zum Tod, ist zutiefst gesellschaftlich bedingt, ist Ergebnis jahrhundertelanger Unterdrückung, ist verinnerlichte Barbarei.

8.2 Anastasius Grün und seine politische Poesie

> „Unser Land, wohl ist's ein Garten; doch der Gärtner, sorgenvoll,
> Zog ein starres Eisengitter, das ihn rings verschließen soll;
> Doch auch draußen wohnen Leute, solch ein Garten lockt herein;
> Wer sich freut an schönen Fluren, kann der schlimmste Gast nicht sein!
> Schwarz und gelbe Schranken halten unsre Grenzen rings umspannt …
> Daß ein arger Gast vor allen unsern Grund betrete nicht:
> Der Gedanke, der entsprossen fremdem Boden, fremdem Licht!“[3]
>
> „Durch die Straßen tönt die Trommel: ein Edikt wird kund gemacht!
> ‚Abgeschafft sind die Laternen; gänzlich sei's in Zukunft Nacht!
> So will's allerhöchste Gnade, überzeugt aus tiefen Gründen,
> Daß das Volk wohl auch im Finstern kann den Weg zum Munde finden.‘
> Ew'ge Nacht ist eingebrochen übers ganze arme Land …“[4]
>
> *Anastasius Grün*

3 Anastasius Grün: Spaziergänge eines Wiener Poeten 1830–1832. Gesammelte Werke. Hrsg. von Ludwig August Frankl. Fünfter Band. Berlin: Grote'sche Verlagsbuchhandlung 1877, 333.

4 Ebenda, 347.

„Die Gasbeleuchtung ist in Wien noch nicht eingeführt, doch fehlt es nicht an Helligkeit auf den Straßen und in den Häusern – in Kapellen brennen sogar Ewige Lampen …“[5]

Willibald Alexis

„Über Quell und Rosen aber, und Viol' und Nachtigall,
Über Dornen und Palästen stand des Mondes Strahlenball,
Wie ein leuchtender Gedanke heil'ger Freiheit, licht und klar! –
O wie schade, jammerschade, daß es rings der einz'ge war!“[6]

Anastasius Grün

Anton Alexander Graf von Auersperg (1806–1876), mit Schriftstellernamen *Anastasius Grün*, war ein österreichischer Liberaler im Vormärz, der in sehr charakteristischer Weise in Form von Gedichten Kritik an den bestehenden Verhältnissen übte; er war dabei politisch durchaus maßvoll und appellierte (wenn auch stets vergeblich) immer wieder an die Einsicht der Herrschenden. (Doch schon gemäßigte Politik war dem Regime schlimm genug und *Metternich* legte dem Grafen Auersperg die Auswanderung nahe.) Bemerkenswert bei Anastasius Grüns „Wiener Spaziergängen“ ist vor allem, dass er keineswegs Stadt gegen Land, Natur gegen die steinerne Wüste, ausspielt; der Gang in die Natur entspringt keinen frühen grün-alternativen, lebensreformerischen Anwandlungen, sondern ist politisch begründet. So heißt es in dem Gedicht „Spaziergänge“:

„Also bin auch ich gestiegen auf der Hügel sonn'ge Rücken,
Wenn's wie Nacht der Blindheit unten dunkelte vor meinen Blicken,
Also sucht' ich freie Bergluft, wenn ich Kerkerluft gewittert,
Und das Grün, der Hoffnung Farbe, wenn mein Herz krank und zersplittert.
In der Stadt, darin ich wohne, gibt's viel Klöster und Kasernen,
Ries'ge Akten-Arsenale, Dome, ragend zu den Sternen,
Und dazwischen kleine Männlein, rufend im Triumphestone:
Seht, wir sind die Weltregierer, wir mit Canon und Kanone!
So geschieht's denn, daß die Glocken brüllen allzugrell bisweilen,
Daß zu stark die einen trommeln, und zu laut die andern heulen,
Daß der Dampf der Weihrauchfässer allzudick die Luft verhülle;
O dann such' ich auf den Bergen Licht und frische Luft und Stille.“[7]

5 Wiener Bilder. In: Willibald Alexis: Reise durch Österreich, Süd-Deutschland und die Schweiz. Berlin: Rütten & Loening 1992, 259.

6 Anastasius Grün (1877), 344.

7 Ebenda, 322 f.

So ist die Natur jene Sphäre, in der sich der Dichter in Einsamkeit und Freiheit ergehen kann (auch fern von Polizeispitzeln), zugleich aber werden Bilder aus dieser Sphäre verwendet, um die angestrebten Veränderungen der Gesellschaft darzustellen. Dabei geht es nicht um organizistische und naturalistische Konzeptionen und deren Übertragung auf die gesellschaftlichen Verhältnisse, sondern um Symbole und Metaphern. Es werden etwa die Jahreszeiten angesprochen:

„Seht den Lenz, den Freiheitshelden, lernt von ihm es, wie man siegt,
Wenn mit dem Tyrannen Winter er im harten Kampfe liegt!“[8]

„Und den Farbelosen, denen die drei Farben [der französischen Trikolore] schon zu viel,
Zeigt er keck des Regenbogens ganzes buntes Farbenspiel!
Als Cocarden junger Freiheit hat er Blüthen ausgesät,
Ha, wie rings das Land voll bunter, farbiger Cocarden steht!“[9]

In die Natur zu gehen erzwingt Ferne von der menschlichen Gesellschaft und den in ihr herrschenden politischen Verhältnissen. Der Aufenthalt in der Natur stellt nicht etwa eine herbeigesehnte Alternative zur Gesellschaft dar, er ersetzt nicht Politik, sondern ermöglicht die Entfaltung des eigenständigen politischen Denkens.

„Und in grüne Farbe kleidet er Gebirge, Thal und Hain:
Freiheit geb' ich euch, und Gleichheit! Gleich beglückt sollt all' ihr sein! –
Solch ein heitrer Sieg des Lichts kröne dich, mein Oesterreich,
Und dem schönsten Frühlingstage werde deine Freiheit gleich!“[10]

Anastasius Grün verfasste zum Tod des Kaisers Franz im März 1835 einen Epilog zu seinen „Spaziergängen eines Wiener Poeten. 1830–1832“. Darin setzt er nicht länger auf die Einsicht der Fürsten, es geht auch nicht um ihre moralische Besserung und die Hoffnung, dass diese Fürsten eines Tages sich und somit vielleicht auch die Welt verbessern könnten. Anastasius Grün wendet sich in dieser Dichtung an das deutsche Volk insgesamt und weist ihm die Aufgabe der Einigung zu. Er träumt keineswegs vom Krieg und von deutscher Hegemonie und Weltherrschaft, sondern von einer Einigung von unten, in Freiheit, mit dem Ziel eines friedlichen Zusammenlebens aller auf dem Gebiet des geeinten Deutschland.

8 Ebenda, 351.
9 Ebenda, 352.
10 Ebenda.

„Euer Hoffen, euer Sehnen
Hat kein Einzelner ganz vollbracht;
Drum euch All will ich belehnen
Mit des Reiches Glanz und Macht.
Denn in allen deutschen Adern
Flammt der Purpur, der nie bleicht;
Eure Herzen sei'n die Quadern
Jenes Baus, deß Grund nicht weicht.
…
Daß wo euch der Glauben schiede,
Euch vereine Deutschlands Schild;
So verschmilzt ein Liebesfriede
Blond und Schwarz, und Streng und Mild.
Daß der Baum der freien Rede
Frucht in Nord und Süden bringt;
Rheingott nicht bedroht mit Fehde,
Was die Donaunymphe singt.
Bund und Eintracht erst vereine
Eure tausend Schulzen fein,
Dann ein Leichtes wird's, ich meine,
Mit den dreißig Fürsten sein."[11]

Auffällig ist, dass bei Anastasius Grün der Begriff des Volkes verwendet wird, so wie ihn die westliche Aufklärung in ihren radikaleren Ausformungen gebrauchte; im Sinne von: untere Klassen, die Masse der Bevölkerung. Anastasius Grün plädierte für eine nationale Einigung in Freiheit, von unten; für eine Einheit der Deutschen, die vom Volk gewollt und aktiv herbeigeführt wird, die den feudalen (Un-)Geist der Untertänigkeit durch eigenständiges Denken und politisches Handeln überwindet.

11 Ebenda, 404 f.

8.3 Willibald Alexis und die Reisebeschreibung als politisches Manifest

> „Ein Demagog, ein Republikaner bin ich nicht und war ich nie, aber ich habe in meinem Leben manches gedacht, was hier nicht laut gedacht werden soll."[12]
>
> „Der Mensch kann ungeheuer viel denken, aber nach Wien reist man nicht darum. In Wien soll man sich des Lebens freuen."[13]
>
> *Willibald Alexis*

Im Jahr 1833 erscheint ein Buch mit dem Titel „Wiener Bilder"; es wird von der preußischen Zensur sogleich verboten; der Verfasser dieses Buches ist *Georg Wilhelm Heinrich Häring* (1798–1871), der unter dem Schriftstellernamen *Willibald Alexis* publiziert. Bei der Lektüre von Willibald Alexis' „Wiener Bildern" fällt zunächst zweierlei auf:

1) Es ist möglich, heutzutage Wien und Umgebung mit dieser Reisebeschreibung in der Hand zu besuchen und nahezu alle touristischen Attraktionen von damals noch immer zu sehen.

2) Es werden durchaus soziale Idyllen gemalt und das Bild von Wien und von der Wiener Gesellschaft entspricht dem dauerhaften Klischee vom genussreichen und im Genuss geradezu egalitären Leben in dieser Stadt; dazu kommen wiederkehrenden Hinweise auf die grüne Natur und das ländliche Element in der Großstadt.

> „Aber Ländliches ist überall."[14]
>
> „Es will niemand vornehmer sein, als er ist, wenn er genießen will, und der Vornehme prätendiert nicht einmal, das zu sein, was er ist, wo es genießen gilt. Das ist die große Maxime, die das Leben in Wien anmutig macht …
> In der Genußbildung sind sich alle gleich. Im ersten Hotel ist neben der Table d'hôte eine Bierstube, wo der Kärrner und der Lakai trinken, und das vornehme Auge und die vornehme Nase finden sich ebensowenig beleidigt durch die blauen Strümpfe und den schlechten Tabak, als die in der andern Stube mokant demagogische Blicke auf die Mehrgenüsse derer werfen, die mehr sind und mehr haben."[15]

12 Wiener Bilder. In: Willibald Alexis (1992), 7.
13 Ebenda, 128.
14 Ebenda, 84.
15 Ebenda, 84 f.

Willibald Alexis beschreibt präzise Landschaften, Architektur, gestaltete Räume und beschreibt so auch Momentaufnahmen sozialer Vorgänge (auf den Straßen und Plätzen, beim Essen, im Theater, in der Kutsche, auf dem Schiff …) Dabei ist er um eine analytische wie differenzierte Darstellung der politischen Verhältnisse in der Habsburgermonarchie bemüht. Das alles darf aber keineswegs als bloße Reisebeschreibung hingenommen werden, als eine Nachzeichnung des Beobachteten, vielmehr ist es eine höchst kunstvolle Montage von Fragmenten theoretischer Auseinandersetzung, Hinweisen auf die Interpretation historischer Vorgänge, dezenter Kontrastierung preußischer und österreichischer Zustände. Willibald Alexis trachtet von Anfang an danach, die Bevölkerung der Habsburgermonarchie recht positiv darzustellen; das positive Bild von Land und Leuten bringt er immer wieder in Zusammenhang mit dem Gedichtzyklus des Anastasius Grün, „Spaziergänge eines Wiener Poeten. 1830–1832“; bei diesen Gedichten wiederum ist die Unfreiheit in der Habsburgermonarchie ein vorherrschendes Thema. Selbst wenn, wie es den Anschein hat, Willibald Alexis mitwebt am Mythos von Wien und den Wienern, so instrumentalisiert er eben genau diesen Mythos mit der Intention einer politischen Verbindung zwischen Österreich und Preußen; Alexis ist kein Opfer der zeitgenössischen Propaganda, er benützt sie vielmehr für seine Zwecke.

> „Der Austausch zwischen Östreich und Preußen, der gering an Produkten, aber an geistigem Leben immer munterer wird, ist etwas Erfreuliches in einer nicht erfreulichen Zeit.“[16]
>
> „Der gesunde Volkssinn auf beiden Seiten möchte früher erkannt haben als die Regierungen, daß Östreich und Preußen nicht an Deutschlands beiden Polen stehen, sich zu befeinden, sondern Hand in Hand Wächter zu sein germanischer Sitte und germanischer Freiheit, hier gegen Zügellosigkeit, dort gegen Despotismus, hier gegen Verflüchtigung des Lebens, dort gegen Erstarrung, hier gegen Brand, dort gegen Frost.“[17]

Bemerkenswert auch, wie Willibald Alexis einen Leichenzug in seine Beschreibungen einstreut:

> „Ein *Leichenzug* kam um die Ecke. Sie eilten mit einem Manne zur ewigen Ruhe, der viel im Leben gewirkt und viel genossen hat… Den sie zu Grabe trugen, war Friedrich von Gentz, ein geborner Preuße. Er predigte gegen die Revolution, aber er selbst war doch nur ein Kind derselben; denn wer *dem*

16 Ebenda, 285.
17 Ebenda, 286.

> System, für das er gedungen wird, die volle Kraft seines Geistes leiht, gehört nimmermehr in die von ihm gepriesene alte Zeit, wo der Mann, nicht dem Banner des Interesse folgend, stehenblieb, da, wo die Geburt ihn hingestellt. Gentz war ein ausgezeichneter Kopf, ein Geist, der in der Jugend sich in alle Formen fand. Was wird von Gentz übrigbleiben? Der Wind wehte Staubwirbel durch die Straße."[18]

Die anekdotische Erzählung von der Beerdigung des bedeutenden Ideologen der Konterrevolution ist ein Bild von der Vergänglichkeit der Herrschenden, vergleichbar den lyrischen Metaphern von der Ablösung des Winters durch den Frühling; – es wird nicht ewig bleiben, wie es ist; es besteht durchaus Hoffnung auf Veränderung.

Willibald Alexis benützt Anastasius Grün als einen Gewährsmann für Wien und die Wiener Verhältnisse; er verweist auf ihn, er zitiert ihn. Bemerkenswert ist allerdings, wie und in welchem Ausmaß: Alexis zitiert nie denunziatorisch, sondern eher schützend; er will sich nicht hinter Anastasius Grün verbergen, sondern deutet immer wieder die Nähe und Übereinstimmung an. Charakteristisch ist etwa, wie Alexis ein Gedicht über Joseph II. ausführlich zitiert, um dann die letzte Strophe auszulassen; diese Strophe beginnt mit der Zeile:

> „Ach, es will der Freiheit Rose uns im Garten nicht gedeihn!"[19]

Im Übrigen plädiert Willibald Alexis dafür, den Kaiser Joseph II. auf dem Graben zu etablieren, weil dieser Kaiser mitten im Volke sein sollte:

> „Ich hätte diesen ehernen Joseph ins Gedränge des Grabens gesetzt, da, wo die Dreifaltigkeitssäule steht, die an diesem Platze auch einsam steht."[20]

Zuvor hatte Alexis schon Einwände gegen die Pestsäule am Graben erhoben:

> „In einem Winkel von Kroatien hätte die Dreifaltigkeitssäule, die man nach einer Pest im ‚Graben' von Wien errichtete, vielleicht gepaßt; in die Hauptpassage des eleganten Wien paßt sie aber nie und nimmer."[21]

(Was hier als Geschmacksfrage eingebracht wird, ist zugleich Kritik am gegenreformatorischen Barock.)

18 Ebenda, 186 f.
19 Anastasius Grün (1877), 370.
20 Wiener Bilder. In: Willibald Alexis (1992), 134.
21 Ebenda 132.

Willibald Alexis findet nicht in der österreichischen Regierung das Modell für eine künftige politische Entwicklung, aber etwa in den Anschauungen eines Anastasius Grün; sie scheinen ihm vorbildlich für eine liberale Politik:

> „Der Wiener Liberale sucht sein und der Welt Heil nicht darin, wenn die Liechtensteine und Esterházys nicht mehr sind als er; er seufzt nur nach der Aufhebung der Sperre um sein schönes Land, daß hinaus- und hereinkönne, was da will, daß der Gedanke freigegeben werde, sich zu gestalten in Wort, Schrift, Tat, wie er will, und daß sein Östreich zu der Höhe sich *schwinge* unter den gebildeten Staaten Europas, wozu seine örtliche Lage, seine Macht, seine reiche Natur es zu berechtigen scheinen. Er will nicht andere um einen Kopf kleiner machen, um selbst größer zu sein, er will nur die Freiheit haben, zu *wachsen,* und was daneben auch noch wachsen kann und mag, dem verbietet er's nicht. So spricht sich in den ‚Spaziergängen des Wiener Poeten' der Liberalismus aus."[22]

Es ist auffällig, wie ein liberaler Bürger, ohne Unterwürfigkeit und politisch durchaus maßvoll, über Aristokraten schreibt: sie sollen nicht „um einen Kopf kleiner" gemacht werden. Doch dieser maßvolle Liberalismus war für die Aristokraten von Gottes und ihres Blutes (ihrer Abstammung) Gnaden nicht weniger schlimm und bedrohlich als der jakobinische Terrorismus; er hätte bei Durchsetzung für sie allemal das Ende der feudalen Privilegien bedeutet, und somit den Anfang vom Ende ihrer politisch-ökonomischen Vorrechte. Heutzutage ist es vielleicht schwer, die Ironie nachzuempfinden, die in deutschen Landen (wo ja noch der Feudalismus bekämpft werden musste) in Texten wie denen des Wilibald Alexis, mitschwingt – nämlich eine durchaus bedrohliche Ironie: es gibt keinen maßvollen Umgang mit dem Feudalismus; die Betonung der Gleichheit aller Menschen ist die Voraussetzung für die Vernichtung der feudalen Verhältnisse. Nur weil es in deutschen Landen keine erfolgreiche bürgerliche Revolution gegeben hat, erscheint uns der maßvolle Liberalismus als recht harmlos – erst recht, wenn er sich dazu noch aristokratisch gebärdet.

> „Ein Aristokrat bin ich, weil ich meine, daß kein gesellschaftlicher Verband auf die Dauer ohne *eine* Aristokratie bestehen könne, und weil unter den zur Erscheinung gekommenen die durch Geburt begründete, auf großen, festen Landbesitz gestützte mir die am mindesten drückende für das Gefühl dünkt, verträglich mit persönlicher und geistiger Freiheit, ja, wo der Adel noch

22 Ebenda, 268.

> nicht enerviert ist, nach allen Vorgängen der Geschichte diese des Geistes hebend noch und erweckend."[23]

In den letzten Kapiteln seiner Reisebeschreibung setzt sich Willibald Alexis offen mit der Frage des Liberalismus und des künftigen Deutschland auseinander. Dabei bekennt er wiederum, dass er kein Radikaler sei; und er bekennt sich zum Liberalismus und hier wiederum insbesondere zu jenem, den er in Wien kennengelernt hat.

> „Während man anderwärts meint, die Wurzel des Übels sei der Aristokratismus, und wenn die historischen Namen ausgerottet und der Begriff regiere statt der großen Erinnerungen, sei die vollkommene Welt an der Schwelle, läßt der Wiener Liberalismus die Aristokratie beiseite … Er will nur für sich Freiheit, diese Freiheit verlangt er von der Regierung und ließe gern, was daneben leben mag, am Leben. Wann er einst in den Adelsrechten einen mit ihm um das Dasein ringenden Rivalen fände, ist eine Frage, welche die Gegenwart noch nichts angeht."[24]

Er macht sich keine Illusionen:

> „Über Östreichs Zukunft schwebt ein dunkler Schleier. Bleiben, wie es ist, kann es nicht, es wird nur so zusammengehalten, und man hütet sich, daran zu rühren; eine kleine Reparatur könnte einen großen Riß verursachen. Aber einmal, wenn nicht Stürme von außen alles zertrümmern, muß an die Reform gegangen werden. Wer wird sie wagen? … Wie eine Form finden, … welche hier den gebildeten Sinn befriedigt, dort dem rohen Bedürfnis genügt? Weder strengster Gerechtigkeitssinn noch vollkommenste Schlauheit lösen die Aufgabe. Eine Inspiration gehört dazu, um einst für die Dauer das zu ersetzen, was jetzt nur durch Kraft und persönliche Anhänglichkeit sich geltend macht."[25]

Dies ist eine durchaus adäquate Einschätzung der Verhältnisse in der Habsburgermonarchie, wie sie weiter – bis zum Ende der Monarchie – bestehen bleiben sollten; was allerdings, wenn es Veränderungen gäbe?

> „Welche Rolle alsdann die Aristokratie spielen wird? Will sie nur sich retten, so stürzt sie sich und vieles. Der alte Zauber ist gelöst, es muß ein neuer gesucht werden; im Zunft- und Kastengeist wird er nicht gefunden."[26]

23 Ebenda, 276.
24 Ebenda, 267.
25 Ebenda, 275.
26 Ebenda.

Die schwierige Lage der deutschen Liberalen wird nun zum Ausdruck gebracht; die auswärtigen Verhältnisse sind keineswegs ideal (und für tief greifende Reformen im Inneren fehlen weitgehend die Voraussetzungen):

> „Was überhaupt einst in der vervollkommneten Welt vor uns die alte Aristokratie ersetzen soll, weiß ich nicht; denn was ich in Amerika dafür finde, die Plutokratie, die Advokatenherrschaft, den rohen Dünkel des Individuums, scheint mir sowenig ein Surrogat als im heutigen Frankreich bei weit liebenswürdigern Formen das dort einzig gültige Adelsdiplom: das Interesse."[27]

Die real existierende Aristokratie in der Habsburgermonarchie scheint Willibald Alexis zwar „frei von dem junkerhaften Dünkel" („Und grade aus dem Adel sind jetzt mehrere Sängerstimmen erklungen, welche ebenso wohlgefällig an sich tönen, als der freiheitsatmende Geist darin verrät, daß kein dumpfer Kastengeist diesen Stand beherrscht."), doch für so recht zukunftsträchtig hält er sie nicht: „was sie im Augenblick Großes schafft, ist mir nicht bekannt".[28]

Es bleibt die Frage:

> „Aber was soll in Östreich sie ersetzen? Verwebt in das bunte Kleid des Lebens, stockt ohne sie dies Leben, dem die mannigfachen Triebfedern abgehen, welche anderswo es munter erhalten."[29]

Willibald Alexis nimmt dann allerdings eine Argumentation auf, die im Rahmen des westlichen, insbesondere des englischen Liberalismus durchaus vertraut ist, zugleich jedoch auch eingeht auf die politische und ökonomische Rückständigkeit Zentraleuropas. Demnach müsste man in der Habsburgermonarchie (mit ihrer in der Gegenreformation von den Habsburgern künstlich erzeugten wirtschaftlichen Unterentwicklung) und in Preußen auf einen imaginierten Adel verweisen und hoffen, der (sieht man von wenigen Vertretern, wie etwa dem Grafen Auersperg, ab) überhaupt erst geschaffen werden müsste.

> „Denn der Kleinbürgergeist schafft und häuft nur für die Gegenwart, und wo er der Zukunft gedenkt, ist es doch nur um des Nutzens halb, wohingegen das Große und Schöne, was den Geist erkräftigt, vorzugsweise von den Aristokraten gepflegt worden und der Adel, wo er sich noch bewußt dessen, was

27 Ebenda.
28 Ebenda, 277.
29 Ebenda, 275 f.

er vertritt, neben der Gegenwart, wenn er für die Zukunft arbeitet, auch der Vergangenheit gedenken muß."[30]

Im Übrigen mag auf den naturwüchsigen Gang der ökonomischen Entwicklung gehofft werden.

„Daß wir verhungern werden und verdursten oder in Ketten schmachten und Unwissenheit, davor ist mir nicht bange; denn mit jedem Jahr manifestiert sich mehr und mehr die Ohnmacht derer, die das letztere möchten, und für das erstere, daß es nicht geschieht, sorgt ein jeder selbst und die Millionen Priester, welche dem Gott ‚Industrie' dienen, um Martyrer zu werden oder Millionäre. Die Risse und Spalten in den Feudalburgen flickt kein römischer Kitt, und in ihre Verliese sperren sie weder Ketzer noch Juden noch reisende Kaufleute mehr. Es geht alles vorwärts. Das was die Liberalen wollen, hilft sich, macht sich von selbst, es braucht nicht unser aller Kräfte."[31]

Bei Willibald Alexis wird das entscheidende Problem des deutschen (und österreichischen) Liberalismus auch offengelegt: es gibt für diesen Liberalismus keine soziale und ökonomische Basis (es gibt ihn bestenfalls als Idee); es gibt keine ausreichende kapitalistische Entwicklung, es gibt kein starkes Bürgertum und keinen verbürgerlichten Adel (wie in England); dafür aber gibt es einen fürstlichen Absolutismus und eine erfolgreiche Abwehr der Französischen Revolution und ihrer Errungenschaften. Angesichts dieser Situation müssen einzelne, gesellschaftlich und politisch isolierte, liberale Aristokraten als Hoffnungsträger herhalten und darüber hinaus mag eventuell auf die Konstruktion einer neuen Aristokratie, auf die Utopie einer „Aristokratie des Geistes" gesetzt werden (wie dies Willibald Alexis in seinen historischen Romanen getan hat).[32]

Willibald Alexis vermittelt in seiner Reisebeschreibung – unter wiederkehrenden Verweisen auf die Gedichte des Anastasius Grün – einige wichtige politische Meinungen (wohl immer auch unter Berücksichtigung der Zensur), Aussagen zur zeitgenössischen Politik und wie sie sein und werden sollte. Bei allen Bekenntnissen zu Adel und Grundbesitz bleibt weniger ein Plädoyer für den bestehenden Geburts- und Blutadel, denn eines für eine freisinnige, „geistige" Aristokratie und für einen Liberalismus (der jedenfalls nicht die erkannten Mängel etwa der USA aufweisen sollte). Willibald Alexis plädiert für einen

30 Ebenda, 276.

31 Ebenda, 276 f.

32 Wolfgang Beutin: Königtum und Adel in den historischen Romanen von Willibald Alexis. Berlin: Erich Schmidt Verlag 1966, 66–70.

Liberalismus, der ein Leben und Streben, ein Arbeiten und Gestalten, in Freiheit für alle ermöglicht; und er plädiert für eine Verständigung der deutschen Völker (insbesondere Preußens und Österreichs) und nicht für eine deutsche Einheit, die die Vorherrschaft eines Staatswesens über die anderen beinhaltet.

8.4 Nestroy und die Politik auf dem Theater

8.4.1 Habsburgische Gegenreformation, der Kampf gegen die Schrift und für das Theatralische

> „Im Zeitalter des Absolutismus war das Theaterinteresse ein Auswuchs des vom politischen Druck aufgetriebenen Kunstgefühls."[33]
>
> *Karl Kraus*

> „Freiheit is ja was Schreckliches. Seine Herrlichkeit sagt immer: Der Regent is der Vater, der Untertan is a kleins Kind, und die Freiheit is a scharfs Messer."[34]
>
> *Johann Nestroy*

Die gegenreformatorisch-barocke Tradition in der Habsburgermonarchie bedeutete die weitgehende Ablösung der Schriftkultur durch vielfältige Schauspiele. Nicht länger sollte eigenständig gelesen und gedacht und über das Gelesene gesprochen werden können. Anstelle dessen trat eine Summe von einschüchternden, vom alltäglichen Dasein ablenkenden, betäubenden Sinneseindrücken (begleitet von der ständigen Forderung nach Demut, Andacht, Unterwerfung, Untertänigkeit): die Pracht der barocken Kirchen, die Farbigkeit der Bilder und Figuren, die theatralische Gestaltung der Gottesdienste (Musik, Weihrauch), der Prunk der Kleider der Geistlichen; der Ersatz der Bibellektüre durch Kanzelpredigten. Ergänzt wurde das im weltlichen Bereich durch die Dominanz der zur Schau stellenden Künste, insbesondere der Musik, aber eben auch des Ausstattungstheaters. Es ging (und geht bis heute) stets um ein Blendwerk für die Sinne, das der weitgehenden Ausschaltung des Denkens dient. Alle Schauspiele und Spektakel waren in ihrer Funktion als *Ersatz* fürs Lesen, für die zerstörte Kultur des Buches, zu erhalten: wesentlich waren dabei nicht bloß die Zensur und andere Maßnahmen obrigkeitlicher Regulierung, sondern vor allem die Funktion des Ablenkens und Einlullens – Barock und Biedermeier lieferten dafür Modelle einer frühen antiaufklärerischen Kulturindustrie.

33 Karl Kraus: Nestroy und die Nachwelt. Frankfurt/M.: Bibliothek Suhrkamp 1975, 27.

34 Johann Nestroy: Nestroy zum Vergnügen. Hrsg. von Jürgen Hein. Stuttgart: Reclam 2005, 91.

Wenn allerdings die Sphäre des Theatralischen, des Spektakels, wenn Musik und Theater selbst so verändert werden, dass sie nicht länger diese antiaufklärerischen Funktionen erfüllen, dann mag dies als eine Bedrohung der Herrschenden angesehen werden.

8.4.2 Nestroy, Biedermeier oder Vormärz: Resignation oder Hoffnung auf eine (radikale) Veränderung der bestehenden Verhältnisse

> „Ich habe auch meine Stunden der Empörung, aber ich verstecke sie, weil ohnmächtige Empörung lächerlich ist. Da ich nicht stolz sein konnte, bin ich demütig geworden, um mir die Scham zu ersparen, niederträchtig zu werden."[35]
>
> „Es läßt sich nichts finden, man muß den Dingen beistehen, daß sie sich finden lassen."[36]
>
> „Wirklichkeit ist immer das schönste Zeugnis für die Möglichkeit."[37]
>
> *Johann Nestroy*

Johann Nepomuk Nestroy (geboren am 7. Dezember 1801 in Wien, gestorben am 25. Mai 1862 in Graz) war zeitlebens infolge seiner eigentümlichen Schauspielpraxis und seiner Theaterstücke Gegenstand von Zensurmaßnahmen, gelegentlicher strafrechtlicher Verfolgung und der Herabsetzung durch die feuilletonistische Theaterkritik. Seine Darstellungsweise diverser Figuren bei den Theatervorstellungen bedeutete oft eine Umgehung der Zensur durch erweiterte Auslegungsmöglichkeiten des gesprochenen Textes. Als Autor lernte er mit der Zeit, die Zensur zu überspielen; viele Textstellen bei ihm sind auch Darstellungen und Illustrationen zu bestehenden Zensurpraktiken, buchstäblich spielerische Auseinandersetzungen damit. Die zeitgenössische Kritik hat ihn einerseits als einen Autor des sogenannten Volkstheaters klassifiziert und besprochen, andererseits als derben, zotigen, die Sitten verrohenden, das Publikum entsittlichenden Theatermacher herabgesetzt. (Der Vorwurf des Unmoralischen und Sittenverderbenden ersetzte die expliziten politischen Vorwürfe, was wiederum für spätere Darlegungen des unpolitischen Charakters der Literatur dieses Autors dienstbar gemacht worden ist.)

35 Johann Nestroy (2005), 138. Nähere Angaben zu den Quellen sind in diesem Buch zu finden.

36 Johann Nestroy: „Reserve" und andere Notizen. Hrsg. von W. Edgar Yates, Wien: Lehner 2003, 87.

37 Johann Nestroy: Stücke 17/I. Der Talisman. Sämtliche Werke. Historisch-kritische Ausgabe von Jürgen Hein und Johann Hüttner. Wien: Jugend & Volk 1993, 79.

Nach seinem Tod (und bis heute) war Nestroy verschiedenen Neutralisierungsstrategien ausgesetzt: Er wurde zum lokalen Autor, zum Verfasser wienerischer „Volks"-Stücke erklärt, zum harmlosen Spaßmacher gemacht; seine Stücke wurden in einer Weise aufgeführt, die die meisten Intentionen des Autors zunichtemachte[38]; es wurden Fassungen der Stücke hergestellt (etwa von *Hans Weigel*), die gegenüber den Originalen derart verändert waren, dass der Bearbeiter als eigenständiger Autor der Texte (mit den entsprechenden Autorenrechten) erschien. Im Übrigen wurde Nestroy gerne als menschenfeindlicher Zyniker charakterisiert und mit dem angeblich so positiven *Ferdinand Raimund* verglichen. Es war wesentlich das Verdienst von *Karl Kraus*, eine völlig neue Sichtweise bezüglich der Beurteilung von Johann Nestroy einzuführen: Nestroy als ein Autor der Weltliteratur, und nicht als lokaler Possenreißer; als ein Autor, der die deutsche Sprache in subtiler Weise gestaltet und in ihrer Ausdrucksweise bereichert, und nicht als ein wienerischer Dialektdichter; vergleichbar dem, was *William Shakespeare* für die englische Sprache getan hat. (Karl Kraus war es auch, der in seinen Texten zu Nestroy den Begriff „Vormärz" verwendete, der auf die künftige Revolution 1848 hinweist, und nicht, wie in der Literaturgeschichte lange Zeit üblich, den Begriff „Biedermeier".)

8.4.3 Nestroy und die Wiederherstellung der Kultur des Buches auf dem Theater

> „Herrn gibt's nur, solang's Bediente gibt; ohne Bediente sinkt jeder Herr zum Stiefelputzer seiner selbst herab."[39]
>
> „Nach den neuesten Ansichten nennt man uns Proletarier und verbindet damit die zarten Nebenbegriffe, von Kommunist, Aufrührer, staatsgefährlicher Mensch. Es ist wirklich kurios, wie man die Armut ausstaffiert."[40]
>
> „Die Polizei kann nicht das wahre Mittel sein gegen's Stehlen, sonst gäbet's ja schon lang ka Spur mehr von ein' Dieb."[41]
>
> „Die schlechteste freie Wahl ist mir lieber als der beste Zwang."[42]
>
> *Johann Nestroy*

38 Die besten (und vor allem textgetreuen) Aufführungen der Stücke Nestroys können seit vielen Jahren (einmal jährlich jeweils ein Theaterstück) in den Sommermonaten im Schloss Rothmühle in Schwechat bei Wien gesehen werden.

39 Johann Nestroy (2005), 68.

40 Ebenda, 67.

41 Ebenda, 90.

42 Ebenda, 148.

Es wird immer wieder auf den unpolitischen Nestroy, den konservativen Nestroy, den loyalen Untertanen Nestroy hingewiesen. Dabei wird ein viel späteres Verständnis der Wirklichkeit und der Möglichkeiten politischen Denkens und Handelns einfach rückprojiziert. Loyaler Untertan zu sein war in der Habsburgermonarchie eine Selbstverständlichkeit, jede Abweichung von der Norm äußerst bedrohlich für die eigene Existenz. Ein Hindernis für die Entstehung von politischem Bewusstsein in der Habsburgermonarchie war die völlige Abwesenheit von politischer Praxis, nicht nur für die Masse der Bevölkerung überhaupt, sondern auch und gerade für das ohnehin schwächlich ausgebildete Bürgertum. Es gab keine parlamentarische Versammlung, die politisches Gewicht gehabt hätte und keine politische (und so politisierende und politisierte) Öffentlichkeit (wie etwa im Westen Europas, in England, den Niederlanden und Frankreich).

Der politische Charakter von Texten und theatralischen Darbietungen kann daran gemessen werden, ob und in welchem Ausmaß eigenständiges Denken überhaupt angeregt worden ist. Das Theater bei Nestroy „ist geschriebene Schauspielkunst“[43]. Der subversive Charakter des Nestroy'schen Theaters ergibt sich aus der Transformation des Beruhigungs- und Ablenkungsmittels Theater in eine Summe von Denkanregungen. Es wird bei Nestroy nicht gepredigt; das Theater ist keine säkularisierte religiöse Veranstaltung, keine moralische Anstalt. Doch in der Nestroy eigenen Form der gesprochenen Sprache, des Spiels auf der Bühne, wird Schriftkultur, wird die Kultur des Buches wieder eingeführt. Das Publikum hat die Möglichkeit, den Wortwitz, die besondere Sprache mitzuverfolgen, sich zu merken, die geäußerten Gedanken in ihren eigentümlichen Formulierungen aufzunehmen und weiterzudenken. Nestroy produziert gut merkbare Sätze und Situationen, die daher auch gut aus dem Gedächtnis reproduziert werden können.

Es gibt keine Garantie dafür, dass aus derartigen Denk- und Darstellungsweisen auf dem Theater ohne Weiteres politisches Handeln entspringt. Doch in einer Gesellschaft und einer politischen Kultur, die an absolutistischer Herrschaft und absoluter Untertänigkeit ausgerichtet ist, bedeutet die kontinuierliche Anregung zum Denken (noch dazu in einer zur Ablenkung vom eigenständigen Denken bestimmten Institution) schon einiges. Was bei Nestroy inhaltlich auffällt, ist die wiederkehrende Diskussion durchaus radikaler Gedankengänge in witziger Weise; karikierend, satirisch überspitzend, widerspruchsvoll abwägend, spöttisch, paradox. Nestroy wirft nicht mit Bildungsgütern um sich, er zitiert keine Dichter und Denker namentlich. Aber er bringt viele gesellschaft-

43 Karl Kraus (1975), 15.

liche Probleme (und Vorschläge zu ihrer Lösung) auf der Bühne zur Sprache; lässt in Form von Gedankenspielen europäische Politik und Gesellschaftslehren in Bruchstücken von Schauspielern vortragen und debattieren. Das macht auch vertraut mit Fragmenten ausländischer Geschehnisse, Gesellschaftstheorie, politischer Denk- und Verhaltensweisen.

Einige weitere Zitate mögen dies illustrieren:

> „Es gibt sehr wenig böse Menschen, und doch geschieht so viel Unheil auf der Welt; der größte Teil dieses Unheils kommt auf die Rechnung der vielen, vielen guten Menschen, die weiter nichts als gute Menschen sind."[44]

> „So gibt's viel gute Mensch'n, aber grundschlechte Leut'."[45]

> „Die Vorsehung hat mit die Reichen, mit die Glücklichen zu viel zu tun, für die Armen bleibt ihr ka Zeit."[46]

> „Wie leicht hätt' die Schöpfung, wie sie schon einmahl im Schöpfen drinn war, Menschen und Häuser erschaffen können, aber nein sie erschafft lieber Partheyen und Hausherrn."[47]

> „Es sagt so vieles, das gemeine Volk, was mit der Gemeinheit gar nichts gemein hat."[48]

> „Übrigen wenn man Zoten finden will, dann ist auch jeder Satz eine Zote. Die Worte ‚Vater, Mutter, Sohn, Tochter' sind lauter Zoten, weil man, wenn man es will, dabei an den unerläßlich damit verbundenen Zeugungsakt denken kann."[49]

Wenn Bewusstsein dadurch entsteht, dass isolierte individuelle Gedanken von mehreren Menschen untereinander, miteinander besprochen, diskutiert werden – dann wurde eben dies im Theater Nestroys modellhaft vorgeführt. Es gibt bei Nestroy kein besseres Jenseits, in das man gelangt, indem man stirbt und sich begraben lasst; auch keine heile Welt, sondern die von den Menschen erzeugte Hölle. Himmel, Hölle, Fegefeuer sind nicht im Jenseits zu finden, sondern hier und jetzt. Die zur Verbesserung des hiesigen Daseins möglichen und notwendigen Veränderungen sind politischer, gesellschaftlicher Art; und sie betreffen zugleich die Individuen.

44 [Nur Ruhe!] Johann Nestroy (2005), 25.
45 [Frühere Verhältnisse] Johann Nestroy (2005), 28.
46 [Der Schützling] Johann Nestroy (2005), 31.
47 [Kampl] Johann Nestroy: Stücke 31. In: Sämtliche Werke, 38.
48 Johann Nestroy (2005), 84.
49 Ebenda, 114 f.

Nestroy war ein unbequemer Autor und Schauspieler; das Publikum wurde nicht eingelullt und keineswegs beruhigt entlassen; die Happy Ends seiner Stücke sind oft nichts weiter denn die Ansage künftiger Tragödien. Doch indem es bei Nestroy keine Beruhigung über die schlechte Welt, über die bestehenden Verhältnisse gibt, können auch die Gedanken an eine radikal veränderte und verbesserte Welt entstehen, und sie werden dem Publikum auch immer wieder dargeboten: nicht in Form politischer Predigten und Dogmen, moralisierender Fingerzeige, sondern in Form differenzierter, widersprüchlicher, doch eigenständiger, zügelloser Gedanken und Gedankenspiele.

8.5 Historisches Bewusstsein und die Entwicklung von Möglichkeitssinn bei Nikolaus Lenau

> „Je weniger ich auf ein Leben nach dem Tode halte, desto gewisser muß ich fordern, daß man in diesem Leben den höchstmöglichen Grad von Vollkommenheit erreicht."[50]
>
> *Nikolaus Lenau*

> „Man muß sein Glaubensbekenntniß von Zeit zu Zeit wiederholen, aussprechen, was man billigt, was man verdammt; der Gegentheil läßt's ja auch nicht daran fehlen."[51]
>
> *Johann Wolfgang von Goethe*

8.5.1 Nikolaus Lenau – ein radikaler Intellektueller in finsteren Zeiten

> „**Lenau**, Nikolaus (eigtl. Nikolaus Franz Niembsch Edler von Strehlenau), * 13. 8. 1802 Csatád (Timisoara), † 22. 8. 1850 Oberdöbling (b. Wien); österr. Lyriker und Versepiker. …
> L.s Weltschmerz … enthält viele rebellische Züge, er spiegelt – wie bei anderen großen Dichtern der ersten Hälfte des 19. Jh. (Byron, Leopardi) – über den persönlichen Anlaß … die Ausweglosigkeit einer gesellschaftlichen Situation …"[52]

50 Max von Löwenthal notiert dies zu einem Gespräch mit Lenau, 20. September 1844. Lenau-Chronik. Bearbeitet von Norbert Otto Eke und Karl Jürgen Skrodzki. Wien: Deuticke 1992, 359.

51 Goethes Werke. Hrsg. im Auftrag der Großherzogin Sophie von Sachsen. Band 75,2. Weimar: Hermann Böhlaus Nachf. 1893, 154.

52 Lexikon deutschsprachiger Schriftsteller von den Anfängen bis zur Gegenwart. Band 2. Leipzig: Bibliographisches Institut 1975, 29 f.

Zu Beginn eine – wienerische – Anekdote: Es gibt in Wien, in Döbling, ein Gebäude, das „Lenau-Schlössel“ heißt (es beherbergt nunmehr ein Gericht); auf einer Tafel, die an diesem Gebäude angebracht ist, wird darauf hingewiesen, dass der Dichter *Lenau* hier seine letzten Lebensjahre verbracht habe. Es entsteht der Eindruck, als ob es sich bei diesem „Lenau-Schlössel“ eben um das Sterbehaus Nikolaus Lenaus handelt, so wie es viele Geburts-, Wohn- und Sterbehäuser berühmter Persönlichkeiten gibt (vielleicht gar ein alter Familienbesitz jener adeligen Familie, der Lenau entstammte). In Wirklichkeit war das sogenannte Lenau-Schlössel jenes Irrenhaus, in dem der Dichter vom Mai 1847 bis zum August 1850 elend dahinvegetierte, bis er schließlich (wie die Zeitgenossen es übereinstimmend zum Ausdruck brachten) durch den Tod erlöst wurde.[53]

Nikolaus Lenau, der in der Literaturgeschichte und in Schulbüchern gerne als „schwermütiger“ Dichter beschrieben wird, der die „Natur“, sowie „exotische Existenzen“ (z. B. Zigeuner oder Indianer) zu besingen pflegte, war einer jener Intellektuellen, die sich nicht mit der Anpassung an die bestehenden Verhältnisse begnügten. In einem Gedicht von Nikolaus Lenau, betitelt „Veränderte Welt“, heißt es:

„Die Menschheit ist dahinter kommen,
Trotz aller Gaukelei der Frommen,
Daß mit dem Leben vor dem Grabe
Man endlich Ernst zu machen habe.
Zerbrochen ist des Wahnes Kette,
Die Erde sei nur Übungsstätte,
Nur Voltigierbock sei das Leben,
Aufs Roß werd' uns der Himmel heben.
Auf freiem grünem Erdengrunde
Wird jeder bald schon hier, zur Stunde,
Bevor das Grab ihn deckt mit Schollen,
Sein Rößlein weiden, tummeln wollen.“[54]

Der Gedanke der – möglichen, weil historisch schon erfahrbar gewesenen – gesellschaftlichen Veränderung, und zwar einer Veränderung zum Besseren hin, musste in den Zeiten der erfolgreichen Konterrevolution, der Restauration und Reaktion erst wieder mühselig von Neuem angeeignet und verbreitet werden. Und dies musste in der Dichtkunst in einer Sprache, in einer Form gesche-

53 Siehe Lenau-Chronik, 381.

54 Nikolaus Lenau: Lenaus sämtliche Werke in vier Bänden. Mit einer biographischen Einleitung von Anastasius Grün. Zweiter Band. Stuttgart: J.G. Cotta/Gebrüder Kröner o. J., 122.

hen, die den Autor nicht sofort mit der Obrigkeit, mit der Zensur in Konflikt brachte. Daher haben wir in der sogenannten Romantik und dem sogenannten Biedermeier außer jenen Texten, die den herrschenden Verhältnissen dienen, eigentümlich kodierte Texte, die von Empfindungen, von Natur, von beinah banal anmutenden Ereignissen handeln – und zugleich Mitteilung machen von der radikalen Kritik am Bestehenden, ja von dem Streben nach dessen völliger Umwälzung. Doch jene, die so schrieben, waren in Deutschland und in der Habsburgermonarchie völlig isoliert, vermochten über das, was sie anstrebten, kaum mit anderen Personen adäquat zu kommunizieren. Allein dass ein Intellektueller wie Lenau sich überhaupt die notwendigen Kenntnisse aneignete, um über die vorherrschenden Verhältnisse eine eigenständige Anschauung zu bilden, war schwer genug; die Bewahrung dieser eigenständigen Anschauung und die Verbreitung der eigenständigen Gedanken in literarischer Form erforderten ungeheure geistige Anstrengungen.

Im Westen und Süden Europas bestanden Möglichkeiten der Verbindung mit radikaldemokratischen, revolutionären Strömungen, konnte zumindest ideell an Traditionen eines bürgerlichen Radikalimus, an Traditionen der Aufklärung, des Empirismus und Materialismus angeknüpft werden; nicht so in der Habsburgermonarchie oder in Deutschland. Ein Schriftsteller, der vom Üblichen abwich, hatte es schwer mit der Obrigkeit und er hatte es schwer mit den Leuten seiner eigenen Zunft, weil infolge der relativen ökonomischen Unterentwicklung kein – dem Westen Europas vergleichbarer – Markt für literarische Produkte bestand.

In einem Gedicht mit dem Titel „Trinksprüche“ schreibt Lenau:

„Ihr stoßet an, die Gläser klingen,
Ihr lasset leben manchen Mann;
Und morgen schon denkt keiner dran,
Ihm eine Freud’ ins Herz zu bringen.
Ich hör’ ein Pereat! euch brüllen,
Auf Tod habt ihr das Glas geleert;
Doch keinem ist der Mut beschert,
Das Grab des Feindes anzufüllen.
Ich trinke nicht zum Segensspruche,
Wo nicht mein Herz beglücken will;
Zum bösen Wunsche bleib’ ich still,
Wenn nicht die Klinge folgt dem Fluche.“[55]

55 Ebenda, 123.

Nikolaus Lenau war ein durchaus ungemütlicher, also im Sinne der biedermeierlichen Kultur zutiefst unösterreichischer, Schriftsteller; und er insistierte auf das Kriterium der Praxis: es sollte nicht nur geredet und geschrieben, sondern tatsächlich etwas getan werden. Nicht weiter verwunderlich denn, dass ein sensibler Mensch angesichts der allem Anschein nach nicht so bald zu verändernden Verhältnisse verzweifelt und verrückt wird: Schwermut, Geisteskrankheit und früher Tod mögen bei einem Dichter wie Lenau dann zusammengehören. Bemerkenswert bleibt allerdings das Bestehen auf Freiheit und die Verknüpfung des eigenen Schicksals mit dem gesellschaftlichen Geschehen bis in seine letzten lichten Momente hinein.[56]

8.5.2 Historische Erfahrung und die Möglichkeit der Revolution bei Nikolaus Lenau

> „Ich war bis vor einem Jahr einer der heftigsten Gegner Hegels, damals studierte ich aber ein paar Werke von ihm und erkannte, daß doch nur auf der von ihm gebrochenen Bahn die Menschheit kann befreit werden. Überhaupt ist es doch etwas Schönes um die Zeit, wo alles, woran Jahrtausende geglaubt und fortgebaut haben, in Frage gestellt wird."[57]
>
> *Nikolaus Lenau*

Im „Schlußgesang" seines Dichtungszyklus „Die Albigenser" stellt Nikolaus Lenau die Fragen:

„Wozu begrabnes Leid lebendig singen
Und gegen Tote Haß dem Herzen bringen?
Hat unsre Zeit nicht Leids genug für Klagen?
Hat Haß nicht manchen, der da lebt, zu schlagen?"[58]

Und er gibt sogleich die Antwort:

„Doch weile auf der Vorwelt unser Blick,
Die Vorwelt soll uns tief im Herzen wühlen,
Daß wir uns recht mit ihr zusammenfühlen
In ein Geschlecht, ein Leben, ein Geschick.
Der Wandrer gibt dem Freund, der nach ihm schreitet,
Wo sich der Scheideweg im Walde spreitet,

56 Nikolaus Lenau: Notizbuch aus Winnenthal. Berlin: Friedenauer Presse 1986.
57 Gespräch mit Max von Löwenthal, 27. September 1842. Lenau-Chronik, 328.
58 Nikolaus Lenau: Lenaus sämtliche Werke in vier Bänden. Vierter Band, 218 f.

> Den Weg, den er gewandelt, treulich kund,
> Er streut ihm grüne Reiser auf den Grund;
> So ließen uns die alten Kämpfer Zeichen:
> Die Trümmer ihres Glücks und ihre Leichen."[59]

Hier wird eine Tradition der Unterdrückten hergestellt und zugleich eine Tradition der unentwegten Wiederaufnahme der revolutionären Kämpfe um die Freiheit und das Glück der Massen. Derartiges Denken war nicht zu allen Zeiten möglich. Erst in der europäischen Neuzeit wurde durch die Erfahrungen der – zumindest zeitweilig – erfolgreichen Revolutionen (von den Hussiten über die Englische Revolution 1640–1660, die Französische Revolution, bis hin zu den revolutionären Auseinandersetzungen im 19. Jahrhundert) die Möglichkeit der Herausbildung einer Tradition revolutionären Denkens und Handelns geschaffen. Um mit Lenau fortzufahren:

> „Geteiltes Los mit längst entschwundnen Streitern
> Wird für die Nachwelt unsre Brust erweitern,
> Daß wir im Unglück uns prophetisch freuen
> Und Kampf und Schmerz, sieglosen Tod nicht scheuen.
> So wird dereinst in viel beglücktern Tagen
> Die Nachwelt auch nach unserm Leide fragen.
> Nicht meint das Lied auf Tote abzulenken
> Den Haß von solchen, die uns heute kränken;
> Doch vor den schwächern, spätgezeugten Kindern
> Des Nachtgeists wird die scheue Furcht sich mindern,
> Wenn ihr die Schrumpfgestalten der Despoten
> Vergleicht mit Innocenz, dem großen Toten,
> Der doch der Menschheit Herz nicht still gezwungen
> Und den Gedanken nicht hinabgerungen."[60]

Hier wird keine Hoffnung gesetzt in Belohnungen in einem besseren Jenseits, in Götter oder in die säkulare Heilsgewissheit eines linearen historischen Fortschritts (der sich völlig unabhängig von den Menschen vollzieht). Worauf hier – bescheiden – gesetzt wird, ist die Erinnerung an vergangenes Unrecht und Leid, die Erinnerung an die Untaten der Sieger, aber auch die historische Erfahrung, dass es in den vergangenen Jahrhunderten (bei allen Gräueltaten und Massenmorden der jeweiligen Sieger) niemals mehr gelungen ist, die Kämpfe um Frei-

59 Ebenda, 219.
60 Ebenda.

heit, besseres Leben, Glück für die Vielen völlig auszulöschen; dass vielmehr die Tradition der Unterdrückten, die Tradition der radikalen Umwälzungen der Gesellschaft immer wieder aufs Neue hergestellt worden ist.

> „Das Licht vom Himmel läßt sich nicht versprengen,
> Noch läßt der Sonnenaufgang sich verhängen
> Mit Purpurmänteln oder dunklen Kutten;
> Den Albigensern folgen die Hussiten
> Und zahlen blutig heim, was jene litten;
> Nach Huß und Ziska kommen Luther, Hutten,
> Die dreißig Jahre, die Cevennenstreiter,
> Die Stürmer der Bastille und so weiter.“[61]

Dieses „… und so weiter“ ist eine Drohung gegenüber den Herrschenden und eine Aufforderung zum befreienden Denken und Handeln an die Unterdrückten.

61 Ebenda, 219 f.

9 Ästhetik, Ökonomie und die politische Gestaltung der Gesellschaft. Heinrich Heine, Karl Marx und der Saint-Simonismus

9.1 Über moderne Kunst und die bewusste Gestaltung der Gesellschaft

„Der Bürger wünscht die Kunst üppig und das Leben asketisch; umgekehrt wäre es besser.“[1]

Theodor W. Adorno

„Nur durch den Kopf des Menschen, durch seinen Willen zur Arbeit und sein Sehnen nach Lebensglück, kurz seine psychische Existenz schaffen wir, konsumieren wir, verändern wir die Welt.“[2]

„Gegen das Entsagungsprinzip der politischen Reaktion ist das Prinzip des reichen Glücks auf Erden zu setzen.“[3]

„Als Elemente des Klassenbewußtseins kann alles angesehen werden, was der bürgerlichen Ordnung widerspricht, was Keime der Auflehnung enthält; als Hemmung des Klassenbewußtseins dagegen alles, was an die bürgerliche Ordnung bindet, sie stützt und festigt.“[4]

Wilhelm Reich

„In der Kunst tritt uns der schöpferische Trieb entgegen am stärksten befreit von allen Schranken, an die er im wirtschaftlichen, rechtlichen und staatlichen Leben gebunden ist. Eine richtige, das heißt schöpferische und aktive Kunstbetrachtung ist daher ein unentbehrliches Mittel, unsere eigenen schöpferischen Kräfte wachzurufen und gegen die trägen Kräfte durchzusetzen, damit sie den Kampf um eine Ordnung der menschlichen Gesellschaft aufnehmen und zu Ende führen, in der die Gemeinschaft aller Menschen sich so entfalten kann, daß jeder in dem vollen Ausmaß seiner schöpferischen Kräfte an ihr teilhat, und somit jeder einzelne ein von Natur berechtigtes Mitglied dieser gesellschaftlichen Gemeinschaft ist. Wie diese Ordnung im Einzelnen aussehen mag, kann man nicht im Voraus

1 Theodor W. Adorno: Ästhetische Theorie. In: Gesammelte Schriften. Band 7. Frankfurt/M.: Suhrkamp 1972, 27.

2 Wilhelm Reich: Was ist Klassenbewußtsein? In: *Zeitschrift für politische Psychologie und Sexualökonomie* Heft 1 (1934), 25.

3 Ebenda, 27.

4 Ebenda, 29.

> entwickeln, ohne in eine Utopie zu verfallen. Es muß und kann uns das Bewußtsein genügen, daß uns die Kunst auf dem Weg zu einer solchen im höchsten Sinn gerechten Ordnung mit behilflich ist. Die entscheidenden Schlachten freilich werden auf einem anderen Gebiet geschlagen werden."[5]
>
> *Max Raphael*

Kunst hat immer schon dazu gedient, den Menschen die Welt, in der sie leben, sichtbar und begreifbar zu machen und darüber hinaus auch Bilder, Klänge und Gedanken so darzustellen, dass sie zum Gegenstand des Nach- und Weiterdenkens, sowie schließlich zum Anstoß für eine aktive, schöpferische Gestaltung der Welt werden konnten. In der neuzeitlichen Kunst ist dies systematisch (und theoretisch begründet) zur wesentlichen Aufgabe von Kunst gemacht worden. Zugleich war aber in der europäischen Neuzeit auch immer wieder versucht worden, im Rahmen ästhetischer Theorie etwas von jenen absoluten Gewissheiten aufrechtzuerhalten, die einst die Religion bereitgestellt hatte; Ästhetik trachtete etwas an dauerhaften, feststehenden Normen, an metaphysischen – ewigen – Wahrheiten zu bewahren, die sonst schon überwunden worden waren.

Alle wahrhaft modernen Kunstwerke jedoch erweisen sich als im höchsten Grade widerspenstig gegen derartige Betrachtungsweisen der Kunst, die ja der Kunst den Charakter eines Religionsersatzes zuweisen; die wahrhaft modernen Kunstwerke destruieren die Vorstellungen von absoluten und ewigen Werten und betonen vielmehr die Möglichkeiten der (zusammenhängenden) wissenschaftlich-technischen und politischen Gestaltung der Welt durch die Menschen: Alles, was ist, kann auch wieder neu gestaltet werden – und in der Auseinandersetzung mit der modernen Kunst können wir dies als Grundeinstellung erlernen und eventuell auf andere gesellschaftliche Sphären übertragen. Darum muss eine jede *normative Ästhetik* bei Kunstwerken Einfachheit, Unkompliziertheit, leicht erkennbare Wiedergabe der Realität einfordern und die moderne Kunst im Namen dauerhafter Werte, sowie „Natur- und Volksnähe" bekämpfen. Alle wahrhaft modernen Kunstwerke und ebenso die dazugehörigen theoretischen Reflexionen weisen die sorgfältige Trennung zwischen künstlerischer Produktion und einer (unkritisch, ehrfürchtig, verehrend) konsumierenden Anschauung, Anhörung oder Lektüre der Werke zurück.

Die Art und Weise, in der ein Kunstwerk konstruiert ist, bestimmt auch die Art und Weise der Konsumtion dieses Kunstwerkes; ob es einschläfernde, betäubende, lähmende Wirkungen ausübt oder aber die intellektuelle Selbstorganisation der einzelnen Konsumenten befördert und zu einer Umwälzung des individuellen und sozialen Lebens anregt. Wenn Kunst nicht nur zur Sphäre

5 Max Raphael: Wie will ein Kunstwerk gesehen sein? Frankfurt/M.: Suhrkamp 1989, 365 f.

des bloßen Müßiggangs und der Zerstreuung zählt, sondern die Auseinandersetzung mit Kunstwerken eine unverzichtbare Anstrengung, ein Stück Arbeit der Konsumenten ist, dann mag diese tätige Weitergestaltung von Kunstwerken während ihrer Konsumtion überhaupt übergehen in eine bewusste, planvolle Gestaltung anderer Bereiche der Gesellschaft.

9.2 Der Saint-Simonismus und Kunst als produktive Arbeit

> "... a time when art and politics could not escape each other. For a while, in the mid nineteenth century, the State, the public and the critics agreed that art had a political sense and intention."[6]
>
> *T.J. Clark*

Die Saint-Simonisten – *Claude-Henry Comte de Saint-Simon* (1767–1825) und seine Anhänger – propagierten den Fortschritt der menschlichen Gesellschaft, verbunden mit der Lösung der sozialen Frage und einer religiösen Reform der Gesellschaft in der Gestalt eines Christentums der werktätigen Nächstenliebe. Wissenschaftlern und Künstlern wurde eine besondere Rolle bei der tätigen Neugestaltung der Gesellschaft und der Beförderung des Fortschritts zugeschrieben.[7] Dabei ging es nicht bloß um eine Avantgarde-Funktion der Wissenschaftler und Künstler; entscheidend war vielmehr, dass sie als produktive Arbeiter, als unmittelbare Produzenten, gesehen wurden – durchaus vergleichbar anderen gütererzeugenden Arbeitern.[8] Die Saint-Simonisten haben durch die Zuordnung von Kunst und Wissenschaft zur Sphäre der Arbeit einen wichtigen Beitrag zu einem Verständnis und Selbstverständnis von Künstlern und Wissenschaftlern geleistet – in einer Zeit, in der es durchaus bereits zur gängigen Vorstellung zu werden begann, die Sphären des „Geistigen" und des „Materiellen" sorgfältig voneinander getrennt zu halten. Sind nämlich Erkenntnis und Fantasie wesentlich bewusste und planvolle Arbeit, dann sind sie den Prozessen der Gütererzeugung durchaus zuzuordnen, zugleich aber auch dienen sie der Verbesserung des menschlichen Daseins, der Verbesserung der materiellen Lebenslage. Darüber hinaus haben die Saint-Simonisten auch zumindest ansatzweise bereits überlegt, dass Wissenschaft und Kunst Entwürfe eines zukünftigen besseren Lebens für alle erzeugen könnten und dass dies als mindestens ebenso

6 T.J. Clark: Image of the People. Gustave Courbet and the 1848 Revolution. London: Thames and Hudson 1988, 9.

7 Siehe Saint-Simon-Zitat bei Margaret A. Rose: Marx's Lost Aesthetic. Cambridge: Cambridge UP 1989, 11.

8 Siehe ebenda, 12.

produktiv anzusehen wäre wie die Herstellung gewöhnlicher materieller Güter.[9] Wissenschaft und Kunst haben dann nicht nur dem Ruhm der Vergangenheit und der Verzierung der Gegenwart (im Sinne einer Verdeckung der Realität) zu dienen, sondern einer Veränderung der individuellen und gesellschaftlichen Lebenslage zum Besseren hin, eng verbunden mit einer stetigen allgemeinen Anreicherung an materiellen Gütern: Die menschliche Arbeit soll auf sämtlichen Gebieten zu einer Bereicherung des Lebens aller Menschen führen; die Bereicherung des menschlichen Lebens durch Kunst und Wissenschaft kann auch in der andeutungsweisen Vorwegnahme künftiger Lebensweisen bestehen.

Im 19. Jahrhundert finden wir in Bezug auf die Kunst und die Kunst-Theorie seltsame (oder aus heutiger Sicht: ungewohnte) Phänomene: Literatur, die visuellen Künste und Musik sind noch keineswegs völlig entmischt; sie werden vielmehr als zueinander in enger Verbindung stehend angesehen. (Daher werden am Beispiel von Bildern älterer oder zeitgenössischer Maler literaturtheoretische Überlegungen angestellt und fließen ohne Weiteres ergänzende und parallelisierende Beobachtungen über Musik ein.) Kunst, Ästhetik, Geschichtsauffassung, Politik und die materielle Lebenslage der Massen sind noch nicht voneinander getrennt. Auch war es im frühen 19. Jahrhundert durchaus geläufig, dass Gattung, Form, Genre … nicht sorgfältig definiert und als Norm verordnet werden, sondern vielmehr der freie Umgang damit ein wichtiges Moment eines wahrhaft modernen Literaturverständnisses ist. In Gedichten werden daher politische und gesellschaftstheoretische Auseinandersetzungen ausgetragen, in Reiseberichten eingestreut finden wir kunsthistorische, ästhetische und politische Kommentare – in der Sphäre der Kunst und der Kunsttheorie werden als integrierter Bestandteil Theorie und Praxis der politischen Gestaltung der Gesellschaft diskutiert. Und dies gilt nicht als kunstfern oder kunstfremd: Kunst wird nämlich durchaus als Arbeit begriffen, als tätige Gestaltung der Welt, als Kritik der alten und Entwurf einer neuen Welt; künstlerische Produktion wird angesehen als gesellschaftlich notwendige und nützliche Arbeit, als produktive Arbeit im Sinne einer gesellschaftlichen Entwicklung zum Besseren hin.

Der Saint-Simonismus war auch eine Lehre der Organisation der Arbeit und der Organisation der Gesellschaft; wer immer also für eine bewusste und planvolle Gestaltung der Gesellschaft eintreten wollte, konnte diesbezüglich im Saint-Simonismus eine die eigenen Intentionen unterstützende Denkströmung sehen.

9 Siehe ebenda, 13.

9.3 Karl Marx, die Umwälzung der gesellschaftlichen Verhältnisse und der Begriff der *produktiven Konsumtion*

> „Die fortwährende Umwälzung der Produktion, die ununterbrochene Erschütterung aller gesellschaftlichen Zustände, die ewige Unsicherheit und Bewegung zeichnet die Bourgeoisepoche vor allen früheren aus. Alle festen und eingerosteten Verhältnisse mit ihrem Gefolge von altehrwürdigen Vorstellungen und Anschauungen werden aufgelöst, alle neugebildeten veralten, ehe sie verknöchern können. Alles Ständische und Stehende verdampft, alles Heilige wird entweiht, und die Menschen sind endlich gezwungen, ihre Lebensstellung, ihre gegenseitigen Beziehungen mit nüchternen Augen anzusehen.“[10]
>
> *Karl Marx & Friedrich Engels*

Karl Marx und *Friedrich Engels* betrachteten die deutschen (und die zentral- und osteuropäischen) gesellschaftlichen Zustände vor dem Hintergrund ihres Wissens um die kapitalistischen Verhältnisse in England und die vergleichbaren Entwicklungen im Westen Europas. So waren sie stets in der Lage, Aussagen über Entwicklungstendenzen der Gesellschaften zu machen, die über die beengten deutschen und zentraleuropäischen Sichtweisen hinausgingen. Nicht allein die Beseitigung absolutistischer Herrschaftsweisen und der Reste des Feudalismus (so notwendig sie gewesen sind) gehörte daher zu den von ihnen betonten Kampfzielen der revolutionären Bewegungen in Europa, sondern vor allem die Überwindung des Kapitalismus überhaupt.

> „Der Kommunismus unterscheidet sich von allen bisherigen Bewegungen dadurch, daß er die Grundlage aller bisherigen Produktions- und Verkehrsverhältnisse umwälzt und alle naturwüchsigen Voraussetzungen zum ersten Mal mit Bewußtsein als Geschöpfe der bisherigen Menschen behandelt, ihrer Naturwüchsigkeit entkleidet und der Macht der vereinigten Individuen unterwirft.“[11]

Im „Manifest der Kommunistischen Partei“, das im Februar 1848 veröffentlicht wurde, hieß es dann:

> „Die Bourgeoisie hat in ihrer kaum hundertjährigen Klassenherrschaft massenhaftere und kolossalere Produktionskräfte geschaffen als alle vergange-

10 Karl Marx und Friedrich Engels: Manifest der Kommunistischen Partei. In: MEW Band 4. Berlin: Dietz 1959, 465.

11 Karl Marx und Friedrich Engels: Die deutsche Ideologie [1845/46]. In: MEW Band 3. Berlin: Dietz 1959, 70.

> nen Generationen zusammen. Unterjochung der Naturkräfte, Maschinerie, Anwendung der Chemie auf Industrie und Ackerbau, Dampfschiffahrt, Eisenbahnen, elektrische Telegraphen, Urbarmachung ganzer Weltteile, Schiffbarmachung der Flüsse, ganze aus dem Boden hervorgestampfte Bevölkerungen – welch früheres Jahrhundert ahnte, daß solche Produktionskräfte im Schoß der gesellschaftlichen Arbeit schlummerten."[12]

Das „Manifest der Kommunistischen Partei" enthält eine Einschätzung der bestehenden Verhältnisse; es enthält eine Reihe von fragmentarischen Analysen kapitalistischer Entwicklung und Entwicklungsmöglichkeiten; und es gibt wohl keine bessere *Poesie des Kapitals* als jene, die im „Kommunistischen Manifest" enthalten ist. Wie immer der Kapitalismus konkret und im Einzelnen beschaffen sein mag, die ihm innewohnende Dynamik, die ständigen Umwälzungen und wiederkehrenden Krisen bedeuten auch Chancen zu seiner Überwindung. Die arbeitenden Klassen erhalten allerdings die kommunistische Gesellschaft nicht als ein quasi natürliches Erzeugnis kapitalistischer Entwicklung; wenn sie nicht nur Opfer sein wollen, müssen sie handeln – und zwar bewusst und planvoll: dies wiederum bedingt Theorie und Organisation, Einsicht und Eingriff in die bestehenden Verhältnisse. Das „Manifest der Kommunistischen Partei" wurde immer wieder gerne als eine Art parteipolitischer Katechismus verstanden, als eine Sammlung von primitiven Doktrinen. Doch in Wirklichkeit ist es eine seltsame Mischung aus exemplarischer theoretischer Analyse, polemischer Kritik und Programm für die Zukunft – eine Flaschenpost für Zeitgenossen und künftige Generationen; für all jene, die noch in der glücklichen Lage sind, aus Niederlagen lernen zu können, oder jene, die bereit sind, von Neuem nachzudenken und zu lernen.

Indem das „Kommunistische Manifest" an die vergangenen Klassenkämpfe erinnerte, machte es auch bewusst, dass es für die unteren Klassen keine Siegesgewissheit gibt, keinen geradlinigen Verlauf historischer Aufwärtsentwicklung: die Tradition der Klassenkämpfe muss immer wieder aufs Neue hergestellt und belebt werden. Aber immerhin zeigt die Geschichte, dass diese Rekonstruktion einer *Tradition der Unterdrückten* möglich ist und es auch erfolgreiche Revolutionen gegeben hat. Der Kapitalismus ist das erste gesellschaftliche System, das nicht mehr notwendigerweise auf der Bewirtschaftung des Mangels beruht, sondern auf der möglichen radikalen Neugestaltung der Organisation der gesellschaftlich notwendigen Arbeit und somit der neuen Verteilung der erarbeiteten – gesellschaftlichen – Reichtümer. Endlich die Welt, die gesellschaftlichen Verhältnisse, mit nüchternen Augen, ohne Illusionen zu betrachten – diese

12 Karl Marx und Friedrich Engels (1959), Band 4, 467.

Programmatik wahrhaft moderner Lebensweise spendet den Menschen keinen Trost, betäubt sie aber auch nicht, lässt sie nicht auf ein besseres Leben nach dem Tod hoffen; nur so werden die Menschen befähigt, ihr je individuelles Leben und die Gesellschaft bewusst zum Besseren zu gestalten (ohne Furcht und ohne Hoffnung).

Es ist bemerkenswert, dass im Zusammenhang mit ökonomischen Analysen bei Marx auch Überlegungen zur Ästhetik einfließen und etwa auf das „unegale Verhältnis der Entwicklung der materiellen Produktion, z. B. zur künstlerischen“[13] hingewiesen wird. Karl Marx führt in der „Einleitung in die Kritik der Politischen Ökonomie“ [1857] den Begriff „produktive Konsumtion“[14] an; er hebt hervor:

> „ein Kleid wird erst wirklich Kleid durch den Akt des Tragens; ein Haus, das nicht bewohnt wird, ist in fact kein wirkliches Haus; also als Produkt, im Unterschied von bloßem Naturgegenstand, bewährt sich, wird das Produkt erst in der Konsumtion. Die Konsumtion gibt, indem sie das Produkt auflöst, ihm erst den finishing stroke; denn Produkt ist das Produkt nicht als versachlichte Tätigkeit, sondern nur als Gegenstand für das tätige Subjekt“.[15]

Und weiter heißt es:

> „Die Produktion liefert dem Bedürfnis nicht nur ein Material, sondern sie liefert dem Material auch ein Bedürfnis. … Der Kunstgegenstand – ebenso wie jedes andre Produkt – schafft ein kunstsinniges und schönheitsgenußfähiges Publikum. Die Produktion produziert daher nicht nur einen Gegenstand für das Subjekt, sondern auch ein Subjekt für den Gegenstand.“[16]

> „Die Konsumtion vollzieht erst den Akt der Produktion, indem sie das Produkt als Produkt vollendet … Andrerseits produziert die Produktion die Konsumtion, indem sie die bestimmte Weise der Konsumtion schafft, und dann, indem sie den Reiz der Konsumtion, die Konsumtionsfähigkeit selbst schafft als Bedürfnis.“[17]

Der Begriff „produktive Konsumtion“ ist deshalb von besonderer Wichtigkeit für die Ästhetik, weil er die Vorstellung von einer tätigen Aufnahme eines

13 Karl Marx und Friedrich Engels: Einleitung in die Kritik der Politischen Ökonomie [1857]. In: MEW Band 13. Berlin: Dietz 1961, 640.

14 Ebenda, 622.

15 Ebenda, 623.

16 Ebenda, 624.

17 Ebenda, 625.

Kunstwerkes anstelle einer bloß passiven Hinnahme beinhaltet. Die kapitalistischen Verhältnisse jedoch erschweren zumindest die produktive Konsumtion von Kunst (wenn sie sie nicht überhaupt verhindern).[18]

9.4 Heinrich Heine: Der Dichter als Produzent, Aufklärer und Revolutionär

> „Schlage die Trommel und fürchte dich nicht,
> Und küsse die Marketenderin!
> Das ist die ganze Wissenschaft,
> Das ist der Bücher tiefster Sinn.
> Trommle die Leute aus dem Schlaf,
> Trommle Reveille mit Jugendkraft,
> Marschiere trommelnd immer voran,
> Das ist die ganze Wissenschaft.
> Das ist die Hegelsche Philosophie,
> Das ist der Bücher tiefster Sinn!
> Ich hab sie begriffen, weil ich gescheit,
> Und weil ich ein guter Tambour bin."[19]
>
> „Wenn wir es dahin bringen, daß die große Menge die Gegenwart versteht, so lassen die Völker sich nicht mehr von den Lohnschreibern der Aristokratie zu Haß und Krieg verhetzen, das große Völkerbündnis, die Heilige Allianz der Nationen, kommt zu Stande, wir brauchen aus wechselseitigem Mißtrauen keine stehenden Heere von vielen hunderttausend Mördern mehr zu füttern, wir benützen zum Pflug ihre Schwerter und Rosse, und wir erlangen Friede und Wohlstand und Freiheit. Dieser Wirksamkeit bleibt mein Leben gewidmet; es ist mein Amt."[20]
>
> „Der Schriftsteller, welcher eine soziale Revolution befördern will, darf immerhin seiner Zeit um ein Jahrhundert vorauseilen; der Tribun hingegen, welcher eine politische Revolution beabsichtigt, darf sich nicht allzuweit von den Massen entfernen."[21]
>
> *Heinrich Heine*

Während Heinrich Heine einst als undeutscher, zersetzender Schriftsteller oder als unernster Possenreißer, dem nichts heilig ist, diffamiert worden war, wurden

18 Ebenda, 626.

19 Heinrich Heine: Doktrin. In: Sämtliche Schriften. Hrsg. von Klaus Briegleb. Band 4. München: dtv 1997, 412.

20 Heinrich Heine: Französische Zustände. In: Sämtliche Schriften, Band 3, 91.

21 Ebenda, 215.

im Heine-Jahr 1997 andere Bilder von ihm hervorgebracht: da erschien auf einmal Heine als ernsthafter, ringender, gläubiger, religiöser Mensch oder als guter – patriotischer – Deutscher, der stets sein Vaterland, seine Heimat liebte und Sehnsucht nach ihr hatte (also war er doch kein vaterlandsloser Gesell). Auch politisch soll Heine nicht ganz so radikal gewesen sein, wie es gelegentlich den Anschein hatte; eigentlich wünschte er sich nicht den Kommunismus, sondern allenfalls die konstitutionelle Monarchie.

Diese neuen Neutralisierungsstrategien gegenüber einem unangenehmen Schriftsteller trachten genau jene Widersprüche, jene spöttisch-ironische Komplexität seiner Texte einzuebnen, die Heinrich Heines Qualität ausmachen: es soll eine Versöhnung erschlichen werden, die ohne eine radikale Umwälzung der gesellschaftlichen Verhältnisse (für die Heine immer eingetreten ist) nicht möglich ist. Heinrich Heine ist kein Schriftsteller, der Gemütlichkeit verbreitet; seine Texte – ob Lyrik oder Prosa – erzwingen die Anstrengung des Gedankens, machen Denk-Arbeit notwendig, wenn das Wesentliche begriffen werden soll. Die konstruierte Mehrdeutigkeit seiner Texte, das (bis heute immer wieder an ihm beobachtete und kritisierte) Artifizielle erzeugt einen Typus von denkenden und tätig aufnehmenden Leserinnen und Lesern, von produktiven Konsumenten. Ein Beispiel dafür, wie Heine Idylle und Gemütlichkeit aufbaut und zerstört, ist das folgende Zitat aus seinen Aufzeichnungen:

> „Friedliche Gesinnung. Wünsche: bescheidene Hütte, Strohdach, aber gutes Bett, gutes Essen, Milch und Butter, sehr frisch, vor dem Fenster Blumen, vor der Türe einige schöne Bäume, und wenn der liebe Gott mich ganz glücklich machen will, läßt er mir die Freude erleben, daß an diesen Bäumen etwa sechs bis sieben meiner Feinde aufgehängt werden – Mit gerürtem Herzen werde ich ihnen vor ihrem Tode alle Unbill verzeihen, die sie mir im Leben zugefügt – ja, man muß seinen Feinden verzeihen, aber nicht früher, als bis sie gehenkt worden.“[22]

Kunst birgt in sich alle gesellschaftlichen Vorgänge, macht sie sichtbar, diskutiert sie, verweist auf die Überwindung des Bestehenden im Namen eines möglichen Besseren (und zwar im Diesseits, hier und jetzt). Der Künstler als Produzent bringt etwas Neues in die Welt ein und nicht nur die Abbildung des bereits Bestehenden. Heinrich Heine wendet sich besonders gegen Bestrebungen einer normativen Ästhetik, gegen alle Versuche, der Kunst und den Künstlern vorzuschreiben, was und wie künstlerisch produziert werden sollte.

22 Heinrich Heine: Aufzeichnungen. In: Sämtliche Schriften, Band 6/I, 649.

> „Der große Irrtum besteht immer darin, daß der Kritiker die Frage aufwirft: was soll der Künstler? Viel richtiger wäre die Frage: was will der Künstler, oder gar, was muß der Künstler?
> Die Frage, was soll der Künstler? entstand durch jene Kunstphilosophen, die, ohne eigene Poesie, sich Merkmale der verschiedenen Kunstwerke abstrahierten, nach dem Vorhandenen eine Norm für alles Zukünftige feststellten, und Gattungen schieden, und Definitionen und Regeln ersannen."[23]

Heinrich Heine trat für die Autonomie der Kunst, für die Vorstellung von der Kunst um der Kunst willen, ein: „… denn, wie Sie wissen, ich bin für die Autonomie der Kunst; weder der Religion, noch der Politik soll sie als Magd dienen, sie ist sich selber letzter Zweck, wie die Welt selbst".[24] Der Künstler ist ein Produzent und kein bloßer Kopist der Realität oder Nachahmer der Natur; er arbeitet aus den vorgegebenen Materialien (= Eindrücke, Gedanken, Ideen, Träume …) neues – veredeltes – Material heraus: das Kunstwerk ist ein Ergebnis industrieller Tätigkeit.

> „Nichts ist törichter als das Begehrnis, ein Dichter solle alle seine Stoffe aus sich selber heraus schaffen; das sei Originalität. Ich erinnere mich einer Fabel, wo die Spinne mit der Biene spricht und ihr vorwirft, daß sie aus tausend Blumen das Material sammle, wovon sie ihren Wachsbau und den Honig darin bereite: ich aber, setzt sie triumphierend hinzu, ich ziehe mein ganzes Kunstgewebe in Originalfäden aus mir selber hervor."[25]

Wenn Kunstwerke nicht bloß Abbilder der Wirklichkeit sind und die Künstler nicht nur als Nachahmer des bereits Bestehenden, sondern als Produzenten gesehen werden, die in erkennender, schöpferischer, phantasievoller, tätiger Weise beitragen zum Entwurf und zur Entstehung einer neuen Welt, dann ist damit auch eine neue, eine moderne, Vorstellung von Kunst angelegt. Moderne Kunst ist weder von der Wissenschaft noch von der Sphäre der Arbeit streng geschieden; daher ist wahrhaft moderne Kunst auch weder Religionsersatz, noch dient sie der Kaschierung der Wirklichkeit, und sie taugt auch nicht so recht zu politischer Propaganda: sie mag der Erkenntnis ebenso wie dem Vergnügen, der Entfaltung der Sinne und der intellektuellen Organisation dienen. Künstler, als Produzenten verstanden, produzieren für einen Markt, für ein möglichst zahlreiches Publikum; wenn diese modernen Künstler mit ihren Werken mehr er-

23 Heinrich Heine: Französische Maler. In: Sämtliche Schriften, Band 3, 44 f.

24 Heinrich Heine: Über die französische Bühne. In: Sämtliche Schriften, Band 3, 317.

25 Ebenda, 319.

reichen wollen, als damit nur ihren Lebensunterhalt zu verdienen, dann geht es um gesellschaftliche Wirkung und nicht bloß um Ruhm oder Nachruhm; und diese gesellschaftliche Wirkung ist nur zu erreichen, wenn die Konsumenten die Kunstwerke nicht nur kaufen, sondern sich auch weiter mit ihnen auseinandersetzen, sie weiter verarbeiten.

Der politische Charakter der modernen Kunst ergibt sich also keineswegs bloß aus dem politischen Engagement einzelner Künstler, aus ihrer subjektiven Willkür heraus – er ergibt sich aus der Art und Weise der künstlerischen Produktion und der in ihr angelegten Wirkung der Kunstwerke: moderne Kunstwerke bedürfen der gedanklichen Weiterarbeit an ihnen, der produktiven Konsumtion durch das Publikum. Die Auseinandersetzung mit den Kunstwerken aber induziert beim Publikum eventuell neue Denkweisen, Ansätze einer neuen Organisation des individuellen Lebens, die vielleicht auch zu Ansätzen einer neuen Organisation der Gesellschaft übergehen könnten. Die Kategorie der Arbeit macht sowohl die Modernität als auch den politischen und gesellschaftlichen Charakter dieser Kunst aus. Gegenüber der modernen Kunst kann es keine andächtige Betrachtung, keine demütige Wesensschau geben; es bedarf vielmehr der theoretischen Auseinandersetzung, der produktiven Konsumtion, die eventuell in weitere gesellschaftliche Praxis übergehen kann.

Heinrich Heine lebte in einer Zeit der Revolutionen und Konterrevolutionen. Intellektuelle, die in solchen Zeiten ihren Unterhalt mit Schreiben, mit der Herstellung von Literatur, verdienen, müssen – wenn sie auf Seiten der Revolutionen stehen – genau sein in der Bestimmung ihrer artistischen Position, ihrer Stellung in der Kunst und in der Gesellschaft; was immer sie tun, hat politische Bedeutung. Heine hat seine gesellschaftliche Stellung bestimmt als Schriftsteller *und* Tribun; als absolut moderner Künstler trat er ein für Glück und Wohlstand und Freiheit für alle: und so vermochte er immer wieder das politische Engagement für die Befriedigung der materiellen Bedürfnisse der Massen zu verknüpfen mit der Anregung zur eigenständigen Denkarbeit, zur denkenden und schließlich tätigen Auseinandersetzung mit den bestehenden (und gründlich zu verbessernden) Verhältnissen.

„Ich bin das Schwert, ich bin die Flamme.
Ich habe euch erleuchtet in der Dunkelheit, und als die
Schlacht begann, focht ich voran, in der ersten Reihe.
Rund um mich her liegen die Leichen meiner Freunde, aber
wir haben gesiegt. Wir haben gesiegt, aber rund umher liegen
die Leichen meiner Freunde. In die jauchzenden Triumphgesänge
tönen die Choräle der Totenfeier. Wir haben aber
weder Zeit zur Freude noch zur Trauer. Aufs neue erklingen

die Drommeten, es gilt neuen Kampf –
Ich bin das Schwert, ich bin die Flamme."[26]

Eine ästhetische Theorie, die an Kunst als produktiver Arbeit orientiert ist, plädiert für Künstler, die ihre handwerklichen und intellektuellen Fähigkeiten bewusst und planvoll ausbilden und dies dann in ihren Werken zum Ausdruck bringen; und diese ästhetische Theorie plädiert auch notwendigerweise für ein Publikum, das weder die Künstler noch ihre Werke vergötzt, sondern sich mit den Werken denkend auseinandersetzt; Konsumenten, die in der Auseinandersetzung mit Kunst ihre intellektuellen Fähigkeiten ebenso wie die der sinnlichen Wahrnehmung ausbilden und ihr individuelles und gesellschaftliches Organisationsvermögen einüben. Das Ideal dieser modernen Kunsttheorie sind gemeinsam arbeitende Menschen, arbeitend an einem gemeinsamen guten Leben.

26 Heinrich Heine: Hymnus. In: Sämtliche Schriften, Band 4, 489.

10 Charles Baudelaire: Die Pariser Revolution 1848 und die Notwendigkeit der politischen Organisation der arbeitenden Klassen

"Baudelaire's philosophy of Revolution: bitter, illiberal, absolutely anti-utopian; scorning the dreams of February, smelling not so much of Cabet and Proudhon as of class warfare and the dictatorship of the proletariat."[1]

T.J. Clark

10.1 Einiges über den Schriftsteller Charles Baudelaire

„... die eminente sinnliche Verfeinerung eines Baudelaire hält sich gänzlich frei von Gemütlichkeit. Diese grundsätzliche Inkompatibilität des sinnlichen Genusses mit der Gemütlichkeit ist das entscheidende Merkmal wirklicher Sinneskultur. Der Snobismus Baudelaires ist die exzentrische Formel dieser unverbrüchlichen Absage an die Gemütlichkeit und sein ‚Satanismus' nichts als die stete Bereitschaft, sie zu stören, wo und wann immer sie auftreten sollte."[2]

Walter Benjamin

„Die Zeit ist nicht mehr fern, wo man begreifen wird, daß jede Literatur, die sich weigert, mit Wissenschaft und Philosophie in brüderlicher Gemeinschaft zu leben, eine menschenmörderische und selbstmörderische Literatur ist."[3]

Charles Baudelaire

In seinen biografischen Aufzeichnungen hatte *Charles Baudelaire* einmal notiert:

> „Dauerndes Wohlgefallen, seit der Kindheit, an allen Bildern und allen plastischen Darstellungen. Gleichzeitige Beschäftigung mit der Philosophie wie mit der Schönheit in Prosa und Poesie."[4]

Sein literarisches Ansehen begründete Baudelaire zunächst mit Schriften zur Kunst, mit dem Verfassen von (in Broschürenform publizierten) Besprechun-

1 T.J. Clark: The Absolute Bourgeois. Artists and Politics in France 1848–1851. London: Thames & Hudson 1988, 177.

2 Walter Benjamin: Gesammelte Schriften. Band I.2. Frankfurt/M.: Suhrkamp 1980, 675.

3 Charles Baudelaire: Sämtliche Werke/Briefe. Band 2. Wien, München: Hanser 1977, 195.

4 Charles Baudelaire: Sämtliche Werke/Briefe. Band 6. Wien, München: Hanser 1991, 267.

gen der einmal jährlich stattfindenden großen Kunstausstellungen im Pariser Louvre, den „Salons". Schon in der Einführung zu seiner ersten derartigen Schrift – „Der Salon 1845" – hatte Baudelaire von jenen „so nützlichen Eselsbrücken" geschrieben, „die man Salon-Besprechungen nennt".[5] Es geht darum, dem bürgerlichen Publikum überhaupt erst einmal zu vermitteln, welche Kunstwerke, aus welchen Gründen, geschätzt werden sollten.

Die Künstler arbeiten nicht länger für reiche und aristokratische Mäzene, für Fürstenhöfe und deren Verschönerung, für die Vermehrung des Ruhmes ihrer Gönner; sie produzieren für einen Markt, auf dem sie ihre Werke feilbieten; die Art und Weise, wie sie in der Öffentlichkeit – für das Publikum, die potenziellen Käufer – präsentiert werden, oder sich selbst präsentieren können, entscheidet wesentlich über ihren künstlerischen und kommerziellen Erfolg. Gerade jene Künstler, die Neues schaffen, die wahrhaft moderne Werke produzieren, laufen Gefahr, von der Unkenntnis und/oder der absichtsvollen Verständnislosigkeit der Feuilletonschreiber, der journalistischen Kunstkritiker, verkannt, ignoriert oder den möglichen Käufern falsch dargestellt zu werden. Besonders die modernen Künstler sind daher stets daran interessiert gewesen, den Kunstverstand des Publikums auszubilden, die Sinne der Betrachter, Zuschauer, Hörer, Leser zu schulen, die theoretische Erziehung der Kunstrezipienten – und möglichen Käufer – voranzutreiben. Die Modernen unter den Künstlern – ob Schriftsteller, Maler, Bildhauer, Musiker – haben immer wieder danach gestrebt, den Zugang zu der großen Zahl, zu den Massen, zu erreichen. Vor allem in den Gesellschaften, in denen die kapitalistischen Verhältnisse nicht sehr entwickelt waren (etwa im Deutschen Reich und in der Habsburgermonarchie) wurde die Einsamkeit des elitären Künstlers, des „verkannten" Genies besonders gepriesen und gepflegt; dort, wo ein auch zahlenmäßig bedeutendes bürgerliches Publikum existierte, mochten Künstler anti-bourgeoisen Attitüden huldigen, sie hatten jedenfalls ihre Leser, Betrachter, Hörer, Käufer … und mussten versuchen, ihren Unterhalt durch Verkauf ihrer Arbeitskraft und/oder ihrer Werke auf dem Markt zu verdienen. Daher heißt es auch bei Baudelaire:

> „Wir werden von allem sprechen, was die Blicke der Menge und der Künstler auf sich zieht … Was gefällt, gefällt niemals ohne Grund, und die Ansammlung derer zu verachten, die in die Irre gehen, ist nicht das rechte Mittel, sie dorthin zurückzuführen, wo sie eigentlich sein sollten."[6]

5 Charles Baudelaire: Sämtliche Werke/Briefe. Band 1. Darmstadt: Wissenschaftliche Buchgesellschaft 1977, 127.

6 Ebenda, 128.

Die moderne Kunst und die ihr notwendigerweise eng verbundene moderne Ästhetik und Kritik sind daher (zumindest tendenziell) demokratisch orientiert; und zwar nicht deswegen, weil sie einfache Werke für einfältige Gemüter schaffen; sondern weil moderne Kunst immer wieder der kritischen theoretischen Auseinandersetzung bedarf, weil sie nicht nur vom Publikum auf vielfältige Weise interpretiert, und so zu Ende produziert, wird, sondern weil immer wieder die Frage nach der wahren Qualität, nach der wahren Modernität eines Kunstwerkes zu stellen und zu beantworten ist. All das erfordert die Ausbildung der sinnlichen Wahrnehmungsfähigkeit, Nachdenken, das Suchen nach Argumenten, die Diskussion, die Entwicklung von Maßstäben zur ästhetischen Beurteilung. Und dies bedeutet das Untergraben aller ewigen Werte, aller angestammten Autorität, aller Selbstverständlichkeiten und im dumpfen Glauben akzeptierten Überlieferung; es bedeutet aber gleichzeitig das Einüben von selbständigem Denken und Handeln bei den Individuen und von Kollektivität in der Diskussion. Demokratisches Verhalten und Handeln ist zu charakterisieren durch die Verbindung von intellektueller Autonomie der Individuen, kollektiver Diskussion und bewusster individueller wie kollektiver (gesellschaftlicher) Lebensgestaltung. Die Auseinandersetzung mit moderner Kunst vermag in hervorragender Weise dem Erwerb der dafür notwendigen Fähigkeiten dienen. Die Ästhetik der Moderne muss Beurteilungskriterien für Modernität entwickeln, diskutieren und dem breiten Publikum vermitteln: die theoretische Bildung des breiten Publikums ist die einzige Sicherung gegen die Willkür des Feuilletons, gegen den Traditionalismus journalistischer und akademischer Kritik. So sehr Kunstwerke für sich selbst zu sprechen haben, sie bedürfen auch der Unterstützung der theoretisch fundierten Kritik.

Charles Baudelaire hat seine Maßstäbe für die Eigentümlichkeiten der modernen Literatur im Zusammenhang mit der Auseinandersetzung mit den Werken der zeitgenössischen Malerei und der Hervorhebung jener zu den modernen zu zählenden Maler gewonnen und dargestellt; die Qualität der Bilder sehen zu lehren verknüpft er mit der Vermittlung von Einsichten in die Produktion moderner Literatur.

> „Heutzutage muß einer eine Menge schreiben; – er muß sich also beeilen; – Eile mit Weile ist demnach geboten; jeder Stoß muß sitzen, kein Hieb darf vergeblich sein. Um rasch zu schreiben, muß man viel nachgedacht haben – muß man einen Stoff mit sich herumgeschleift haben, auf dem Spaziergang, im Bad, im Restaurant, ja selbst bei seiner Geliebten.
> Eugène Delacroix sagte einmal zu mir: ‚Die Kunst ist so geistig und so flüchtig, daß das Werkzeug nie tauglich genug, die Mittel nie geschwind genug sein können.' Das Gleiche gilt von der Literatur; – darum bin ich kein Freund des Streichens; es trübt den Spiegel des Geistes.

> Einige sehr angesehene und höchst gewissenhafte Schriftsteller … beginnen damit, viel Papier zu bedecken; sie nennen das: die Leinwand ausfüllen. – Dieses verworrene Geschäft soll verhüten, daß etwas verloren geht. Bei jeder neuen Niederschrift beschneiden und verkürzen sie ihren Text. Das Ergebnis mag vortrefflich sein, dennoch mißbraucht, wer derart vorgeht, so Zeit wie Begabung. Eine Leinwand ausfüllen heißt nicht, sie mit Farben vollschmieren, heißt vielmehr, mit wenig Farbe das Bild andeuten, die Massen in leichten und durchscheinenden Tönen anordnen. – Die Leinwand soll bereits – im Geist – ausgefüllt sein, wenn der Schriftsteller zur Feder greift, um die Überschrift niederzuschreiben."[7]

Die Kunstkritik hat die Wahrnehmungs- und Beurteilungsfähigkeit des Publikums zu unterstützen und ausbilden zu helfen; dabei soll sie – nach Baudelaire – keinesfalls einer vorgeblichen Objektivität huldigen: „um gerecht zu sein, das heißt, um ihre Daseinsberechtigung zu haben, muss die Kritik parteiisch, leidenschaftlich, politisch sein, das heißt, sie muss unter einem ausschließlichen Gesichtspunkt erfolgen, unter einem Gesichtspunkt jedoch, der möglichst viele Horizonte eröffnet."[8]

Charles Baudelaire ist ein höchst eigentümlicher – und zugleich typischer Vertreter der Moderne. Ein durchaus erfolgreicher Autor, dessen Texte nach wie vor erfolgreich, also gewinnträchtig, immer wieder neu aufgelegt und verkauft werden. Ein Vertreter des L'art-pour-l'art-Gedankens und ein eminent politischer Schriftsteller; ein Klassiker und ein Revolutionär; einer, der sich selbst als modernen Schriftsteller begriff und sowohl einen Vorläufer *(E.A. Poe)* entdeckte und propagierte, als auch überhaupt eine Tradition der Moderne begründete. Charles Baudelaire selbst hat in seinen Texten auch gelehrt, wie eine große Stadt und ihre Bewohner, wie eine neue kapitalistische Lebenswelt zu sehen wären; er hat Ansprüche an Leser und Leserinnen gestellt und zugleich Voraussetzungen für die Realisierung dieser Ansprüche geschaffen. Charles Baudelaire war ein Konstrukteur; einer, der seine Texte planvoll gestaltete; kein Anhänger einer Poesie des Zufalls, des Rausches, der Eingebung. Er vermittelt Eindrücke: Eindrücke von der großen Stadt Paris, des urbanen Lebens, der gesellschaftlichen Prozesse (wie sie ihren Niederschlag, ihr Andenken, in den steinernen Zeugen, in den Gebäuden und Plätzen und Straßen von Paris gefunden haben) der Revolutionen und Konterrevolutionen in Frankreich. Baudelaire lebt weiter als Verfasser von Gedichten. Er selber schrieb – gerade auch in seinen Gedichten – gegen das gesellschaftliche Vergessen, Verdrängen, Unterdrücken von Ereig-

7 Ebenda, 120 f.
8 Ebenda, 197.

nissen (insbesondere jenen des Juni 1848). Bemerkenswert ist, dass Baudelaire kein Anhänger eines mechanischen Fortschrittsgedankens war (er war dies ebenso wenig wie *Heine*, wie *Darwin* oder wie *Karl Marx*), doch er formulierte anlässlich der Pariser Weltausstellung 1855 einige *Maßstäbe* für das, was als Fortschritt zu begreifen wäre:

> „Wenn eine Nation heute das Moralische in einem zarteren Sinne begreift, als das vorangegangene Jahrhundert es begriff, dann hat ein Fortschritt stattgefunden; das ist klar. Wenn ein Künstler dieses Jahr ein Werk hervorbringt, das von größerem Wissen oder einer höheren Einbildungskraft zeugt, als er im Vorjahr gezeigt hat, so ist dies ein untrügliches Zeichen seines Fortschreitens.
> Wenn die Lebensmittel heute von besserer Qualität und preiswerter sind als gestern, so stellt dies im materiellen Bereich einen unbestreitbaren Fortschritt dar. Wo aber, ich bitte euch, ist die Garantie dieses Fortschritts für morgen? Denn so verstehen es die Schüler der Philosophen der Dampfkraft und der chemischen Zündhölzer: der Fortschritt erscheint ihnen nur in Gestalt einer unendlichen Reihe. Wo ist diese Garantie? Nirgendwo anders, sage ich, als in eurer Leichtgläubigkeit und eurem Dünkel.“[9]

Charles Baudelaire, der Ahnherr der Moderne, der Poet der großen Städte, der Beschreiber des *modernen* Lebens, hat in seinem Zyklus von Prosa-Gedichten „Le spleen de Paris“ abermals (nach den „Blumen des Bösen“) Bilder von Paris – der „Hauptstadt des 19. Jahrhunderts“, wie Walter Benjamin sie nannte – „gemalt“. Und dabei auch versucht, „die Beschreibung des modernen Lebens, oder vielmehr einer Seite des modernen und mehr mit dem Gedanken ergriffenen Lebens“[10] zu veranschaulichen.

> „Wen gibt es unter uns, der nicht, in seinen ehrgeizigen Stunden, von dem Wunder einer poetischen Prosa geträumt hat, die musikalisch wäre ohne Rhythmus und ohne Reim, biegsam und eigenwillig genug, um sich den lyrischen Regungen der Seele, den Wellenbewegungen der Träumerei, den Erschütterungen des Bewußtseins anzupassen? Es ist hauptsächlich das Leben in den Riesenstädten, das Durcheinander ihrer zahllosen Beziehungen, das dieses quälende Ideal erstehen läßt.“[11]

9 Charles Baudelaire: Sämtliche Werke/Briefe. Band 2, 233 f.

10 Charles Baudelaire: Die Tänzerin Fanfarlo. In: Der Spleen von Paris. Zürich: Diogenes 1977, 66.

11 Ebenda.

In seiner Einleitung zu „Le spleen de Paris" weist Baudelaire auf die besondere Qualität dieser Texte hin, nämlich: sie bruchstückweise lesen zu können.

> „Wir können abbrechen, wo wir wollen; ich meine Träumerei, Sie das Manuskript, der Leser seine Lektüre; denn ich halte seinen widerspenstigen Willen nicht an dem endlosen Faden einer überflüssigen Verwicklung fest. Nehmen Sie einen Wirbelknochen weg, und die beiden Glieder dieses launisch gewundenen Gebildes fügen sich mühelos wieder zusammen. Zerhacken Sie es in zahlreiche kleine Teile, und Sie werden sehen, daß jeder für sich bestehen kann."[12]

So, wie Baudelaire die „Blumen des Bösen" dem modernen Leser (der Schwierigkeiten mit der Konzentration auf seine Lektüre hat, durch die Mühseligkeiten des Alltags ebenso abgelenkt wird wie durch seine zahlreichen Zerstreuungen) gewidmet hatte, so nahm er auch im „Spleen de Paris" Rücksicht auf seine Leser und ihre Lektüremöglichkeiten. Das fragmentarische Schreiben und Lesen ist ein charakteristisches Moment der modernen Literatur. Baudelaire war es auch, der das Bild vom „Bad in der Menge" prägte und die großen Städte, die in ihnen angesammelten Menschenmassen sowie die Möglichkeiten der Anonymität geradezu verherrlichte und nicht als abscheuliche Phänomene denunzierte.

> „Es ist nicht jedem gegeben, im Meer der großen Masse ein Bad zu nehmen: Sich der Menge genießend zu erfreuen, ist eine Kunst; und der allein kann auf Kosten der Menschheit in Lebenskraft schwelgen, dem eine Fee, in seiner Wiege, die Lust zur Verkleidung und zur Maske, den Haß des Zuhause und die Leidenschaft des Reisens eingeblasen hat. Masse, Einsamkeit: gleichwertige Ausdrücke, die der tätige und fruchtbare Dichter miteinander vertauschen kann. Wer seine Einsamkeit nicht zu bevölkern versteht, versteht auch nicht allein zu sein in einer geschäftigen Menge. Der Dichter genießt das unvergleichliche Vorrecht, nach seinem Belieben er selbst und ein anderer sein zu können."[13]

Charles Baudelaire hat sich immer wieder mit Fragen der Produktion und Konsumption von Kunstwerken beschäftigt; die dabei entfaltete ästhetische Theorie in Fragmenten betont stets die Notwendigkeit des planvollen Handelns, der kontinuierlichen Arbeit, der Selbstdisziplin und der Organisation als Bedingungen der künstlerischen Produktion. Wer Baudelaires Texte liest, muss die

12 Ebenda, 65.
13 Ebenda, 91 f.

historischen Umstände ihrer Produktion mitdenken; er ist kein schlichter Verbreiter politischer Doktrinen und ist doch ein Radikaler gewesen und geblieben (auch dann, als es nicht mehr opportun – wir würden heute sagen: zeitgeistig – erschien).

10.2 Die Schönheit des Februar 1848 und das Trauma des Juni 1848

„Die *Februarrevolution* war die *schöne* Revolution, die Revolution der allgemeinen Sympathie, weil die Gegensätze, die in ihr gegen das Königtum eklatierten, *unentwickelt,* einträchtig nebeneinander schlummerten, weil der soziale Kampf, der ihren Hintergrund bildete, nur eine luftige Existenz gewonnen hatte, die Existenz der Phrase, des Worts. Die *Junirevolution* ist die *häßliche* Revolution, die abstoßende Revolution, weil an die Stelle der Phrase die Sache getreten ist …"

„Die Fraternité, die Brüderlichkeit der entgegengesetzten Klassen, von denen die eine die andere exploitiert, diese Fraternité, im Februar proklamiert, mit großen Buchstaben auf die Stirne von Paris geschrieben, auf jedes Gefängnis, auf jede Kaserne – ihr wahrer, unverfälschter, prosaischer Ausdruck, das ist der – *Bürgerkrieg*, der Bürgerkrieg in seiner fürchterlichsten Gestalt, der Krieg der Arbeit und des Kapitals. Diese Brüderlichkeit flammte vor allen Fenstern von Paris am Abend des 25. Juni, als das Paris der Bourgeoisie illuminierte, während das Paris des Proletariats verbrannte, verblutete, verächzte."[14]

Karl Marx

"In politics – though it may seem strange to say it – Baudelaire was a man of empirical temper. He was not much interested in abstractions like Socialism … But he was interested in revolution, and remained so all his life."[15]

T.J. Clark

„Zwanzigmal habe ich mir eingeredet, daß ich mich nicht mehr für Politik interessiere, und bei jeder ernsteren Gelegenheit verfalle ich wieder der Neugier und der Leidenschaft."[16]

Charles Baudelaire [in einem Brief an Nadar, 16. Mai 1859]

14 Karl Marx: Die Junirevolution [29. Juni 1848]. In: MEW, Band 5. Berlin: Dietz 1959, 134.

15 T.J. Clark: The Absolute Bourgeois (1988), 173 f.

16 Charles Baudelaire: Sämtliche Werke/Briefe. Band 6, 23.

Das Jahr 1848 hatte für Frankreich im Februar die alle sozialen Klassen umfassende Volksrevolution mit sich gebracht; im Juni wurde dann der Schein der Klassenlosigkeit der Revolution ein für alle Mal zerstört, da die französische Bourgeoisie die arbeitenden Klassen mit Waffengewalt niederzwang. Die Juniereignisse waren ein soziales Trauma, das – bei aller Verdrängung – durchaus in der Literatur seinen Niederschlag gefunden hat, wenn auch oft in seltsam verschlüsselter Form. (Die Barbarei der Bourgeoisie wird etwa in *Gustave Flauberts* Roman „Salammbô" in exotische Ferne gerückt.)

Charles Baudelaire hat in seinem Nachlass eine Anzahl loser Blätter in verschiedenem Format mit Notizen hinterlassen, die entweder mit der Aufschrift „Fusées" [„Raketen"] oder „Mon Coeur mis à nu" [„Mein entblößtes Herz"] versehen waren. Es handelt sich um tagebuchartige Aufzeichnungen, Notizen zum Tag, die eine bunte Folge von Gedanken und Gedankenbruchstücken enthalten. Sie stammen durchwegs aus der Zeit von 1855 bis 1866. Baudelaire schrieb:

> „Ich kann ‚Mein entblößtes Herz' irgendwo und irgendwie beginnen und es dann Tag um Tag fortsetzen, indem ich mich von der Inspiration des Tages und der Gelegenheit leiten lasse, vorausgesetzt, daß die Inspiration lebhaft genug ist."[17]

Immer wieder werden diese Äußerungen Baudelaires als eine Summe seiner abschließenden Urteile und Bewertungen früherer Denk- und Handlungsweisen interpretiert; als Absagen an die revolutionäre Frühzeit, als Äußerungen eines doch katholischen Dichters; aber auch als Ausdruck der Krankheit und des Elends. In diesen bruchstückhaften Aufzeichnungen finden wir nachträgliche Reflexionen der Geschehnisse von 1848 angefangen, bis hin zum Staatsstreich von *Louis Napoleon*.

> „Mein Begeisterungstaumel 1848. Welcher Art war dieser Taumel?
> Rachegelüste. Natürliches Vergnügen an der Zertrümmerung.
> Literarische Begeisterung; Erinnerungen an Gelesenes. Der 15. Mai. – Immer wieder die Lust an der Zerstörung. Ein berechtigtes Gelüst, wenn alles, was natürlich ist, auch berechtigt ist.
> Die Juni-Greuel. Das Volk war verrückt, das Bürgertum war verrückt. Natürliche Liebe zum Verbrechen.
> Meine Wut beim Staatsstreich! Wieviel Schüssen war ich nicht ausgesetzt! Wieder ein Bonaparte! Welche Schmach!

17 Charles Baudelaire: Mein Entblößtes Herz. Tagebücher. Frankfurt/M.: Insel 1986, 47.

> Und dennoch hat sich alles beruhigt. Hat der Präsident nicht ein Recht den Himmel anzurufen?
> Kaiser Napoleon III., was ist er? Was ist er wert? Sein Wesen ist zu deuten, und seine Rolle im Plan der Vorsehung."[18]

Die Niederlagen der Revolution, die Triumphe der Konterrevolution, lösen bei den Unterlegenen eine Summe von Empfindungen und Stimmungslagen aus: von der dumpfen Resignation, Verzweiflung und Hoffnungslosigkeit, über die Überzeugung von der Sinnlosigkeit jeglicher politischer Betätigung, bis hin zur hilflosen Wut. Dadurch, dass der Dichter Baudelaire die vergangenen Niederlagen wieder in Erinnerung ruft, macht er es für sich, aber auch für andere, möglich, aus der Antriebslosigkeit heraus zurückzufinden zu neuerlichem politischem Denken und Handeln. Was insgesamt auffällt, ist die Kontinuität des Baudelaire'schen Denkens: der Dandy und Flaneur voll des Hasses auf die bestehende Gesellschaftsordnung und stets bereit, sie mit Gewalt zu zerstören. Charles Baudelaire, der Revolutionär von 1848, hatte in der Zeit der Konterrevolution und des Zweiten Kaiserreiches weiterzuleben; er war keiner, der seinen Frieden mit den Herrschenden gemacht hatte; seine Äußerungen gegen Demokratie und Fortschritt bedeuten kein Arrangement mit dem Establishment – sie entspringen dem Zorn und der Enttäuschung über die Niederlage; noch gegen Lebensende schrieb er von Revolution, Republikanismus und Demokratie als einer dauerhaften Bedrohung für die Herrschenden und er erklärte sich für die Gewalttätigkeit der Revolution.

Wir können das politische Denken Baudelaires nur mühselig und oft in indirekter Weise aus seinen veröffentlichten Werken und Aufzeichnungen rekonstruieren. Dies soll in der Folge anhand einiger charakteristischer Texte geschehen, insbesondere am Beispiel des Artikels über Wein und Haschisch, sowie eines erst posthum veröffentlichten Gedichtes in Prosa, „Verprügeln wir die Armen".

18 Ebenda, 46.

10.3 „Wein und Haschisch ..." Oder: Von der Notwendigkeit des organisierten politischen Handelns

Im März 1851 veröffentlichte Charles Baudelaire einen Text mit dem Titel „Wein und Haschisch verglichen als Mittel zur Vervielfältigung der Individualität"[19]. Er preist darin zunächst die Vorzüge des Weines. Dann schreibt er:

> „Anschließend soll nun von einer Substanz die Rede sein, die seit einigen Jahren in Mode gekommen ist, eine Art köstlicher Droge für eine gewisse Sorte von Dilettanten, deren Wirkungen die des Weines an durchschlagender Gewalt bei weitem übertreffen. Ich werde alle diese Wirkungen sorgfältig beschreiben, dann die Schilderung der unterschiedlichen Auswirkungen des Weines wieder aufnehmen und einen Vergleich ziehen zwischen diesen beiden künstlichen Mitteln, durch welche der Mensch, indem er seine Persönlichkeit aufs äußerste steigert, in sich gleichsam eine Art Gottheit schafft. Ich werde die Nachteile des Haschisch zeigen, deren geringster, trotz der unerwarteten Schätze von Wohlwollen, die es scheinbar in dem Herzen oder vielmehr in dem Gehirn des Menschen zur Entfaltung bringt, – dessen geringster Fehler, sage ich, darin besteht, daß es asozial ist, während der Wein zutiefst menschlich, ja, fast möchte ich sagen, tatfreudig ist."[20]

Die Gegenüberstellung von „tatfreudig" und „asozial" ist merkwürdig, denn eigentlich wäre an dieser Stelle „Geselligkeit" zu betonen. Später, gegen Ende des Artikels, meint Baudelaire über Haschisch:

> „Man sagt zwar, diese Substanz verursache keinerlei körperliche Schädigungen. Das trifft zu, bis jetzt wenigstens. Denn ich weiß nicht, bis zu welchem Punkt sich sagen läßt, ein Mensch, der nichts tut als träumen und der zu handeln unfähig wäre, befinde sich, auch wenn keines seiner Glieder beschädigt wäre, bei guter Gesundheit. Aber der Wille ist angegriffen, und dieser ist das kostbarste Organ. Nie wird ein Mensch, der sich mit einem Löffel voll Konfitüre augenblicklich alle Güter des Himmels und der Erde verschaffen kann, sich auch nur den tausendsten Teil davon durch Arbeit erwerben. Wir sollen aber leben und arbeiten, das ist die Hauptsache."[21]

19 Charles Baudelaire: Wein und Haschisch verglichen als Mittel zur Vervielfältigung der Individualität. In: Sämtliche Werke/Briefe. Band 2. München, Wien: Hanser 1983, 117–42.

20 Ebenda, 130 f.

21 Ebenda, 140.

Die Betonung des Willens und der Notwendigkeit von Arbeit im Zusammenhang mit Leben ist schon wieder eigenartig. Bei der Erklärung dieser Eigenartigkeit hilft ein Blick auf die historische Situation. Nach der Niederlage in Paris im Juni 1848 agitierte die Linke in den Provinzen unter den unzufriedenen Bauern und es entstand der Traum und die Hoffnung eines Sturzes des Regimes der Bourgeoisie in den kommenden Wahlen von 1852, die Hoffnung auf die Errichtung einer *République Démocratique et Sociale*; Arbeiter und Bauern, die *arbeitenden* Klassen gegen die Bourgeoisie, die Grundbesitzer, Fabriksherren, Spekulanten, Rentiers, all jene, die über ein arbeitsloses Einkommen verfügten. Die Hervorhebung von Willenskraft und Arbeit bei Baudelaire mag also noch eine besondere Bedeutung gehabt haben. Er selbst schreibt:

> „Der Einfall, in dem gleichen Artikel von Wein und Haschisch zu sprechen, entsprang dem Umstand, daß beiden in der Tat etwas gemeinsam ist: eine außerordentliche Entwicklung der poetischen Kräfte des Menschen. Das nicht zu zügelnde Verlangen des Menschen nach allen Substanzen, gesunden oder gefährlichen, die seine Persönlichkeit steigern, zeugt von seiner Größe. Sein Trachten ist allzeit darauf gerichtet, seine Hoffnungen mit neuer Glut zu beseelen und sich aufzuschwingen in die Unendlichkeit.
> Doch man betrachte, was dabei herauskommt. Da haben wir ein Getränk, das die Verdauung fördert, die Muskeln kräftigt und das Blut bereichert. Selbst in großen Mengen eingenommen, verursacht es nur vorübergehende Störungen. Und hier haben wir eine Substanz, welche die Verdauungsfunktionen unterbricht, die Glieder schwächt und die einen Rausch von vierundzwanzig Stunden bewirken kann.
> Der Wein steigert die Willenskraft, das Haschisch vernichtet sie. Der Wein ist eine Stütze für den Körper, das Haschisch liefert uns die Waffe zum Selbstmord. Der Wein macht wohlwollend und gesellig. Das Haschisch vereinzelt. Der eine ist sozusagen arbeitsam, das andere seinem Wesen nach träge. Warum auch sollte einer arbeiten, ackern, schreiben, etwas herstellen, wenn man sich des Paradieses auf einen Schlag bemächtigen kann?
> Schließlich ist der Wein für das Volk da, welches arbeitet und ihn zu trinken verdient. Das Haschisch gehört in die Klasse der einsamen Freuden; es ist für die elenden Müßiggänger gemacht.
> Der Wein ist nützlich, er bringt Ergebnisse hervor, die ihre Früchte tragen. Das Haschisch ist unnütz und gefährlich.“[22]

22 Ebenda, 140 f.

Die geradezu klassenspezifische Differenzierung des Gebrauchs von Genussmitteln und Drogen und die wiederkehrende Betonung von Arbeit, Willenskraft, Wiederbelebung von Hoffnungen deuten auf Intentionen hin, die über den Text hinausgehen. (Bedenken wir, dass z. B. nach den Niederlagen der Studenten- und Jugendrevolten in den 70er-Jahren verstärkt der Hang zur Innerlichkeit und zu „bewusstseinserweiternden" Drogen aufgekommen ist.) Baudelaire plädiert gegen Resignation, gegen das Versinken in den Rausch, für Willensstärke, d. h. für Organisationsfähigkeit und bewusstes Handeln, für produktive Arbeit – und dazu mag auch die Arbeit für die *künftige* Republik gehören. (Der Staatsstreich des Louis Napoleon im Dezember 1851 machte allen derartigen Hoffnungen – vorläufig – ein Ende.) Baudelaire beschließt seinen Artikel übrigens mit einem Zitat eines befreundeten Philosophen:

> „Ich begreife nicht, warum der Mensch, dieses Vernunft- und Geistwesen, sich künstlicher Mittel bedient, um der Seligkeit eines poetischen Zustands teilhaftig zu werden, da doch die Begeisterung und der Wille genügen, ihn in ein übernatürliches Dasein emporzutragen. Die großen Dichter, die Philosophen, die Propheten sind Wesen, die durch bloße, freie Betätigung des Willens einen Zustand erreichen, in dem sie gleichzeitig Ursache und Wirkung, Subjekt und Objekt, Magnetiseur und Somnambule sind."[23]

Und er fügt als letzten Satz hinzu: „Ich denke genau wie er."[24]

Die Fähigkeit, sich gegenüber allen Widrigkeiten und allen Anfechtungen selbst zu organisieren, seine Arbeitsfähigkeit zu bewahren, ja zu stärken, ist eine Fähigkeit, derer der Künstler bedarf, aber derer auch alle anderen Menschen bedürfen, die ihre Arbeitskraft zu Markte tragen; und erst recht jene, die die bestehenden gesellschaftlichen Verhältnisse zum Besseren verändern wollen. Da hilft weder in der Kunst noch im sonstigen Leben, sich in der Weltabgeschiedenheit oder im Rausch selbst zu verlieren und auch nicht, zu hoffen, dass sich Entwicklungen und Fortschritte von selbst einstellen.

10.4 „Verprügeln wir die Armen". Oder: Von Proudhon zu Blanqui

Baudelaire erzählt in einem seiner Gedichte in Prosa, in „Verprügeln wir die Armen!", eine merkwürdige Geschichte. Sie beginnt damit:

23 Ebenda, 141 f.
24 Ebenda, 142.

> „Vierzehn Tage lang hatte ich mich in mein Zimmer eingeschlossen und mich mit Büchern umgeben, wie sie damals (das ist nun schon sechzehn oder siebzehn Jahre her) in Mode waren; ich meine solche Bücher, die von der Kunst handeln, die Völker binnen vierundzwanzig Stunden glücklich, weise und reich zu machen. Ich hatte das alles verdaut – verschlungen, wollte ich sagen – , – all diese Elukubrationen all dieser Beförderer der öffentlichen Wohlfahrt, – derer, die allen Armen predigen, sich in die Sklaverei zu begeben, und derer, die ihnen einreden, sie seien allesamt entthronte Könige. – Niemand wird es demnach verwunderlich finden, daß meine damalige Geistesverfassung an Schwindel oder Verblödung grenzte."[25]

Der Erzähler beschließt, sein Zimmer zu verlassen und begegnet auf dem Weg in eine Schenke einem Bettler.

> „... ein Dämon der Tat, ein Dämon des Kampfes ... flüsterte mir zu: ‚Nur der ist einem andern ebenbürtig, der es ihm beweist, und nur der ist der Freiheit würdig, der sie zu erobern versteht.'"[26]

Daraufhin stürzt sich der Erzähler auf den Bettler und beginnt ihn heftig zu verprügeln; nach einer Weile setzt sich der alte Bettler voller Wut zur Wehr und fügt dem Angreifer einige Verletzungen zu, was diesen wiederum bewegt, zu erklären:

> „Mein Herr, *Sie sind meinesgleichen!* Erweisen Sie mir die Ehre, den Inhalt meiner Börse mit mir zu teilen; und sollte künftig einer Ihrer Mitbrüder Sie um ein Almosen angehen, so vergessen Sie nicht, falls Sie wirklich ein Philanthrop sind, in jedem Fall die Theorie anzuwenden, die auf Ihrem Rücken zu erproben ich das *schmerzliche* Vergnügen hatte."

Die Geschichte endet mit dem Satz: „Er hat mir geschworen, dass er diese Theorie begriffen habe, und dass er meinen Rat befolgen werde."[27] Im Manuskript allerdings befand sich ursprünglich noch die Frage: „Und was sagst du dazu, Bürger Proudhon?"

Baudelaire, der ursprünglich begeistert war von der Februarrevolution und ihrem „klassenlosen" Charakter, und auch begeistert war von *Proudhon* und seinen Lehren (soweit er sie kannte), kam immer mehr zu der Überzeugung,

25 Charles Baudelaire: Verprügeln wir die Armen. In: Sämtliche Werke/Briefe. Band 8. München, Wien: Hanser 1985, 297.

26 Ebenda, 299.

27 Ebenda, 301.

dass die politische Aktion nicht durch Ideen ersetzbar war: organisiertes, wohlüberlegtes, aber auch gewalttätiges Handeln erschien ihm notwendig zur wirklichen Verbesserung der bestehenden Verhältnisse. Gerade das oben angeführte Prosagedicht zeigt durch die mehrfache Verwendung des Begriffes „Theorie", dass Baudelaire keineswegs für einen blindwütigen Aktionismus eintrat, sondern auf theoretische Fundierung der politischen Praxis insistierte.

In Baudelaires Gedichten wird Erinnerung aufbewahrt, werden Spuren gesichert, kann assoziiert und weitergedacht (und in der Folge auch entsprechend gehandelt) werden. „Les Fleurs du Mal" ebenso wie die „Gedichte in Prosa" von „Le Spleen de Paris" sind Gedenkstätten, Ruinenlandschaften und Totenfelder der Geschichte; sie können aber auch Auslöser für ein erneuertes revolutionäres Denken und Handeln sein. In dem *Victor Hugo* gewidmeten Gedicht „Der Schwan" heißt es z. B. in der letzten Strophe:

> „Den Wald, den sich mein Geist als Zuflucht auserkoren,
> Durchzieht wie Hörnerklang alter Erinnerung Hauch.
> Ich denk' der Schiffer, die auf fernem Riff verloren,
> Besiegter, Fallender, und all der andern auch."[28]

In Baudelaires Texten ist eine ungeheure Wut gegen die Barbarei der Herrschenden gespeichert, ein radikaler, revolutionärer Republikanismus, der – angesichts momentaner Niederlagen (mögen sie noch so katastrophal gewesen sein) – nicht in Resignation und halbherzige Zufriedenheit mit den bestehenden Verhältnissen verfällt, der sich nicht mit der Friedhofsruhe zufrieden gibt.

> „Wenn man den Belgiern zumutet, den Gedanken an eine Revolution ernsthaft in Erwägung zu ziehen, sind sie entsetzt. *Tugendsame alte Jüngferlein.*
> Wenn ICH bereit bin, als Republikaner zu handeln, *dann tue ich wissentlich das Böse.*
> Ja! *Es lebe die Revolution!*
> jederzeit! allem zum Trotz!
> Ich aber mache mir nichts vor! ich habe mir niemals etwas vorgemacht! Ich sage: *Es lebe die Revolution!* wie ich sagen würde: Es lebe die Zerstörung! Es lebe die Sühne! Es lebe die Strafe! Es lebe der Tod!
> Nicht nur wäre ich glücklich, Opfer zu sein, es wäre mir auch nicht zuwider, Henker zu sein – um die Revolution auf die eine oder andere Weise zu empfinden!

28 Charles Baudelaire: Die Blumen des Bösen. Deutsch von Terese Robinson. Zürich: Diogenes 1982, 150.

> Wir haben alle den republikanischen Geist in den Adern, wie die Syphilis in den Knochen. Wir sind alle infiziert: Demokraten und Syphilitiker."[29]

Noch in seinen spätesten Texten erklärt so der Syphilitiker Baudelaire sich für die Revolution und droht den Herrschenden mit dem alle infizierenden demokratisch-republikanischen Geist, gegen den es, so wie gegen die Syphilis, kein Mittel gibt.

29 Charles Baudelaire: Armes Belgien! In: Sämtliche Werke/Briefe. Band 7. München, Wien: Hanser 1992, 369.

11 Die Habsburgermonarchie und der Kampf gegen die Revolutionen in Europa 1848/49

11.1 Über politische und soziale Revolutionen

"Yet, Freedom! yet thy banner, torn, but flying,
Streams like the thunder-storm against the wind;
Thy trumpet voice, though broken now and dying,
The loudest still the tempest leaves behind;
Thy tree hath lost its blossoms, and the rind,
Chopp'd by the axe, looks rough and little worth,
But the sap lasts, – and still the seed we find
Sown deep, even in the bosom of the North;
So shall a better spring less bitter fruit bring forth."[1]

George Byron

"Political revolutions seldom go beyond the surface of society. They seldom amount to more than a mere transfer of power from one set of political chiefs to another. At best they only substitute one aristocratic form of government for another, and hence all political revolutions of which history makes mention have left the world pretty much as they found it – not wiser – not happier – not improved in any one essentiel particular. … Even the establishment of our 'commonwealth' after the death of Charles I was a mere political revolution. It gave parliamentary privilege a temporary triumph over royal prerogative. It enabled a few thousand landowners to disenthral themselves from the burdens of feudal services, and to throw upon the people at large the expenses of maintaining the government. … For the millions it did nothing."[2]

James Bronterre O'Brien [1837]

„Übrigens ist den Chartisten der sociale Charakter ihres Strebens durchaus nicht fremd geblieben. ‚Der Chartismus', rief einer ihrer Redner aus, ‚ist keine politische Frage, wobei es sich handelt, daß Ihr das Wahlrecht bekommt, der Chartismus ist eine Messer- und Gabelfrage, die Charte, das heißt: gute Wohnung, gutes Essen und Trinken, gutes Auskommen und gute Arbeitszeit!' Die gleiche Tendenz offenbaren ihre gelegentlichen Bestrebungen ‚für einen ehrlichen Taglohn, für ehrliche Tagesarbeit', für die zehnstündige Dauer der Fabriksarbeit, für die Abschaffung des Armengesetzes, für eine garantirte Stellung des Arbeiters gegenüber dem

1 George Byron: Poetical Works. Oxford: Oxford UP: 1974, 240.
2 Zitiert nach: Christopher Hill and Edmund Dell (1969), 477 f.

> Arbeitgeber. ‚Politische Macht ist das Mittel, sociale Glückseligkeit ist der Zweck des Chartismus', ist darum der echteste und gewichtigste Ausdruck der socialen Bewegung in England."[3]
>
> „Der 24. Februar fand, noch ehe die Bourgeoisie Zeit zum Einlenken gefunden, den Julithron verbrannt, die sociale Republik proclamirt, denn diesmal sollte die Freiheit nicht blos durch, sondern auch für den vierten Stand erkämpft werden. Und dies war das Signal zur europäischen Revolution."[4]
>
> „So einig die Völker über den Sturz der alten Verhältnisse waren, so mannigfach gestaltete sich nach der verschiedenen Organisation und dem Bedürfnisse derselben das Ziel der Bewegung. In Frankreich war die Reaction unter Louis Philipp nicht von einer Geburtsaristokratie, sondern von den Besitzenden ausgegangen, hier hatte das Proletariat bereits ein politisches Bewußtsein erreicht, die Gleichheit sich zum Principe des öffentlichen Lebens aufgeworfen – der Socialismus, schon längst auf die Fahnen der Unzufriedenen geschrieben, konnte allein noch ein Positives aus der Revolution hervorgehen. Das politische Leben war schon abgenützt, unfähig, die Hoffnungen des Volkes zu befriedigen, die Freiheit, wie sie minder stürmische Völker auffassen, längst überwunden, selbst die republikanische Staatsform, als politische Gestalt, wenig mehr anlockend. So blieb nichts anderes übrig, als die gesellschaftliche Reform zu versuchen. Italien und Deutschland, minder gesättigt, behielten noch rein politische Tendenzen bei. Ihnen galt es vorzugsweise, der nationalen Einheit auch einen politischen Ausdruck zu geben, ihre alte Zerrissenheit zu brechen, und neben Verfassungsrechten auch eine innigere staatliche Verbindung sich zu erobern."[5]
>
> *Anton Heinrich Springer*

Die Revolutionen von 1848 waren nichts völlig Neues in Europa; ihnen gingen Jahrhunderte der historischen Erfahrungen mit Revolutionen und Konterrevolutionen voraus. Man denke an die Große Revolution in Frankreich, aber auch an jene frühneuzeitlichen Revolutionen (von den Hussiten über die Niederlande bis England), die sich jeweils schon als nationale und zugleich als transnationale Bewegungen verstanden. Ganz anders in Deutschland: der deutsche Nationalismus des 19. Jahrhunderts wurde von Anfang an als eine konterrevolutionäre Ideologie von oben propagiert; er diente dem Erhalt der alten Ordnungen, dem Erhalt restfeudaler Verhältnisse und des fürstlichen Absolutismus; und er war gegen die Französische Revolution und ihre Errungenschaften gerichtet.

3 Anton Heinrich Springer: Geschichte des Revolutionszeitalters (1789–1848). In öffentlichen Vorlesungen an der Prager Universität übersichtlich dargestellt. Prag: Verlag von Friedrich Ehrlich 1849, 686 f.

4 Ebenda, 715.

5 Ebenda, 715 f.

Man verfügte 1848 also über Erinnerungen an vergangene Revolutionen und Konterrevolutionen und verknüpfte damit Einsichten und Hoffnungen bezüglich künftiger Revolutionen. In Gesellschaften wie in England oder Frankreich wurde bereits zwischen bloß politischen und sozialen Revolutionen unterschieden: schon die Kämpfe um ein allgemeines Wahlrecht, wie bei den Chartisten in England, waren eine „Messer- und Gabelfrage", eine Frage der materiellen Lebensbedingungen, der Möglichkeit eines guten Lebens für alle Menschen. In Italien war es immerhin noch möglich, den allgemeinen Kampf des Volkes gegen die Fremdherrschaft und für die politische Einigung Italiens von unten zu propagieren. In Zentraleuropa hingegen gab es oft nicht einmal noch Konstitutionen, sondern es herrschten noch Fürsten von Gottes Gnaden. Das nach 1815 geschaffene System der Heiligen Allianz war ein System der Erhaltung der restaurativen Regimes und der Verhinderung einer jeden künftigen Revolution. Die Ereignisse des Jahres 1848 waren eine Summe europäischer Vorgänge geprägt von der Ungleichzeitigkeit der sozio-ökonomischen Entwicklungen und der intellektuellen Vor- und Aufbereitungen gesellschaftlichen Handelns.

Für die Niederlage der deutschen Revolution war wohl der Deutsch-Nationalismus als gleichsam *innere* Ursache von ebenso entscheidender Bedeutung wie die militärisch erfolgreiche Politik der Habsburger als gleichsam *äußere* Ursache. Dabei ist es wichtig, methodisch sorgfältig zu differenzieren zwischen streng kausalen und funktionalistischen Erklärungen für das historische Geschehen. Im Nachhinein erscheint etwa das Handeln der Habsburger einem meisterhaften Plan zu folgen, der schließlich auch zum endgültigen Erfolg führte; in der Wirklichkeit jedoch gab es genau diesen Plan nicht, stattdessen eine klare Zielsetzung: den Erhalt der Herrschaft der Familie! Die deutsch-nationale Ideologie zielte nicht planvoll auf die Niederlage der Revolution, auch die Rechten in der Paulskirche wünschten irgendeinen Erfolg; doch die jahrzehntelange Einübung einer konterrevolutionären Ideologie bedeutete auch die Einübung eines nicht- und anti-demokratischen Volksbegriffes, der eben selbst bei nicht voll entwickelten kapitalistischen Klassenverhältnissen keine Mobilisierung des Volkes, wie etwa in Italien, gestattete. Es geht also um funktionalistische Erklärungsansätze.

11.2 Der Kampf gegen die Revolutionen von 1848/49 in der Habsburgermonarchie: Wien, vom März bis Oktober 1848; Italien und Ungarn

> „So war das Haus Österreich von Anfang an der Repräsentant der Barbarei, der Stabilität der Reaktion in Europa. Seine Macht beruhte auf der Narrheit des hinter unwegsamen Bergen verschanzten Patriarchalismus, auf der unnahbaren Brutalität der Barbarei. Ein Dutzend Nationen, deren Sitten, Charaktere und Institutionen die grellsten Widersprüche bildeten, hielten zusammen kraft ihres gemeinsamen Widerwillens gegen die Zivilisation.
> Daher war das Haus Österreich unüberwindlich, solange die Barbarei seiner Untertanen unangetastet blieb. Daher drohte ihm nur eine Gefahr, das Eindringen der bürgerlichen Zivilisation.“[6]
>
> *Friedrich Engels*

> „Die Schranken zwischen den einzelnen Völkern Europas, welche bisher blos für die idealen Interessen aufgehoben waren, beginnen nun auch auf dem politischen Gebiete zu wanken, die Freiheitssaat, in der ersten französischen Revolution gepflanzt, aber bis dahin nicht kräftig genug, um mehr als nur vereinzelte und darum leicht zerstörbare Sprößlinge zu treiben, ist endlich allgemein aufgegangen, bis an Rußlands Grenzen hin heimisch geworden. Es gibt fortan keine localen Bewegungen, sondern nur europäische Revolutionen, es gibt für diesen Welttheil keine verschiedenen Geschicke mehr, sondern nur ein Schicksal.“[7]
>
> *Anton Heinrich Springer*

> „Alle Revolutionselemente, alles Menschheitsempörende, was sie wo anders in großem haben, das haben wir Krähwinkler in kleinem. Wir haben ein absolutes Tyrannerl, wir haben ein unverantwortliches Ministeriumerl, ein Bürokratieerl, ein Zensurerl, Staatsschulderln, weit über unsere Kräfterln, also müssen wir auch ein Revolutionerl, ein Konstitutionerl und endlich a Freiheiterl krieg'n.“[8]
>
> *Johann Nestroy*

Am 27. Jänner 1848 erschien ein Zeitungsartikel [*Deutsche-Brüsseler Zeitung*] mit dem Titel „Der Anfang des Endes in Österreich“; der Artikel schloss mit den Sätzen:

6 Friedrich Engels: Der Anfang des Endes in Österreich [1848]. In: MEW Band 4. Berlin: Dietz 1959, 505.

7 Anton Heinrich Springer (1849), 716 f.

8 Johann Nestroy: Freiheit in Krähwinkel. Hrsg. von Jürgen Hein. Stuttgart: Reclam 1987, 17.

> „Für uns Deutsche hat der Fall Östreichs noch eine spezielle Bedeutung. Es ist Östreich, das uns in den Ruf gebracht hat, die Unterdrücker fremder Nationen, die Söldlinge der reaktion in allen Ländern zu sein. Unter der östreichischen Fahne halten Deutsche Polen, Böhmen, Italien in der Knechtschaft. Der östreichischen Monarchie haben wir es zu verdanken, daß von Syrakus bis Trient, von Genua bis Venedig die Deutschen als verächtliche Landsknechte des Despotismus gehaßt sind. Wer Zeuge davon gewesen ist, welcher tödliche Haß, welche blutige und vollkommen gerechtfertigte Rachsucht in Italien gegen die Tedesci herrscht, der muß schon deshalb einen unauslöschlichen Haß gegen Östreich nähren, und Beifall klatschen, wenn dies Bollwerk der Barbarei, diese Schandsäule für Deutschland zusammenfällt. Wir haben allen Grund, zu hoffen, daß die Deutschen sich an Östreich rächen werden für die Infamie, mit der es den deutschen Namen bedeckt hat. Wir haben allen Grund, zu hoffen, daß es Deutsche sein werden, die Östreich stürzen und die Hindernisse im Wege der slawischen und italienischen Freiheit wegräumen. Es ist alles vorbereitet; das Schlachtopfer liegt da und wartet des Messers, das ihm die Kehle durchschneiden soll. Mögen diesmal die Deutschen nicht die Zeit versäumen, mögen sie kühn genug sein, das Wort auszusprechen, das selbst Napoleon nicht auszusprechen wagte – das Wort: La dynastie de Habsbourg a cessé de régner!“[9]

Der Verfasser dieses Zeitungstextes war *Friedrich Engels*. Er gab den Gefühlen der Freunde der Freiheit in Europa durchaus treffend und repräsentativ Ausdruck. Es ist möglich, die Ereignisse der deutschen Revolution 1848/49 um das „Zentrum“ der Frankfurter Paulskirchenversammlung und das „Zentrum“ Berlin, bzw. Preußen herum zu gruppieren und die Vorgänge im Habsburgerreich als Vorgänge an der Peripherie zu sehen. Andererseits waren die Ereignisse im Habsburgerreich von entscheidender Bedeutung für jede künftige politische Organisation Deutschlands; das Habsburgerreich erstreckte sich über europäisches Territorium von Polen, Ungarn, Böhmen bis Italien und es enthielt zahlreiche nationale Elemente, darunter auch deutsche; das Auf und Ab der Revolution in den habsburgischen Metropolen Wien, Prag, Budapest, Mailand, Venedig war Indikator, Beispiel, Motivation für alle anderen revolutionären Vorgänge in deutschen Landen. Es ist auffällig, dass die Revolution in Deutschland, aber auch in der Habsburgermonarchie, vor allem ein Vorgang in Städten, und zwar eher in großen Städten, war. Zugleich fällt auf, dass eigentlich so gut wie nichts unternommen wurde, um die Masse der Bevölkerung (die noch im-

9 Friedrich Engels: Der Anfang des Endes in Österreich [1848]. In: MEW Band 4 Berlin: Dietz 1959, 509 f.

mer im Bereich der Landwirtschaft tätig war) für die revolutionäre Sache zu mobilisieren.

Die historischen Erfahrungen hatten gezeigt, was notwendig war für den Erfolg einer Revolution, und sei es „nur“ einer politischen Revolution:

- Es war gut und wichtig, ein nationales organisatorisches Zentrum, einen politischen Kristallisationskern, in Form einer parlamentarischen Versammlung zu haben (London, 1640/41 und Paris, 1789).
- In diese parlamentarische Versammlung mussten relevante Teile der Bevölkerung Hoffnung setzen, dahingehend, dass ihre Lebenslage zum Besseren gewendet werden könnte.
- Diese parlamentarische Versammlung als gesetzgebende und/oder verfassunggebende Körperschaft musste die Kontrolle über die Regierung erlangen und schließlich über die bewaffnete Macht und eventuell eine eigene Exekutive ausformen; einen besonderen Verwaltungsapparat (einschließlich einer eigenen Armee, Nationalgarde etc.), der den Willen des zentralen Parlaments auf allen regionalen und lokalen Ebenen durchsetzte.
- Das Parlament musste schließlich die Kontrolle über die staatlichen Finanzen erlangen und sich eventuell neue Wege der Besorgung von notwendigen Finanzmitteln schaffen (um Verwaltung und Militär einigermaßen regelmäßig besolden zu können).

Die Paulskirchenversammlung hätte einen solchen politischen Kristallisationskern, ein solches nationales Zentrum der politischen Organisation abgeben können; es waren auch von Abgeordneten (etwa von *Wilhelm Schulz*) entsprechende Anträge gestellt worden, sie wurden jedoch von der Mehrheit niedergestimmt.[10] Das Bürgertum in deutschen Landen war ökonomisch schwach und im Übrigen an der bestehenden Obrigkeit orientiert; und viele der gebildeten Angehörigen dieses Bürgertums hatten jahrzehntelang die absolute Bedeutung der nationalen Einheit der Deutschen und die Verachtung der Demokratie als Pöbelherrschaft theoretisch eingeübt. Ein Sturz der absolutistischen, monarchisch-aristokratischen Herrschaft in Deutschland und im Habsburgerreich wäre nur möglich gewesen bei einer Mobilisierung plebejischer Massen und diese wiederum nur bei einer radikalen Veränderung von Besitzverhältnissen; und das hätte geheißen: eine Entfesselung der bäuerlichen Interessen durch entschädigungslose Aneignung der Gutsbesitzungen durch die abhängigen Bauern. Stattdessen konzentrierte sich die schwächliche Bourgeoisie aus lauter Angst vor dem ohnehin nicht sehr starken Proletariat auf dessen Unterwerfung

10 Walter Grab, Hg.: Die Revolution von 1848/49. Eine Dokumentation. Stuttgart: Reclam 1998, 74–83; siehe auch die Einleitung von Walter Grab, 11–13.

und Niederhaltung[11], und überhaupt auf die Aufrechterhaltung von Ruhe und Ordnung. All das bedeutete eigentlich wiederum eine Stärkung der alten Mächte, der angestammten Herrschaftsformen. Die richtunggebende Losung der politischen Akteure der deutschen Bourgeoisie schien so zu lauten: „Friede den Palästen, Krieg den Hütten!"

Die Fürsten konnten sich unter diesen Umständen eine Zeit lang abwartend und flexibel verhalten; ein bisschen Konstitution gewähren und Pläne für eine Bewältigung der politischen Krise schmieden. Die Familie Habsburg selbst hatte keinen Plan für ein Krisenmanagement und schon gar keinen Plan oder eine systematische Strategie zur Niederwerfung der Revolutionen. Sie hatte jedoch den unbändigen Willen zur Machterhaltung und, was noch wichtiger war, sie verfügte über einige Personen, die bereit waren, für das Ziel der Erhaltung der Habsburgerherrschaft vehement einzutreten *(Windischgrätz, Radetzky, Schwarzenberg).* Da das Habsburgerregime sich keineswegs auf eine besondere soziale Klasse stützte (nicht einmal auf den Adel), konnte es zudem nahezu beliebig verschiedene soziale Klassen, Gruppierungen, Völkerschaften gegeneinander ausspielen. Polen im Jahre 1846 hatte gezeigt, dass es möglich war, einen nationalen Aufstandsversuch der Aristokraten mit einem sozialen Aufstand der Bauern zu kontern und polnische Adelige massakrieren zu lassen. Seither gab es das Konzept einer „galizischen Lösung", insbesondere für Italien. Die Vorstellung war, dass eben die italienischen Bauern gegen die Adeligen aufgebracht werden könnten, dass nur die Aristokraten das Habsburgerregime hassten und sich von ihm befreien wollten, während die Bauern durchaus für die Habsburger gewonnen werden könnten. Dieses Konzept konnte allerdings in Italien nicht verwirklicht werden. Der diplomatische Vertreter Großbritanniens in Turin berichtete im Jänner 1849 an den britischen Premierminister *Lord Palmerston* über die Stimmungslage in den italienischen Besitzungen der Habsburger Folgendes:

> "It is the policy of the Austrians to declare openly that only one class of their Italian subjects, namely the nobles, are really disaffected towards them and that the measures which have been adopted are calculated only to break the spirit of the revolt in that portion of the population and to enable them to confer that happiness and contentment upon the rest of the inhabitants which it is asserted they are perfectly ready to receive at the hands of their Austrian rulers. The information which I have received leads me to form a totally different conclusion. From the reports which have been made to me by persons who have had the opportunity of studying this point I believe

11 Wolfgang Häusler: Von der Massenarmut zur Arbeiterbewegung. Demokratie und soziale Frage in der Wiener Revolution von 1848. Wien, München: Jugend & Volk 1979.

> that one feeling of deeprooted hatred pervades the minds of man, woman, and child throughout Lombardy and that this feeling has immeasurably increased since the reoccupation of her provinces."[12]

In Italien waren – im Unterschied zu Deutschland – die nationale Einigungsbewegung und der nationale Befreiungskampf Ausdruck demokratischer Bestrebungen von unten und mündeten in Volksbewegungen, die, zumindest kurzzeitig, politische und soziale Interessen verschiedener Klassen verknüpften.

Für das bessere Verständnis der revolutionären Vorgänge in Deutschland und in der Habsburgermonarchie ist es nunmehr wichtig, sich einige Jahreszahlen und Zeitabläufe zu vergegenwärtigen. Nach der Pariser Februarrevolution kam es im März 1848 in Wien, Berlin, Mailand und Venedig zu erfolgreichen Aufständen. Am 17. Mai 1848 flohen Kaiser Ferdinand und der Hof nach Innsbruck. Am 18. Mai 1848 erfolgte der Zusammentritt der deutschen konstituierenden Nationalversammlung in der Paulskirche in Frankfurt. Von März bis Mai 1848 hatte sich die Situation der Herrschenden laufend verschlechtert. Das Habsburgerreich unterlag einer Zerreißprobe; die Regierung war sogar bereit, über die Preisgabe italienischer Besitzungen zu verhandeln. Radetzky schickte den Fürsten Schwarzenberg nach Innsbruck, um den Hof im Sinne einer militärischen Lösung in Italien umzustimmen; diese Mission war erfolgreich.

Die Ungarn hatten im März 1848 eine eigenständige Regierung gebildet und spekulierten auf einen Erfolg der Italiener und ein Aufgehen der deutschen Territorien der Habsburger in dem neuen deutschen Staatsgebilde; in den Ländern der ungarischen Krone kam es zu antiungarischen (und habsburgtreuen) Aufständen der Kroaten, Rumänen und Siebenbürger, die aber erfolglos blieben; die Ungarn schickten keine Truppen zur Verstärkung Radetzkys nach Italien.

Es folgten Demonstrationen und Barrikadenbau in Prag am 12. und 13. Juni 1848. Fürst Windischgrätz ließ die Stadt bombardieren und kämpfte die Aufständischen nieder. Dies war der erste bedeutende militärische Erfolg der Konterrevolution in einer Metropole der Habsburgermonarchie. In der Paulskirchenversammlung wurde der Sieg des Fürsten Windischgrätz begrüßt; man sah in der militärischen Unterwerfung der Tschechen keineswegs eine Niederlage berechtigter nationaler Interessen; die versuchte Wahrung der tschechischen Nationalinteressen wurde als Angriff auf deutsche nationale Interessen (die als weit überlegen galten) betrachtet. Die Niederschlagung des Prager Volksaufstandes geschah wenige Tage, bevor der französische Kriegsminister *Cavaignac* in Paris die aufständischen Arbeiter massenhaft niedermetzeln ließ. (In deut-

12 Zitiert nach: Alan Sked: The Decline and Fall of the Habsburg Empire 1815–1918. London, New York: Longman 1990, 132.

schen Landen und bei deutschen Herrschern mochte allerdings der Sieg eines bürgerlich-republikanischen Regimes weniger Freude auslösen denn der Triumph eines Fürsten Windischgrätz über den „Pöbel".)

Am 22. Juli 1848 fand die Eröffnungssitzung des österreichischen Reichstages in Wien statt. Ebenfalls im Juli 1848 begann Feldmarschall Radetzky mit seinen Operationen in Italien, am 25. Juli 1848 besiegte er die piemontesische Armee bei Custoza, am 6. August rückten seine Truppen in Mailand ein. Damit waren die italienischen Besitzungen wiederum für die Habsburgermonarchie gesichert. Am 12. August 1848 wurde der Hinweis eines Redners auf den militärischen Erfolg Radetzkys in der Paulskirchenversammlung mit andauerndem Beifall bei der Mitte und der Rechten begrüßt. Die Mehrheit der Paulskirchenversammlung deutete die Siege der Konterrevolution nicht als Schwächung der eigenen Position, sondern sah sie eher als nationale Triumphe über die Slawen und Italiener.

Am 6. Oktober 1848 kam es in Wien zu einem Volksaufstand, als der Aufmarsch von Truppen gegen die ungarischen Revolutionäre verhindert werden sollte; der Kriegsminister *Latour* wurde gelyncht; Ende Oktober 1848 griffen kaiserliche Truppen unter Windischgrätz die Stadt an und eroberten sie nach schweren Kämpfen. Kaiser Ferdinand dankte am 2. Dezember 1848 zugunsten seines Neffen *Franz Joseph* ab; Franz Joseph bezeichnete sich wieder als Kaiser von Gottes Gnaden und nicht, wie sein Vorgänger seit den Märztagen, als konstitutioneller Kaiser. In der Folge galt es nunmehr Ungarn zu unterwerfen, was allerdings noch bis zum August 1849 dauerte; am 22. August 1849 kapitulierten schließlich die Revolutionäre in Venedig. Das Habsburgerregime hatte auf allen seinen Territorien, von Polen bis Italien, über die Revolutionen mit militärischen Mitteln gesiegt; eine Handvoll entschlossener Adeliger und Militärs hatten die Habsburger vor dem Untergang bewahrt. Die einzelnen Erfolge der Konterrevolution im Habsburgerreich dienten der Beispielsetzung für die deutschen Fürsten und Regierungen, insbesondere in Preußen, zur Bestätigung jenes späteren Satzes des Königs von Preußen: „Gegen Demokraten helfen nur Soldaten".

11.3 Die Siege Habsburgs und die Folgen für Deutschland und Europa

> „Daß die Völker Europas zu dem Bewußtsein ihres solidarischen Verhältnisses, ihrer organischen Verbindung zu einander gelangt sind, sich erkannt haben, dieses ist es, was der Revolution des Jahres 1848 ihre wahre Bedeutung verleiht, und aufrecht bleibt, mögen auch alle übrigen Errungenschaften zu Grunde gehen."[13]
>
> „Daß die Revolution vom Jahre 1848 wohl ein neues Princip schuf, in dem Streben nach seiner Verwirklichung aber scheiterte, daß sie mißlungen, also unvollendet ist, bedarf in dem Augenblicke, wo diese Zeilen niedergeschrieben werden, keiner weiteren Bestätigung. Diese Wahrheit steht in blutigen Zügen mit gräßlicher Deutlichkeit vom Donauufer bis zum Meeresstrande geschrieben. Daß sie aber zu einem bloßen Versuche herabsank, daran trägt nicht nur die Unfähigkeit der Führer, das Strohfeuer der Begeisterung bei so vielen Anhängern, der Eigennutz und die Verschlagenheit der Mächtigen, sondern auch und zwar zumeist das Riesige ihres Zieles, das Verwickelte und Widerspruchsvolle ihres Strebens die Schuld. Als Ideal schwebte ihr die Neuordnung der Staaten auf naturgemäßer, nationaler Grundlage vor, sie rieb sich dadurch aber an so vielen anderen, eben so nahe liegenden Interessen, daß sie notwendig in dem vergeblichen Streben, Beides zu vereinigen, unconsequent und zuletzt ungerecht werden mußte. Rasch standen sich entgegengesetzte, gleichmäßig berechtigte Ansprüche im Namen derselben Revolution gegenüber und die natürlichen Verbündeten zerfleischten sich, um dem gemeinsamen Feinde den Sieg zu erleichtern. An den nationalen Fragen brach sich die Kraft der Bewegung. Und doch müssen sie geschlichtet werden, soll die politische Entwicklung der Menschheit ihre Vollendung erreichen."[14]
>
> *Anton Heinrich Springer*

Der Triumph der Konterrevolution in der Habsburgermonarchie bedeutete unmittelbar auch eine Stärkung der habsburgischen Position im Verband der deutschen Staaten; nicht als Reichseiniger, aber als Retter absolutistischen Fürstentums konnten die Habsburger auftreten. In Deutschland konnte im Übrigen in Ruhe daran gegangen werden, die März-Errungenschaften endgültig zu beseitigen. In der Paulskirchenversammlung gab es noch große Pläne bezüglich der Herstellung eines einheitlichen deutschen Reiches, unter Einschluss oder Ausschluss Österreichs. Am 27. November 1848 erklärte der österreichische Ministerpräsident, Felix Fürst Schwarzenberg, auf dem österreichischen

13 Anton Heinrich Springer (1849), 717.

14 Ebenda, 717 f.

Reichstag zu Kremsier anlässlich der Vorstellung seines Regierungsprogramms in Bezug auf die großdeutschen Pläne:

> „Österreichs Fortbestand in staatlicher Einheit ist ein deutsches wie europäisches Bedürfnis. Von dieser Überzeugung durchdrungen, sehen wir der natürlichen Entwicklung des noch nicht vollendeten Umgestaltungsprozesses entgegen. Erst wenn das verjüngte Österreich und das verjüngte Deutschland zu neuen und festen Formen gelangt sind, wird es möglich sein, ihre gegenseitigen Beziehungen staatlich zu bestimmen. Bis dahin wird Österreich fortfahren, seine Bundespflichten treulich zu erfüllen.“[15]

Das klang nahezu bedrohlich und war jedenfalls eine Absage an die großdeutschen Pläne in ihrer bestehenden Form. (Die damaligen „großdeutschen“ Pläne beinhalteten eine Aufspaltung des Habsburgerreiches in deutsche und nichtdeutsche Bestandteile; etwas, das gerade mit militärischer Gewalt verhindert worden war.) Der nächste Vorstoß in der Paulskirchenversammlung zielte auf eine „kleindeutsche“ Lösung unter vorläufigem Ausschluss Österreichs ab. Am 28. Dezember 1848 erteilte Fürst Schwarzenberg auch diesen Vorstellungen eine klare Absage:

> „Österreich ist heute noch eine deutsche Bundesmacht. Diese Stellung … gedenkt es nicht aufzugeben.“[16]

Doch innerhalb der habsburgischen Territorien wurde erstmals ein einheitlicher, zentralistischer Staat geschaffen. Was einst nur gegenüber den Ländern der böhmischen Krone (nach 1620) gelungen war, nämlich die Etablierung absolutistischer Herrschaft, konnte nun endlich auch gegen Ungarn durchgesetzt werden. Allerdings hatte auch dieser neue Absolutismus seinen Preis; er wurde mit einer gewissen ökonomischen Rückständigkeit erkauft:

> "The eighteen-fifties were everywhere in Europe a period of great capital investment; in the Habsburg Monarchy barracks took the place of factories and railways, and Austria now lost the economic lead over Prussia which she had hitherto possessed."[17]

Die Niederlagen der verschiedenen Revolutionen in der Habsburgermonarchie und das Scheitern der deutschen Revolution bedeuteten schwere und dauer-

15 Zitiert nach: Ulrich Speck: Chronik einer deutschen Revolution. Frankfurt/M., Leipzig: Insel 1998, 117 f.

16 Zitiert nach: Ulrich Speck (1998), 123.

17 A.J.P. Taylor: The Habsburg Monarchy 1809–1918. London: Penguin 1990, 97.

hafte Schädigungen für die jeweiligen Gesellschaften: Die Traditionen des Obrigkeitsstaates und der Untertänigkeit wurden bestätigt und tiefer verankert; die schwächliche Bourgeoisie wurde in ihrer Unterwerfung unter die jeweilige Obrigkeit bestärkt durch die Einsicht, dass sie nur so vor den arbeitenden Klassen und der Arbeiterbewegung geschützt werden konnte. (Einzig in Italien mit seinen demokratischen Volksbewegungen hielt sich der Schaden durch die Niederlagen der Revolution in Grenzen.) Abschließend sei bemerkt, dass ein zeitgenössischer Historiker der Revolution – *Anton Heinrich Springer* – aus dem Scheitern der Revolution den Schluss zog, sie müsste gerade deswegen vollendet werden:

„Daß die Revolution vom Jahre 1848 … mißlungen, also unvollendet ist …"

12 Völkischer Nationalismus und Rassismus in Europa als Reaktionen auf die Französische Revolution und die organisierten Interessen der arbeitenden Klassen

12.1 Zur gesellschaftlichen Funktion von Rassenlehren

> „Die Sozialisten sind hier nicht zahlreich vertreten und sie sind nicht einig. Letzten Samstag in der Fraternelle war nur geringes Volk da, und wir sind uns ziemlich in die Haare geraten. Der Kamerad Fléchier ist auf die Tribüne gestiegen und hat geredet. Er ist ein alter Soldat von Anno 70, ist als Communard zur Deportation verurteilt worden, aber ein ganzer Kerl. ‚Genossen', hat er gesagt, ‚verhaltet euch nur ruhig. Die gelehrten Bürger sind ebensolche Bourgeois wie die Militärs. Laßt nur die Kapitalisten sich gegenseitig auffressen. Sehet zu, wie die Antisemiten anmarschieren. Vorläufig exerzieren sie noch mit Strohflinten und Holzsäbeln. Aber wenn es einmal soweit ist, die Kapitalisten zu expropriieren, sehe ich nicht ein, warum man nicht bei den Juden anfangen soll.'
> Daraufhin haben die Kameraden ihre Prügelwerkzeuge in Bewegung gesetzt. Aber ich frage Sie, durfte ein alter Communard, ein guter Revolutionär, so sprechen? Ich bin nicht so gebildet wie der Bürger Fléchier, der die Bücher von Marx studiert hat. Aber ich habe doch gemerkt, daß seine Rede unbillig war. Denn ich glaube, daß der Sozialismus die Wahrheit ist, aber auch die Güte und die Gerechtigkeit, und daß alles, was gut und gerecht ist, naturgemäß aus ihm hervorwächst, wie der Apfel am Baum. Und ich denke: die Ungerechtigkeit bekämpfen, das bedeutet dasselbe, wie für uns Proletarier eintreten, auf denen alle Ungerechtigkeiten lasten. Nach meiner Meinung bedeutet alles, was gerecht ist, einen Schritt zum Sozialismus. Ich glaube, … daß, wer sich den Verfechtern von Lüge und Gewalttätigkeit anschließt, der sozialen Revolution den Rücken wendet. Ich kenne keinen Unterschied zwischen Juden und Christen. Ich kenne nur Menschen und unterscheide sie nur danach, ob sie gerecht oder ungerecht denken. Ob sie Juden oder Christen sind, es fällt den Reichen schwer, gerecht zu sein. Aber sobald die Gesetze gerecht sein werden, dann werden auch die Menschen gerecht sein. Die Anarchisten und die Kollektivisten bereiten jetzt schon die Zukunft vor, indem sie jede Tyrannei bekämpfen und den Völkern Haß und Abscheu gegen den Krieg und Liebe zur Menschheit einflößen. Wir können also schon jetzt für das Gute wirken und brauchen nicht mehr mit Zorn und Verzweiflung im Herzen zu sterben. Wir selbst werden es sicherlich nicht erleben, daß unsere Ideen siegen."[1]
>
> *Anatol France*

1 Anatol France: Professor Bergeret in Paris. München: Musarion-Verlag 1921, 60 f.

Die Rassenlehren des 19. Jahrhunderts müssen (ebenso wie der Deutsch-Nationalismus) verstanden werden als ungeheure Reaktion auf die Französische Revolution mit ihren Losungen „Freiheit, Gleichheit, Brüderlichkeit", auf die Aufklärung, die Säkularisierungsprozesse, die Klassenkämpfe und Revolutionsversuche im 19. Jahrhundert und die – trotz aller vorangegangenen Niederlagen – gegen Ende des 19. Jahrhunderts wieder erstarkenden Organisationen der arbeitenden Klassen in Europa. Auf dem europäischen Kontinent (mit Ausnahme der Niederlande und – vielleicht – Teilen Italiens) hatte die Französische Revolution überhaupt erst die endgültige Überwindung der vorkapitalistischen (oft noch feudalen) Verhältnisse mit sich gebracht. Während des ganzen 19. Jahrhunderts war Frankreich gleichsam ein Experimentierfeld der Weltrevolution: die Massaker an den Arbeitern sowohl im Juni 1848 als auch nach der Niederwerfung der Pariser Commune 1871 sollten der beispielhaften Abschreckung der arbeitenden Klassen dienen.

In Frankreich waren nach der Restauration von 1815 katholische und aristokratische Gruppierungen zutiefst enttäuscht über die Entwicklungen gewesen; ebenso gab es von Deklassierung bedrohte Teile des Bürgertums, und solche, die gerne adelig gewesen wären, Ererbtes abgesichert haben wollten. Sie alle verabscheuten die moderne Lebensweise, den Kapitalismus mit seinen ständigen Umwälzungen (die für so manche mindestens so arg, wenn nicht ärger, als die politischen Revolutionen waren), und sie sehnten eine Gesellschaftsordnung herbei, in der auf Herkunft, auf Adel, auf Stammbäume, auf Blut (und Rasse) geachtet würde; in der ererbtes Gut sicherer sein sollte als erworbenes; in der jeder auf seinem angestammten Platz in der sozialen Hierarchie zu bleiben hatte; und daher niemand auf einen sozialen Aufstieg hoffen durfte, aber auch niemand einen sozialen Abstieg befürchten musste. Ein christlich-aristokratisch orientierter Ständestaat, wie er angeblich einst im Mittelalter existiert hatte, schwebte ihnen vor.

Die bestehenden – für diese frustrierten Aristokraten und Bürgerlichen schlechten – sozialen Verhältnisse wurden in Form von Bildern und Erzählungen beschrieben; Bildern und Erzählungen des Verfalls und Niedergangs, der Verunreinigung des Blutes, der Vermischung „edler" mit „minderen" Rassen, der Einflüsse von Geheimbünden und Verschwörungen. Dabei war die vorherrschende Tradition neuzeitlicher Wissenschaft mit ihrer Orientierung an Beobachtung und Experiment, Erfahrung und Rationalität nicht unbedingt brauchbar; es bedurfte der Schaffung einer neuen Wissenschaft, die sich zwar des Ansehens der modernen Wissenschaft bediente, sich auch den Anschein der gleichen wissenschaftlichen Methodik gab, die jedoch vor allem der Schöpfung eines umfassenden neuen Weltbildes diente.

12.2 Arthur Comte de Gobineau über die Ungleichheit der Menschenrassen

In seinem 1853 bis 1855 in Paris erschienenen vierbändigen Werk „Essai sur l'inégalité des races humaines“ hatte *Arthur de Gobineau* (1816–1882) es unternommen, die Welt und die Ereignisse in ihr zu erklären. Die „Unruhe der neueren Zeiten“[2] hatte ihn dazu getrieben.

Bemerkenswert ist dabei die ernsthafte, vornehme, gelehrte Attitüde; die erste Ausgabe ist mit einer Widmung versehen: Seiner Majestät Georg V., König von Hannover. Im Widmungstext heißt es:

> „Die bedeutenden Ereignisse, Revolutionen, blutige Kriege, Umsturz der Gesetze, welche seit nur zu langen Jahren auf die europäischen Staaten eingewirkt haben, lenken die Einbildungskraft leicht auf eine Prüfung der politischen Tatsachen hin. Während die Menge nur deren unmittelbare Ergebnisse in Anschlag bringt und nur den elektrischen Funken bewundert oder verwünscht, mit dem sie die Interessen treffen, trachten die ernsteren Denker die verborgenen Ursachen so furchtbarer Erschütterungen zu entdecken“.[3]

Es geht Gobineau dabei um Geschichte als exakte, objektive Wissenschaft, um die „Methode einer Art von historischer Chemie“[4]:

> „Es gilt der Geschichte den Eintritt in die Familie der Naturwissenschaften zu erwirken, … endlich sie der interessierten Gerichtsbarkeit, deren Willkür ihr die politischen Parteien bis auf den heutigen Tag auferlegen, zu entziehen.“[5]

Allerdings solle die Geschichte sehr wohl zu einer erbarmungslosen Richtinstanz werden:

> „Die Geschichte wird alle Masken herabreißen, die die sophistischen Theorien geliefert haben. Sie wird sich zur Brandmarkung der Schuldigen mit den Bannflüchen der Religion waffnen. Der Rebell ist dann vor ihrem Richterstuhle nur ein unruhiger, gefährlicher Ehrgeiziger, … Robespierre ein schmutziger Verbrecher.“[6]

2 Arthur Graf Gobineau: Versuch über die Ungleichheit der Menschenrassen. Deutsche Ausgabe von Ludwig Schemann, 5 Bände. Stuttgart: Frommann 1939–1940, Bd. I, XIV.

3 Ebenda, XIII.

4 Ebenda, XIV.

5 Arthur Graf Gobineau (1939–1940), Bd. IV, 303.

6 Ebenda, 304.

Damit ist die Zielrichtung der Gerechtigkeit eindeutig bestimmt – jenseits allen überparteilichen Anscheins. Schon in seiner Widmung an den König macht Gobineau deutlich,

> „daß die Rassenfrage alle anderen Probleme der Geschichte beherrscht, den Schlüssel dazu birgt, und daß die Ungleichheit der Rassen, deren Zusammentreffen eine Nation bildet, die ganze Kette der Völkergeschicke genügend erklären kann“.[7]

Und er erklärt auch, welche politische Verfassung seinen Auffassungen am nächsten kommt:

> „Ein Volk bedarf immer eines Mannes, der seinen Willen begreift, zusammenfaßt, erklärt und dahin lenkt, wo seine Bestimmung liegt. Wenn dieser Mann sich irrt, leistet das Volk Widerstand und erhebt sich alsdann, um dem zu folgen, der nicht irrt. Dies ist der augenscheinliche Beweis für die Notwendigkeit eines beständigen Austausches zwischen dem Kollektivwillen und dem Individualwillen. Soll ein positives Ergebnis zutage kommen, so müssen diese beiden Willensäußerungen sich vereinigen; getrennt sind sie unfruchtbar. Daher kommt es, daß die Monarchie die einzige vernünftige Regierungsform ist.“[8]

Das Volk bedarf also stets eines Führers, es ist zu keiner eigenständigen Aktion fähig und es gibt daher keine Verbindung zwischen den Rassenlehren von Gobineau mit der modernen Massendemokratie. Über weit mehr als tausend Seiten breitet Gobineau seine Beschreibungen, Einsichten und Erkenntnisse aus. Den beträchtlichen Umfang des Werkes teilt er mit anderen Autoren, die vom Kampf der Rassen und Geschlechter künden: *Houston Stewart Chamberlain*, *Otto Weininger*; die enorme Textmenge soll die profunde Gelehrsamkeit der Verfasser, sowie die epochale Bedeutung der Werke signalisieren. Es wird in Form von behauptenden (und durch nichts bewiesenen) Feststellungen argumentiert:

> „Das eben lehrt uns die Geschichte. Sie zeigt uns, daß jede Zivilisation von der weißen Rasse herstammt, daß keine ohne die Beihilfe dieser Rasse bestehen kann und daß eine Gesellschaft nur in dem Verhältnis groß und glänzend ist, als sie die edle Gruppe, der sie ihr Dasein verdankt, sich länger

7 Arthur Graf Gobineau (1939–1940), Bd. I, XVIII.
8 Arthur Graf Gobineau (1939–1940), Bd. IV, 297.

> erhält und als diese Gruppe selbst zum erlauchtesten Zweige der Gattung gehört."[9]

Es werden unversöhnliche Fremdheiten und Gegensätze zwischen den Rassen konstatiert (es geht ja hier und in der Folge auch bei anderen Autoren – wie wir weiter unten sehen werden – immer wieder darum, Klassen-Gegensätze durch Rassen-Gegensätze im Bewusstsein abzulösen und zu überlagern):

> „Wenn die Geschichte diesen unversöhnlichen Widerstreit zwischen den Rassen und ihren Kulturweisen so deutlich feststellt, so ist es wohl offenbar, daß den letzten Grund dieser tiefwurzelnden Abneigungen die Unähnlichkeit und die Ungleichheit bilden müssen".[10]

Gobineau führt wesentliche und entscheidende Grundsätze rassistischer Denkweisen ein: „Ich diskutiere nicht … über den sittlichen und geistigen Wert der Individuen, einzeln genommen."[11] Und: „vergleichen wir nicht die Menschen, sondern die Menschengruppen".[12] Derartige Denkweisen der Rassisten gestatten durchaus auch ein – zeitweiliges – Wohlverhalten gegenüber individuellen Mitgliedern diverser als minderwertig oder schädlich eingestuften Rassen: es ist dann eben möglich, zugleich Antisemit zu sein und Juden als „Freunde" zu haben. Bemerkenswert ist bei Gobineau auch schon seine düstere Weltschau. Er beschließt sein Werk mit den folgenden Worten:

> „Die betrübende Voraussicht ist nicht der Tod, es ist die Gewißheit, daß wir ihn nur entwürdigt erreichen werden. Und vielleicht könnte selbst diese unseren Nachfahren vorbehaltene Schmach uns gleichgültig lassen, wenn wir nicht mit einem geheimen Schauder empfänden, daß die räuberische Hand des Geschickes schon auf uns gelegt ist."[13]

Es ist auffällig, wie übermächtig die – imaginierten – feindlichen Kräfte immer wieder eingeschätzt werden, wie bei den Rassisten resignative Züge hervortreten. Ihre Sicht auf die Welt ist eigentümlich trist: Sie mögen den ungeheuren Wert diverser Herrenrassen anpreisen, Ehrfurcht vor Genies und Persönlichkeiten hegen; sie mögen die ewige Natur, den Tod, Tiere und Wälder und Blumen lieben; sie lieben niemals die Menschen (nicht einmal so richtig die Angehöri-

9 Arthur Graf Gobineau (1939–1940), Bd. I, 285.
10 Ebenda, 239.
11 Ebenda, 240.
12 Ebenda, 241.
13 Arthur Graf Gobineau (1939–1940), Bd. IV, 323.

gen der Herrenrassen); die Aggressivität, der Hass, die Vernichtungsbereitschaft gegenüber allem von der eigenen Norm Abweichenden wurzeln *auch* in einer Selbstgeringschätzung, und einer darin begründeten Todessehnsucht.

Rassisten und Vertreter verwandter Ideologien sind absolute Naturalisten: der Mensch ist ihnen in keiner Weise das Maß aller Dinge, er mag ein „Irrläufer der Evolution" sein; es geht um Rassenkampf und Daseinskampf, und wer in diesem Kampf nicht besteht, verdient es nicht besser (selbst wenn es sich hierbei um die Angehörigen der „germanischen Rasse" handeln sollte). Es wird gleichsam ein Beobachtungs-Standpunkt außerhalb der Menschheit, im Bereich der Natur eingenommen. Zugleich werden stets Bilder von ungeheuren Gefahren, von den Untergängen der Kultur, der Nation, des Volkstums oder der Rasse, der Welt ausgemalt – und angesichts derartiger ungeheurer Bedrohungen sind „natürlich" auch ungeheure Maßnahmen zur Abwehr dieser Bedrohungen sowohl nötig wie möglich: die Vernichtung alles Bedrohlichen ist angesagt. Es werden Denkmuster nach dem Schema „entweder – oder" forciert: es geht immer wieder um großartige Entscheidungen, die eben großartige Maßnahmen erfordern.

Es ist wichtig, zu sehen, dass die rassistischen Ideologien des 19. und 20. Jahrhunderts nicht als Arten von volkstümlichem Aberglauben entstanden sind, als bodenständige Weltanschauungen der Massen (die dann von Gelehrten, die „dem Volk auf's Maul schauten", aufgenommen, gesammelt, zusammengefasst und theoretisch überhöht wurden); diese rassistischen (und nationalistischen) Ideologien wurden bewusst und planvoll erzeugt und verbreitet von Angehörigen der schreibenden Intelligenz, von Wissenschaftlern innerhalb und außerhalb der Universität, von Journalisten.

12.3 Houston Stewart Chamberlain und seine Grundlagen des 19. Jahrhunderts

Ein Autor, der viele Vorstellungen von Rassen, Kultur und Rassenkampf wirkungsvoll zusammengefasst hat, in Form von gelehrten und zugleich um Verständlichkeit bemühten Schriften, war Houston Stewart Chamberlain (ein Schwiegersohn *Richard Wagners*, der lange Zeit in Wien lebte und schrieb). In seinem 1899 erstmals erschienenen Buch „Die Grundlagen des neunzehnten Jahrhunderts" heißt es:

> „Sobald nicht mehr die bloß beobachtende, vergleichende, berechnende, oder die bloß erfindende, industrielle, den Kampf ums Leben führende Geistestätigkeit, sondern die rein schöpferische in Betracht kommt, da gilt die Persönlichkeit allein. Die Geschichte der Kunst und der Philosophie ist die

> Geschichte einzelner Männer, nämlich der wirklich schöpferischen *Genies.* Alles übrige zählt hier nicht. Was innerhalb des Rahmens der Philosophie sonst geleistet wird, und es wird da Vieles und Bedeutendes geleistet, gehört zur ‚Wissenschaft'; in der Kunst gehört es zum Kunstgewerbe, also zur Industrie."[14]

Die Aufspaltung in Wissenschaft und industrielle Arbeit, sowie den Bereich des wahrhaft Schöpferischen dient nicht zuletzt dazu, den Blick auf das Wesentliche zu lenken, auf den Kampf der Rassen, der eben auch einer der Ideen und Kulturen ist; und dabei stehen einander Juden und Germanen „stets fremd gegenüber"; mehr noch: „edle Menschenrassen wurden durch das semitische Dogma des Materialismus … für immer entseelt".[15] Doch noch gilt, allen Anfechtungen zum Trotz:

> „Der Germane ist die Seele unserer Kultur. Das heutige Europa, weithin über den Erdball verzweigt, stellt das bunte Ergebnis einer unendlich mannigfaltigen Vermischung dar: was uns alle aneinander bindet und zu einer organischen Einheit verknüpft, das ist germanisches Blut. Blicken wir heute umher, wir sehen, dass die Bedeutung einer jeden Nation als lebendige Kraft von dem Verhältnis des echt germanischen Blutes in ihrer Bevölkerung abhängt. Nur Germanen sitzen auf den Thronen Europas. – Was in der Weltgeschichte voranging, sind für uns Prolegomena; wahre Geschichte, die Geschichte, welche heute noch den Rhythmus unseres Herzens beherrscht und in unseren eigenen Adern zu fernerem Hoffen und Schaffen kreist, beginnt in dem Augenblick, wo der Germane das Erbe des Altertums mit kraftstrotzender Hand ergreift."[16]

Schon in der Einleitung zu den „Grundlagen des neunzehnten Jahrhunderts" hatte Houston Stewart Chamberlain geschrieben:

> „Dass die nördlichen Europäer die Träger der Weltgeschichte geworden sind, wird wohl kaum jemand zu leugnen sich vermessen. Zwar standen sie zu keiner Zeit allein, weder früher noch heute; im Gegenteil, von Anfang an entwickelte sich ihre Eigenart im Kampfe gegen fremde Art, zunächst gegen das Völkerchaos des verfallenen römischen Imperiums, nach und nach gegen alle Rassen der Welt; es haben also auch Andere Einfluss – sogar grossen

14 Houston Stewart Chamberlain: Die Grundlagen des neunzehnten Jahrhunderts [1899]. München: F. Bruckmann 1940, 26.

15 Ebenda, 259.

16 Ebenda, 260.

> Einfluss – auf die Geschicke der Menschheit gewonnen, doch dann immer nur als Widersacher der Männer aus dem Norden. Was mit dem Schwert in der Hand ausgefochten wurde, war das Wenigste; der wahre Kampf war der Kampf um die Ideen …; dieser Kampf dauert noch heute fort. Waren aber die Germanen bei der Gestaltung der Geschichte nicht die Einzigen, so waren sie doch die Unvergleichlichen: alle Männer, die vom 6. Jahrhundert ab als wahre *Gestalter* der Geschicke der Menschheit auftreten, sei es als Staatenbildner, sei es als Erfinder neuer Gedanken und origineller Kunst, gehören ihnen an."[17]

Der Kampf um die Ideen ist nicht leicht, hingegen wird man leicht von fremdvölkischem Gedankengut infiziert – da mag schon Lesen schädlich sein:

> „Man braucht nicht die authentische Hethiternase zu besitzen, um Jude zu sein, vielmehr bezeichnet dieses Wort vor allem eine besondere Art zu fühlen und zu denken; ein Mensch kann sehr schnell, ohne Israelit zu sein, Jude werden; mancher braucht nur fleißig bei Juden zu verkehren, jüdische Zeitungen zu lesen und sich an jüdische Lebensauffassung, Literatur und Kunst zu gewöhnen."[18]

Es ist daher – meint Chamberlain – „verhältnismäßig leicht, ‚Jude zu werden', dagegen fast bis zur Unmöglichkeit schwer, ‚Germane zu werden'."[19] Im Übrigen gilt: „Germane ist in der Regel nur, wer von Germanen abstammt."[20]

Dies macht deutlich, wie jede Bestimmung des „typisch Jüdischen" von der Willkür der Antisemiten abhängt und in keiner Weise von Erfahrung oder vom Verhalten leibhaftiger Menschen abhängig ist: jede Person kann von den Antisemiten als „jüdisch" charakterisiert werden. (Das ist eine wesentliche Besonderheit des Antisemitismus, die ihn von anderen Rassismen unterscheidet.) Darüber hinaus wird aber auch klar, dass die Opfer des Antisemitismus sich nicht ohne Weiteres durch kulturelle oder politische Anpassung einen neuen sozialen Status beschaffen können: bei Bedarf mag Ahnenkunde betrieben werden. Und es wurde nicht erst mit Beginn der Massenmorde an den Juden unter dem nationalsozialistischen Regime deutlich gemacht, dass der Rassenkampf als ein Überlebens- und Vernichtungskampf gemeint war:

17 Ebenda, 8.
18 Ebenda, 457 f.
19 Ebenda, 484.
20 Ebenda, 485.

> „Wo der Kampf nicht mit Kanonenkugeln geführt wird, findet er geräuschlos im Herzen der Gesellschaft statt, durch Ehen, durch die Verringerung der Entfernungen, welche Vermischungen fördert, durch die verschiedene Resistenzkraft und Beharrlichkeit der verschiedenen Menschentypen, durch die Verschiebung der Vermögensverhältnisse, durch das Auftauchen neuer Einflüsse und das Verschwinden alter, u.s.w., u.s.w. Mehr als andere ist gerade dieser stumme Kampf ein Kampf auf Leben und Tod."[21]

In den Schriften Houston Stewart Chamberlains wird auch immer wieder deutlich, dass der Glaube an die Sendung der deutschen Nation und der germanischen Rasse, die Angst vor Rassenmischungen, vor „Überfremdung" und der Hass, die Vernichtungs- und/oder Unterwerfungs- und Versklavungs-Absicht gegen Juden, Slawen, Italiener, eng verbunden war mit der Angst des schwächlichen deutschen Bürgertums vor der erstarkenden Arbeiterbewegung; aber auch mit der Abwehr der westlichen Traditionen der Aufklärung, der bürgerlichen Demokratie, sowie mit der Abwehr der empirischen, rationalen, materialistischen Wissenschaft. Der strategisch angelegte Versuch, den Klassenkampf durch den Rassenkampf zu ersetzen, war ein vehementer ideologischer Klassenkampf von oben, wobei allerdings von der Textgestaltung her immer wieder klar ist, dass nicht Arbeiter die Adressaten sind, sondern es vor allem um die moralische Aufrüstung des ökonomisch relativ schwachen und politisch ohnmächtigen Bürgertums geht. In seinem 1905 erschienen Buch „Immanuel Kant. Die Persönlichkeit als Einführung in das Werk" schrieb Houston Stewart Chamberlain:

> „Was die Zwingherrschaft der dogmatischen Empirie anbetrifft, so wissen wir Heutigen, was diese Geist, Herz und Kultur tötende Barbarei zu bedeuten hat; ihr erster Schritt besteht in dem Leugnen des einzigen, was dem Leben Wert gibt, nämlich der Persönlichkeit; darin bilden sie die rechte Ergänzung des Sozialismus, dessen rohe, gedankenleere Tyrannei jede Regung der Person in ihrer brutalen, dummen Faust erstickt."[22]

Es mag daran erinnert werden, dass sowohl in der Habsburgermonarchie als auch im Deutschen Reich demokratisches Denken und Verhalten kaum in den politisch ohnmächtigen Parlamenten, sondern vor allem in den Organisationen der Arbeiterbewegung erlebt und eingeübt werden konnte: in den Versamm-

21 Ebenda, 531.

22 Houston Stewart Chamberlain: Immanuel Kant. Die Persönlichkeit als Einführung in das Werk. 3. Auflage 1916. München: F. Bruckmann 1916, 693 f.

lungen, Diskussionen und Beschlussfassungen mit Mehrheit. Aber genau das war ja die drohende Tyrannei der großen Zahl, wenn es doch um die Führung durch die wahrhaft Edlen ging. (Übrigens war die an Empirie, Rationalität und Diesseitigkeit – das wird dann oft als Materialismus bezeichnet – orientierte wissenschaftliche Weltauffassung bei lesenden Arbeitern sehr beliebt.) Auch zu den Arbeitern gibt es eine klare Aussage bei Chamberlain:

> „Der Fabrikarbeiter ist – allem täuschenden Anschein zum Trotz – ein armseliges Wesen im Vergleich zum Bauern; denn während dieser mit der lebendigen Natur verwachsen ist, von der er täglich Wahres lernt, so dass er zwar langsam, aber nichtsdestoweniger scharf und klug und angemessen und unbeirrt urteilt – über diejenigen Dinge nämlich urteilt, die sein Interesse berühren – ist der Fabrikarbeiter aus allem Zusammenhang mit der unbewusst belehrenden Natur herausgerissen und hat nicht die Zeit, das hierdurch Versäumte auf dem Wege der künstlichen Bildung nachzuholen; dazu kommt die geisttötende Monotonie seiner Arbeit und ihre absolute Zwecklosigkeit; darum ist – auch abgesehen von allen den bekannten physischen Übelständen, die natürlich auf den Geist wirken, allenfalls aber gehoben werden könnten – darum ist dieser Arbeiter völlig urteilslos; jeder, der nach Macht strebt, wird mit ihm machen, was er will. Heute gehorchen in Deutschland Millionen solcher Arbeiter einer Handvoll zugewanderter Juden".[23]

Houston Stewart Chamberlains Werke waren Bestseller und unter den sich für gebildet haltenden Angehörigen des Bürgertums weit verbreitet; das von ihm propagierte Gedankengut galt bei diesen Gebildeten als wahres und eigentliches wissenschaftliches Denken (im Gegensatz zu den geistlosen Naturwissenschaften und dem platten Materialismus).[24]

12.4 Anton Orel – eine österreichisch-katholische Variante des Rassismus

Der österreichische Soziologe und Publizist *Anton Orel* (1881–1959) bietet charakteristische Denkmuster zum „Niedergang" in der neuzeitlichen Geschichte

23 Houston Stewart Chamberlain (1916), 697.

24 Zur zeitgenössischen Kritik am Kult von Genie und Persönlichkeit siehe: Edgar Zilsel: Die Geniereligion. Ein kritischer Versuch über das moderne Persönlichkeitsideal, mit einer historischen Begründung [1918]. Hrsg. und eingeleitet von Johann Dvořák. Frankfurt/M.: Suhrkamp 1990; zur Kritik an H.St. Chamberlain: Edgar Zilsel: Über ein Spinoza-Zitat in H.St. Chamberlains Kantbuch. In: Die Geniereligion. Frankfurt/M.: Suhrkamp 1990, 230–34.

(von der Renaissance über die Reformation bis zur Englischen Revolution im 17. und zur Französischen Revolution im 18. Jahrhundert); Denkmuster, die bei allen rassistischen Ideologen auftreten – mit Varianten: so pflegen nicht-katholische Deutsch-Nationale die lutherische Reformation als bedeutenden Fortschritt anzusehen, während ihre katholischen Gesinnungsfreunde dazu eine andere Meinung haben.

> „Schon im 14. Jahrhundert bereitete sich die Auflösung der christlich-mittelalterlichen Gesellschaft vor, indem deren Christentum zu erkalten begann. Im 15. Jahrhundert war die Abwärtsentwicklung schon so weit fortgeschritten, dass der Geist des Heidentums im jüngeren Humanismus ein Wiederauferstehen feiern konnte. … Die aus dem mittelalterlichen Verfall herausgewachsene große kirchliche Revolution des 16. Jahrhunderts mit den sie begleitenden Revolutionskriegen, Pöbelaufständen und Bauernkriegen beschleunigte die Auflösung und Verwilderung der Gesellschaft.
> Vorübergehend versuchte der heidnisch-cäsaristische Fürstenabsolutismus eine unnatürliche Ordnung in das soziale Chaos zu bringen; allein nachdem die sogenannte Reformation die Selbstherrlichkeit auf dem Gebiet des Glaubens proklamiert und mit der geistlichen Autorität aufgeräumt hatte, schaffte die folgerichtig aus ihr hervorgewachsene rationalistische ‚Aufklärung' auch die auf diese Weise haltlos gewordene weltliche Autorität ab. Mit dem Vorspiel in England, wo im Jahr 1649 König Karl I. aufs Schafott geschickt wurde, begann das Zeitalter der bürgerlichen Selbstherrlichkeit, das am Ausgang des 18. Jahrhundertes in den blutigen Schrecknissen der großen französischen Revolution seinen Höhepunkt und im Sturmjahr 1848 seinen siegreichen Abschluß erreichte. In dieses Zeitalter fällt der Beginn der durch die Erfindung und Entwicklung des modernen Maschinenwesens bedingten wirtschaftlichen Umwälzungen, die in der völligen Auflösung aller sozialen Bande, selbst der Familienzugehörigkeit, im Industriekapitalismus und in weiterer Folge im reinen Geldkapitalismus zum Ausdruck gelangen, Umwälzungen von solcher Bedeutung, daß mit ihnen ein neues Zeitalter begann: das Zeitalter des Kapitalismus, in welchem wir heute leben."[25]

Nachdem in dieser Weise die Schrecknisse des Niedergangs der „natürlichen", „göttlichen" Weltordnung geschildert worden sind, wird an die möglichen Verbündeten im Kampf um die Wiederherstellung der alten Ordnung appelliert:

25 Anton Orel: Kapitalismus, Bodenreform und christlicher Sozialismus. Zweite, unveränderte Auflage. Wien: Verlagsbuchhandlung Ambros Opitz' Nachfolger 1909, 205 f.

> „Nachdem die Menschen Religion, Staatsautorität und Familie zugunsten eines schrankenlosen Individualismus zerstört haben, werden sie aber auch vor dem Eigentum, das allein den Ruin noch überdauert hat, nicht halt machen, umso weniger als dieses Eigentum seit der Zerstörung der weise fürsorgenden christlichen Gesellschaftsordnung nicht mehr auf Recht, sondern auf Gewalt beruht und sich zum unersättlichen Mammon ausgewachsen hat, der gierig alles verschlingt was lebt und schafft. Oder glaubt man etwa, daß die Menschen nun, nachdem Kreuz und Altar zertrümmert, Throne umgestürzt und selbst das Heiligtum der Familie verwüstet ist, vor den Kassen der Großkapitalisten auf die Knie sinken werden?
> Die soziale Revolution als letzte notwendige Entwicklungsphase des Abfalles der Gesellschaft von Natur und Christentum ist unvermeidlich geworden, wenn wir nicht noch rechtzeitig den Weg finden, der uns wieder aufwärts führt.“[26]

Die „soziale Revolution“ gefährdet das Eigentum, die „Kassen der Großkapitalisten“; Abhilfe vermag da nur die Wiederherstellung jener einstigen „weise fürsorgenden christlichen Gesellschaftsordnung“ zu schaffen, mit ihren autoritären Herrschaftsformen (vom gottgewollten Monarchen bis hinunter zum Familienvater, der – wenn über sonst nichts, so wenigstens – über Frau und Kinder herrscht) und den dazugehörigen Gewaltmitteln.

Orel zitiert *Karl Freiherr von Vogelsang* (1818–1890), einen der geistigen Väter der christlichsozialen Bewegung:

> „Es ist vergebens, in einer Welt, deren soziale Grundlagen durch und durch verfault sind, Autorität, Sitte, Zucht, Religion zu predigen; man prostituiert damit das Christentum, wenn man nicht gleichzeitig den Wiederaufbau der natürlichen Grundlagen der Autorität fordert und fördert. Es gibt keine väterliche Autorität ohne die Möglichkeit und die Übung väterlicher Erhaltungspflicht; es gibt keine eheliche Autorität, wenn das Weib in der Fabrik den Mann ernähren muß ... Mit einem Worte: keine Autorität läßt sich mit dauerndem Erfolge befehlen, wenn die natürlichen Grundlagen zu derselben nicht vorhanden sind.“[27]

(So wird deutlich gemacht, dass derartige Autorität wesentlich auf ökonomischer Abhängigkeit, auf Ausgeliefertsein, beruht und auf nichts anderem. – Wird argumentiert, für die „gesunde“ Familie müsse die Frau als Hausfrau und

26 Ebenda, 206.
27 Zitiert nach: Anton Orel (1909), 248.

Mutter bei den Kindern bleiben, so dient dies dem Erhalt solcher Abhängigkeiten. Die christlichsoziale Bewegung vermochte aber derartige Ziele keineswegs auf der Basis massenhafter Anhängerschaft unter den Arbeitern oder unter der Mehrheit der Bevölkerung zu realisieren, also keineswegs auf demokratischer Grundlage. Es blieb nur die Hoffnung auf höhere Mächte, auf die Kirche und den obrigkeitlichen Staat. Allerdings wurde ein wichtiger politischer Beitrag durch die Propagierung von Vorstellungen bezüglich der Gestaltung der Gesellschaft geleistet: durch die Formulierung und Verbreitung rassistischer Ideen und durch die wiederholte Forderung nach der allgemeinen Umsetzung des Kampfes gegen „schädliche" Rassen und Völker in die politische Praxis.

> „Gleichen Schritts mit der Entwicklung des Kapitalismus ist die Macht jenes unsteten Volkes emporgewachsen, das als lebendiges Denkmal des Messiasmordes durch die Jahrhunderte seiner Verbannung heimatlos in der Welt umherirrt. Damit, daß das Kapital die Weltherrschaft erobert hat, haben auch die Juden die Weltherrschaft an sich gerissen und den christlichen Völkern das furchtbare Joch der Judenknechtschaft auferlegt, unter dem sie zu verschmachten drohen."[28]

Der „große Kampf zwischen Arbeit und Kapital" wird, „je näher der Kapitalismus seiner Vollendung kommt, umsomehr *ein Kampf zwischen Christentum und Judentum*".[29]

Da, bei aller antikapitalistischen Attitüde, die wahre Gefahr von weiterer Entchristlichung und vor allem von der sozialen Revolution ausgeht, muss dagegen etwas getan werden. Auf der konzeptiven Ebene bedeutet das, die Überwindung des Klassenkampf-Denkens, überhaupt des Denkens in sozialen Gegensätzen, anzustreben: der Klassenkampf soll durch den Rassenkampf ersetzt werden. Nicht zuletzt sollte den christlich-arischen Arbeitern beigebracht werden:

> „Die österreichische Sozialdemokratie ist heute ein jüdisches Geschäftsunternehmen, nichts mehr."[30]

Diese Agitation blieb unter den Arbeitern erfolglos.

28 Anton Orel (1909), 179.
29 Ebenda, 183.
30 Ebenda, 196.

12.5 Wien um 1900 – eine Metropole des Deutsch-Nationalismus und Rassismus

> „Widerwärtig war mir das Rassenkonglomerat, das die Reichshauptstadt zeigte, widerwärtig dieses ganze Völkergemisch von Tschechen, Polen, Ungarn, Ruthenen, Serben, Kroaten usw., zwischen allen aber als ewiger Spaltpilz der Menschheit – Juden und wieder Juden.
> Mir erschien die Riesenstadt als die Verkörperung der Blutschande. Mein Deutsch der Jugendzeit war der Dialekt, den auch Niederbayern spricht; ich vermochte ihn weder zu vergessen, noch den Wiener Jargon zu lernen."[31]
>
> „Am Bau fand mein erstes Zusammentreffen mit Sozialdemokraten statt. ... Man lehnte da alles ab: die Nation, als eine Erfindung der ‚kapitalistischen' – wie oft mußte ich nur allein dieses Wort hören – Klassen; das Vaterland, als Instrument der Bourgeoisie zur Ausbeutung der Arbeiterschaft; die Autorität des Gesetzes, als Mittel zur Unterdrückung des Proletariats; die Schule, als Institut zur Züchtung des Sklavenmaterials, aber auch der Sklavenhalter; die Religion, als Mittel der Verblödung des zur Ausbeutung bestimmten Volkes; die Moral, als Zeichen dummer Schafsgeduld usw. Es gab da aber rein gar nichts, was so nicht in den Kot einer entsetzlichen Tiefe gezogen wurde."[32]
>
> „Die Revolution des Jahres 1848 konnte überall Klassenkampf sein, in Österreich jedoch war sie schon der Beginn eines neuen Rassenstreites. Indem damals der Deutsche, diesen Ursprung vergessend oder nicht erkennend, sich in den Dienst der revolutionären Erhebung stellte, besiegelte er damit sein eigenes Los. Er half mit, den Geist der westlichen Demokratie zu erwecken, der in kurzer Zeit ihm die Grundlagen der eigenen Existenz entzog."[33]
> *Adolf Hitler*

Wir sind gewohnt, die Spätzeit der Habsburgermonarchie, die vorletzte Jahrhundertwende, insgesamt als eine Periode der geistigen Blüte, als einen einzigen kulturellen Höhepunkt anzusehen; und als Zentrum dieser imposanten Kulturentfaltung gilt die Haupt- und Residenzstadt Wien. Die überlieferten Zeugnisse der kritischen zeitgenössischen Künstler und Intellektuellen, sowie jede – nicht schönfärberische – historische Darstellung, bieten ein wesentlich düstereres Bild: kein Bild des Glanzes und der Blüte, der Aufgeschlossenheit gegenüber Neuerungen in Kunst und Wissenschaft, sondern eher eines der

31 Adolf Hitler: Mein Kampf. München: Verlag Franz Eher Nachfolger 1933, 135.
32 Ebenda, 40 f.
33 Ebenda, 80.

Barbarei, mit Einsprengseln von zivilisatorischen Ansätzen.[34] Die Stadt Wien war gegen Ende des 19. Jahrhunderts ein geistiges und politisches Zentrum des Antisemitismus, des Deutsch-Nationalismus und eines gegen Juden, Slawen, Italiener gerichteten christlich-deutschen Rassenwahns. Zwar war Wien gegen Ende des 19. Jahrhunderts eine Stadt der Fremden; die überwiegende Mehrheit der Einwohner waren Zuwanderer; aber umso heftiger wurde die rein deutsche Wesensart der Stadt betont: in der Gemeindeverfassung wurde 1899 die Wahrung des deutschen Charakters der Stadt ausdrücklich verankert. Es wird immer versucht, den rabiaten Deutsch-Nationalismus und Antisemitismus im Wien der Jahrhundertwende vor allem *Georg Ritter von Schönerer* zuzuordnen, dem gegenüber dann *Karl Lueger* und seine Christlichsoziale Partei als Vertreter einer maßvollen, realistischen Politik erscheinen sollen. Anlässlich der Wiener Gemeinderatswahlen von 1895 hatte Georg Ritter von Schönerer seine Anhänger (die zum Teil zu Lueger überzulaufen drohten) an den Wahlspruch „Durch Reinheit zur Einheit" erinnert und betont:

> „In deiner eigenen Hand, deutsches Volk der Ostmark, liegt deine Rettung. Wenn du dich aufraffst in letzter Stunde, die Schlafhaube vom Haupt schleuderst und mit den Feinden dieses Stammes zugleich die Gefahr erkennst, in der du schwebst, den falschen Führern Amt und Würde nimmst und wirklich national gesinnte Männer mit der Vertretung deiner Rechte betraust, Männer, die nicht bloß mit halbem, sondern mit ganzem Herzen mit dir fühlen, die alle politischen und wirtschaftlichen Fragen lediglich vom Standpunkt eines gesunden nationalen Egoismus beurteilen und gegen Slawen und Juden, die beiden gefährlichen Gegner unseres Volkes, auch mit gleicher Entschiedenheit Stellung nehmen – deutschnationale Männer von echtem Schrot und Korn."[35]

Karl Lueger agitierte erfolgreich mit dem Wahlspruch „Antisemiten vereinigt euch!" und erklärte ebenfalls 1895:

> „Die Christlichsozialen trennt eigentlich nichts von den Deutschnationalen, denn erstere sind auch national gesinnt. Die Christlichsozialen werden nationales Wasser in ihren Wein gießen und die Deutschnationalen werden christliches Wasser in ihren Wein gießen und beides wird sich ausgleichen."[36]

34 Siehe etwa: Paul Stefan: Das Grab in Wien. Berlin: Erich Reiß 1913.

35 Zitiert nach: Andrew G. Whiteside: Georg Ritter von Schönerer. Alldeutschland und sein Prophet. Graz: Styria 1981, 136.

36 Zitiert nach: Andrew G. Whiteside (1981), 133.

In der Tat verfochten die Christlichsozialen ohnehin eine vehemente antisemitische und deutschnationale Politik; sie verlangten unter anderem: „die Ausschließung der Juden vom Grundbesitz, vom Beamten-, Richter- und Offiziersstand. In öffentlichen Schulen dürften Juden Nichtjuden nicht unterrichten. Der Stand der Advokaten, Ärzte und Lebensmittelverkäufer sollte ‚entjudet' werden. Weiterer Zuzug von Juden sei zu verhindern, und es müßten getrennt Schulen für Juden und Christen errichtet werden".[37]

Die Christlichsozialen unter Lueger waren in der Lage, die Schönerianer als politische Konkurrenten zu überwinden und als zugleich deutsch-nationale, antisemitische und katholische „Einheitspartei" die Regierungsgewalt in Wien zu übernehmen und bis zur Einführung des allgemeinen Wahlrechts (auch auf Gemeindeebene) nach 1918 zu behaupten. Die politischen Erfolge Luegers waren nur möglich auf der Grundlage eines (an Besitzqualifikationen orientierten) eingeschränkten Wahlrechts. Die Christlichsozialen waren also die Partei einer Minderheit, die über den politischen Verwaltungsapparat (und die damals zur Verfügung stehenden Propagandamittel – von der Kanzelpredigt bis zur Zeitung) Druck auf die Mehrheit der Bevölkerung auszuüben vermochte; ihre Politik war wesentlich gegen die (arbeitenden) Massen gerichtet, insbesondere wenn diese sich in der Arbeiterbewegung zu organisieren trachteten; ihre soziale Basis waren besitzende, kleinbürgerliche und (außerhalb der Stadt) bäuerliche Schichten, die sich durch die Unbilden des Kapitalismus ebenso bedroht fühlten wie durch die allmählich erstarkende Arbeiterbewegung. Auf solche Adressaten zielend, erklärte Karl Lueger 1896:

> „Überall sind Juden Herrscher, und die Christen werden beherrscht. Wie der Bauer, so ist auch der Gewerbetreibende der Sklave … des internationalen Judentums geworden … Ich kenne nur einen Schädling in Österreich, und das ist die judenliberale Partei; das ist der Lindwurm … der die Deutschen in Fesseln geschlagen hat und sie gefangen hält. Ich bin stolz darauf, daß ich diesem Lindwurm schon ein paar kräftige Wunden versetzt habe; ich werde trachten, daß diese Wunden offengehalten werden. Dieser Lindwurm muß erlegt werden, damit unser liebes deutsches Volk aus seiner Gefangenschaft befreit werden kann."[38]

Ein gewisser *Dr. Scheicher*, ein Geistlicher aus St. Pölten und christlichsozialer Abgeordneter im Niederösterreichischen Landtag, sagte in einer Landtagsrede:

37 Rudolf Spitzer: Des Bürgermeisters Lueger Lumpen und Steuerträger. Wien: Österreichischer Bundesverlag 1988, 89 f.

38 Zitiert nach: H.G. Adler: Die Juden in Deutschland. München: Piper 1987, 129.

> „Wir werden verlangen, daß kein Jude mehr die Universität betritt und kein Jude mehr dort lehren darf. Die Juden dürfen in keine Spitäler aufgenommen werden. Weg auch mit den Synagogen und jüdischen Häusern, denn diesen Boden haben unsere Väter urbar gemacht. Von jetzt an führen wir gegen die Juden einen Vernichtungskrieg …“[39]

Die Christlichsoziale Partei in Niederösterreich schrieb in der damaligen Zeit auch „Preise für arische Autoren“ aus.[40]

Es gab also keinen öffentlichen Bereich, der nicht vom Antisemitismus durchtränkt gewesen wäre. Einer, der in Wien noch die Zeit der Herrschaft Luegers und der Christlichsozialen Partei erlebte, äußerte sich später folgendermaßen:

> „… Dr. Karl Lueger und die christlich-soziale Partei.
> Als ich nach Wien kam, stand ich beiden feindselig gegenüber. Der Mann und die Bewegung galten in meinen Augen als ‚reaktionär‘. Das gewöhnliche Gerechtigkeitsgefühl aber mußte dieses Urteil in eben dem Maße abändern, in dem ich Gelegenheit erhielt, Mann und Werk kennenzulernen; und langsam wuchs die gerechte Beurteilung zur unverhohlenen Bewunderung. Heute sehe ich in dem Manne mehr noch als früher den gewaltigsten Bürgermeister aller Zeiten.“[41]

> „Die gründliche Menschenkenntnis ließ ihn die möglichen Kräfte ebenso richtig beurteilen, wie er dadurch aber auch bewahrt blieb vor einer zu niedrigen Einschätzung vorhandener Institutionen, ja gerade aus diesem Grunde sich eher noch solcher als Hilfsmittel zur Erreichung seiner Absichten bedienen lernte.
> Er verstand auch nur zu genau, dass die politische Kampfkraft des oberen Bürgertums in der heutigen Zeit nur gering und nicht ausreichend war, einer neuen großen Bewegung den Sieg zu erkämpfen. Daher legte er das Hauptgewicht seiner politischen Tätigkeit auf die Gewinnung von Schichten, deren Dasein bedroht war und mithin eher zu einem Ansporn als zu einer Lähmung des Kampfwillens wurde. Ebenso war er geneigt, sich all der einmal schon vorhandenen Machtmittel zu bedienen, bestehende mächtige Einrichtungen sich geneigt zu machen, um aus solchen alten Kraftquellen für die eigene Bewegung möglichst großen Nutzen ziehen zu können.
> So stellte er seine neue Partei in erster Linie auf den vom Untergang bedroh-

39 Zitiert nach: Rudolf Spitzer (1988), 91.

40 Paul Stefan (1913), 11.

41 Adolf Hitler (1933), 58 f.

> ten Mittelstand ... Sein unendlich klug ausgestaltetes Verhältnis zur katholischen Kirche aber gewann ihm in kurzer Zeit die jüngere Geistlichkeit in einem Umfange, dass die alte klerikale Partei entweder das Kampffeld zu räumen gezwungen war, oder, noch klüger, sich der neuen Partei anschloß ...“[42]

Lange vor den Nürnberger Rassegesetzen gehörte die systematische Diskriminierung und – wo es ging – ‚Ausschaltung‘ oder zumindest Verhinderung von Juden in der Verwaltung, in der Lehrerschaft, an den Universitäten, in wirtschaftlichen Positionen zur politischen Theorie und Praxis in der Haupt- und Residenzstadt des habsburgischen Reiches. Studentische Burschenschaften hatten in dem sogenannten Waidhofener Beschluss im Jahr 1893 dargelegt:

> „Jeder Sohn einer jüdischen Mutter, jeder Mensch, in dessen Adern jüdisches Blut rollt, ist von Geburt aus ehrlos, jeder feineren Regung bar. Er kann nicht unterscheiden zwischen Schmutzigem und Reinem. Er ist ein ethisch tiefstehendes Subjekt. Der Verkehr mit einem Juden ist daher entehrend; man muß jede Gemeinschaft mit Juden vermeiden. Einen Juden kann man nicht beleidigen, ein Jude kann daher keine Genugtuung für erlittene Beleidigungen verlangen.“[43]

Auch und gerade im Rahmen akademischer Gelehrsamkeit wurden Deutsch-Nationalismus, völkische und rassistische Konzeptionen theoretisch grundgelegt, argumentativ eingeübt und auf dem Wege der Lehre verbreitet. Darüber hinaus wurde im Rahmen der universitären Selbstverwaltung, der rechtlich garantierten Freiheit von Forschung und Lehre, nach Kräften danach getrachtet, Juden an einer akademischen Karriere zu hindern. Überhaupt dürfen wir uns Rassismus nicht als eine Art von Volksaberglauben vorstellen, der *auch*, ein wenig, aber eben nur ausnahmsweise, Eingang unter den Gebildeten finden kann (wie dies heute von manchen Sozialwissenschaftlern gerne behauptet wird). Gerade der *deutsche* Nationalismus (dem von Anfang an rassistische, imperialistische und Weltherrschafts-Vorstellungen innewohnten) ist ein „klassisches“ Beispiel dafür, wie eine dünne Schicht schreibender Intelligenz ein „Nationalbewusstsein neuen Typs“ künstlich herstellt und propagiert; und dabei gleichzeitig den Eindruck zu erwecken trachtet, dass die nunmehr propagierten Vorstellungen tief im Gemüt, im Blut und in der Geschichte des Volkes verankert

42 Ebenda, 108 f.
Die Hitler-Zitate über Lueger sind deswegen wichtig, weil gelegentlich (etwa von Norbert Leser) zur Verteidigung von Lueger behauptet wurde, Hitler hätte diesen gar nicht geschätzt.

43 Zitiert nach: Gotthard Wunberg, Hg.: Die Wiener Moderne. Stuttgart: Reclam 1981, 118.

sind, und von den Gelehrten nur entdeckt und zum Leben erweckt, nicht jedoch erfunden, werden; Nationalismus und Rassismus sollen als nahezu ewige Naturkonstanten erscheinen.

Die Geschichts- und Sozialforscher sind aber der gleichen sozialen Gruppierung zuzurechnen wie jene, die den Rassen- und Nationalitätenwahn erzeugt haben. Es ist in deren Interesse, einen volkstümlichen Nationalismus und Rassismus zu behaupten, dem die (eigene) Minderheit der Aufgeklärten und Gebildeten hilflos gegenübersteht. Den Opfern dieses permanenten geistigen Klassenkampfes wird damit auf perfide Weise geradezu die Verursachung der Unvernunft und Barbarei angelastet. Die Produzenten und Träger der rassistischen und nationalistischen Konzeptionen waren (und sind) Angehörige der schreibenden Intelligenz und der „bildungsbürgerlichen" Schichten; die Angehörigen der arbeitenden Klassen – und das zeigt sich gerade im Wien des späten 19. und frühen 20. Jahrhunderts – waren etwa gegen den Antisemitismus weitgehend immun (in der Sozialdemokratischen Partei tritt er unter Funktionären kleinbürgerlicher Herkunft auf).

Um 1900 war es jedenfalls den Anhängern des Rassenwahns gelungen, ein ziemlich umfassendes Weltbild zu formulieren, das – vor allem den sogenannten Gebildeten und allen, die als wissend gelten wollten – die eigentliche Wahrheit über die Vorgänge in der Welt vermittelte. Die Welt war nunmehr relativ einfach zu erklären: Kapitalismus, Liberalismus, Demokratie und Sozialismus waren Ergebnisse oder Bestandteile der jüdischen Weltverschwörung; in der Habsburgermonarchie kam noch hinzu, dass die Angehörigen der deutschen Nation, des deutschen Volkstums, der arischen Rasse angeblich besonderen Bedrohungen durch Rassenvermischung und dergleichen ausgesetzt waren; das Deutschtum stand hier auf vorgeschobenem Posten inmitten der heranflutenden Zuwanderer aus dem Osten (und war auch an den südlichen Grenzen durch „Überfremdung" bedroht) – der Abwehrkampf gegen „jüdische Zersetzung" und „jüdisches Parasitentum", gegen „welsche Tücke" und „slawische Primitivität und Grausamkeit" erschien hier in der „Ostmark", an der Grenze des deutschen Volkstums ebenso schwer wie notwendig. Derartige Denkweisen galten um 1900 auch als wissenschaftlich untermauert. Das bedeutete, es war nicht ohne Weiteres möglich, im Namen der Wissenschaft gegen den Rassenwahn zu argumentieren.

Seitens der Anhänger des Rassenwahns wurde möglichst alle Wissenschaft, Philosophie und Kunst als von Ariern getragen definiert: da die Geschichte als eine Geschichte von Rassenkämpfen verstanden wurde, lag es nahe, überall Trennlinien entlang rassischer Zugehörigkeiten zu finden und vor allem zu zeigen, dass die wirklich wichtigen „Persönlichkeiten", „Führer" und „Genies" stets der „arischen", „nordischen", „germanischen" Rasse zuzuzählen gewesen wären. Von *Jesus* bis *Rembrandt* wurden alle möglichen Religionsgründer, Philosophen, Künstler dem Germanentum einverleibt. Besonders wichtig war dabei die Erfindung des „arischen" Jesus:

> „Die Wahrscheinlichkeit, dass Christus kein Jude war, dass er keinen Tropfen echt jüdischen Blutes in den Adern hatte, ist so gross, dass sie einer Gewissheit fast gleich kommt."[44]

Der „Rassenkampf" wurde einerseits um die „Reinheit des Blutes", andererseits um die „Reinheit der germanischen Kultur" geführt, und dabei ging es wesentlich auch um einen eigenen Typ von Wissenschaft und Kunst und – insgesamt – von Lebensweise: es ging gegen die urbane und moderne Lebensweise (gegen die große Industrie und das dazugehörige Proletariat, gegen die großen Städte), gegen die „Entartungen" der modernen Kunst, gegen „kalten Rationalismus" und „seelenlose Empirie" in der Wissenschaft.

Die große Stadt Wien mit ihrem bunten Völkergemisch erschien den Rassisten als besonders charakteristisches und bedrohliches Beispiel dafür, wohin „Rassenmischung" führen könnte; andererseits jedoch war Wien unter der Regierung Luegers und der christlichsozialen Partei auch ein leuchtendes Beispiel für den Triumph der deutsch-nationalen, rassistischen und anti-semitischen Zielsetzungen. Nirgendwo im Deutschen Reich war es einer zugleich deutsch-nationalen, antisemitischen wie christlichsozialen Partei gelungen, die politische Kontrolle über eine Großstadt mit mehr als zwei Millionen Einwohnern zu erlangen (und zu behaupten).

12.6 Rasse, Blut, Nation und das wienerische Ästhetentum

Das geistige Klima im Wien um 1900 darf nicht nur an den großen Verkündern rassistischer und deutsch-nationaler Ideologien festgemacht werden. Auch in den bildenden Künsten, in der schönen Literatur, in der Musik (man denke nur an Richard Wagner) lassen sich zahlreiche Beispiele der rassistischen Durchdringung der Kultur finden. *Arnold Schönberg* beschrieb in einem Rückblick auf seine Jugendzeit die Auswirkungen des Antisemitismus in Wien in der Spätzeit der Habsburgermonarchie auf einen jungen Künstler so:

> „... als wir jungen österreichisch-jüdischen Künstler heranwuchsen, litt unsere Selbstachtung stark unter dem Druck einiger Umstände. Es war die Zeit,

44 Houston Stewart Chamberlain (1940), 218 f.

> als Richard Wagners Werk seinen Siegeszug antrat und dem Erfolg seiner Musik und seiner Dichtung eine Durchtränkung mit seiner Weltanschauung folgte. Man war kein echter Wagnerianer, wenn man nicht an seine Weltanschauung, an die Vorstellung von der ‚Erlösung durch die Liebe' glaubte; man war kein echter Wagnerianer ohne den Glauben an das ‚Deutschtum'; und man konnte kein echter Wagnerianer sein, wenn man kein Anhänger seines antisemitischen Aufsatzes ‚Das Judentum in der Musik' war. … war Wagner relativ mild, so waren seine Anhänger hart … und so mußten wir bald von Männern wie Chamberlain nicht nur lernen, dass es einen Rassenunterschied zwischen Juden und Deutschen gibt; nicht nur, dass die arische Rasse eine sehr überlegene Rasse sei, dazu bestimmt, die Welt zu beherrschen; nicht nur, dass die jüdische Rasse eine niedere sei und verachtet werden müsse; sondern wir mußten auch zur Kenntnis nehmen, daß wir keine schöpferischen Fähigkeiten besaßen."

Und er fügte hinzu:

> „Man muß nur die Wirkung solcher Behauptungen auf junge Künstler verstehen. Ein Künstler kann nicht schaffen, ohne von seiner schöpferischen Fähigkeit überzeugt zu sein. Zumindest ein höherer Künstler braucht das Vertrauen in die Notwendigkeit und Neuartigkeit seines Tuns."[45]

In einer von Rassismus durchtränkten Gesellschaft müssen die Opfer ja nicht unbedingt täglich physisch misshandelt werden; der psychische Terror ist allgegenwärtig; damit nicht genug, übernehmen die Opfer die Wertvorstellungen ihrer Feinde zum Teil oder zur Gänze und/oder verdrängen Leidenserfahrungen. Dies wiederum mag unter anderem immer wieder tatsächliche und präsumtive Opfer des Rassismus dazu verleiten, nichts wahrgenommen zu haben, sorgfältig zwischen milderen und gröberen Formen des Rassismus zu unterscheiden und die milderen zu entschuldigen, *oder schließlich selber zu Rassisten zu werden.* (Daher ist das – gerade in unseren Breiten – beliebte „Argument", diese oder jene Äußerung habe auch „ein Jude" getan, und daher könne sie gar nicht antisemitisch sein, nicht nur Unsinn, sondern entspricht einem charakteristischen antisemitischen Denkmuster.)

Vieles von dem, was die längste Zeit als typischer Ausdruck österreichischer Kultur, zeitloser Humanität etc. angepriesen worden ist, mag eher verbunden sein mit der Propagierung von Barbarei; wobei es zu einer wahrhaft österreichischen Spezialität gehört, die Barbarei in schönem Gewande einherziehen zu

45 Arnold Schönberg: Stil und Gedanke. Aufsätze zur Musik. Frankfurt/M.: S. Fischer 1976, 333.

lassen. Die Vertreter der westlichen Avantgarde (von Baudelaire über *Walter Pater* bis *Oscar Wilde*) entfalteten differenzierte und komplexe Strategien und Praktiken des Schreibens, um Leserinnen und Lesern die Augen für die Wirklichkeit und für die Möglichkeiten des besseren, schöneren Lebens zu öffnen. Das wienerische Ästhetentum gegen Ende des 19. Jahrhunderts lässt sich hingegen keineswegs dem Ästhetizismus der westlichen Avantgarde (in England und Frankreich) gleichsetzen. Was im Westen analytische, (gesellschafts-)kritische, anti-bourgeoise, die vorherrschenden Wertvorstellungen relativierende und untergrabende Konzeptionen und Praktiken waren, wurde in Wien systematisch reduziert auf einen schönen Schein. In beispielhafter Weise bemerkenswert sind hiezu die Äußerungen feinsinniger Poeten wie *Hugo von Hofmannsthal* und *Leopold von Andrian*.

Das wienerische Ästhetentum gegen Ende des 19. Jahrhunderts versuchte, die Wirklichkeit durch schöne Fassaden zu verdecken. Keinesfalls ging es darum, allen Menschen ästhetisches Empfinden, Denken und Genussfähigkeit zu vermitteln; und schon gar nicht konnte es um die Befriedigung auch nur der elementaren materiellen Bedürfnisse der Massen als unverzichtbare Voraussetzung für jede verfeinerte Genussfähigkeit gehen. Derartiges auch nur zu denken, geschweige denn zu äußern, wäre als pöbelhaft verachtet worden. Einzelne Autoren waren sich allerdings einigermaßen darüber im Klaren, zu wessen Lasten das angenehme Leben, der Schönheitsgenuss der Wenigen ging. Von daher ist wohl die wiederkehrende Untergangsstimmung, das dumpfe Empfinden des Niedergangs und Verfalls zu erklären, das Gefühl, irgendwie zu den letzten Angehörigen einer spezifischen sozialen Gruppierung zu gehören. In Aufzeichnungen Hugo von Hofmannsthals aus dem Jahr 1894 heißt es:

> „23. IV. – Mit Poldy in der Abenddämmerung in Schönbrunn. … Wir glauben die Seele dieses Wien zu spüren, die vielleicht in uns zum letzten Male aufbebt; wir waren triumphierend traurig.“[46]

> „Donnerstag, 3. V. Christi Himmelfahrt. – Mit Poldy und Richard von Sievering über Felder, Brachland, Hecken, dann mit der Zahnradbahn auf den Kahlenberg. Oben Gewitter. Weit im Hintergrund stumme breite Blitze wie ein Aufwehen des Vorhangs. Hinter dem Regenschleier die Lichter der Stadt: man ahnt etwas Orientalisches, Gefährliches, Tückisches; etwas Verträumtes mit vielen Müßiggängern an Springbrunnen und Feigenbäumen. Etwas von der Stimmung der 3 halbwüchsigen levantinischen Mädchen mit kur-

46 Hugo von Hofmannsthal: Aufzeichnungen aus dem Nachlaß. In: Gesammelte Werke in zehn Einzelbänden. Reden und Aufsätze III. Frankfurt/M.: Fischer Taschenbuch 1980, 382. [„Poldy“ ist Leopold von Andrian.]

zen Kleidern und krausem Haar und schwarzen Schleierhüten, die immer so planlos in den Straßen und Gärten herumschlendern."[47]

„13. Mai. Pfingstsonntag (mit Richard). – Vom Rosenhügel gegen Tivoli zugehend, mit Betrunkenen, Handwerkern, kleinen armen Leuten; Wind wühlt im grünen Feld in silbrigen und dunklen Wellen. … Was wir für ein verzweifeltes (exasperiertes) Künstlergeschlecht sind, schwimmen durch den tönenden verworrenen Sturm der Zeit, ‚zwischen den Zähnen die Krone der Kunst'.
Die hinter uns kommen, werden größer sein als wir, aber wir sind doch seit den Stürmern und Drängern wieder die ersten ganzen Künstler. Wie merkwürdig auch das wieder ist, daß wir vielleicht in *Wien* die letzten denkenden, die letzten ganzen, beseelten Menschen überhaupt sind, daß dann vielleicht eine große Barbarei kommt, eine slavisch-jüdische, sinnliche Welt. Das zerstörte Wien zu denken: alle Mauern verfallen, der innere Leib der Stadt bloßgelegt, die Wunden mit unendlichem Schlingkraut übersponnen, überall lichtgrüne Baumwipfel, Stille, plätscherndes Wasser, alles Leben tot; welch wundervolle Fern- und Durchsichten! Und Wächter zu sein in einem der Trajanstürme vor der Karlskirche, der noch aufrecht steht und mit Gedanken, die hier keiner mehr versteht, zwischen Ruinen herumzugehn."[48]

Derartige Äußerungen stellen nicht gelegentliche Entgleisungen dar, sondern sind charakteristischer Ausdruck des „Zeitgeistes" im Wien des Fin de Siècle. Auch der Dichter-Freund Hofmannsthals, Leopold von Andrian, notiert in jenem Jahr 1894 in sein Tagebuch:

„Unsere Gesellschaft von heute gleicht einer großen Stadt, in der eine geheimnisvolle Krankheit wütet… Niemand weiß recht, ob er sie nicht hat, ein jeder schaut im Geheimen seinen Nächsten in die Augen, um es zu wissen – aber es ist eine stillschweigende Verabredung – man spricht nicht davon und gleitet weiter."

Leopold von Andrian meint mit der „geheimnisvollen Krankheit" nicht etwa – wie ja naheliegend wäre – den grassierenden Antisemitismus und sonstigen Rassismus, sondern er fürchtet:

„früher machte Wien Österreich wie Paris Frankreich machte. Etwas in Wien ist nicht mehr stark genug, um zu assimilieren, es wird überflutet, Wien wird

47 Ebenda, 383. [„Richard" ist Richard Beer-Hofmann.]
48 Ebenda.

bohemisiert, früher verwienerten die Böhmen – es ist immer wieder Rom und Byzanz."[49]

Die vornehmen Geister empfanden in feinsinniger Weise ähnlich wie andere Angehörige der oberen und der Mittelklassen in der Habsburgermonarchie: die Gefahren gingen von den ausgebeuteten Völkern und Klassen aus; wenn diese (z.B. die Tschechen, die den Großteil der Steuereinnahmen der Monarchie erwirtschafteten) sich nämlich darauf besinnen sollten, die von ihnen erarbeiteten Werte auch selber haben zu wollen, wäre es mit dem guten Leben der „Vornehmen" vorbei gewesen. Und der Deutsch-Nationalismus war durchaus nicht bei den deutschsprachigen Arbeitern zu Hause, er war stets eindeutig sozial zuzuordnen: seine Anhänger entstammten den oberen Klassen oder den bedrohten Mittelklassen, d.h. dem zahlenmäßig und ökonomisch schwachen, politisch ohnmächtigen (und daher auf den Schutz der in Thron und Altar vereinigten Obrigkeit angewiesenen) Bürgertum. Daher stammt vermutlich auch jene seltsame Mischung aus schwächlichem, aber umso mehr (in Form von Elitendünkel und Verachtung der Massen) auftrumpfendem Selbstbewusstsein, unsicherer – und daher zur Schau gestellter – Empfindsamkeit und Nachdenklichkeit, sowie Larmoyanz, die so charakteristisch für das wienerische Ästhetentum um 1900 ist.

12.7 Nachbemerkung: Zur Aktualität von Rassismus und Nationalismus

Das Wiederaufleben rassistischer und nationalistischer Ideologien wird immer wieder als Bestätigung für deren Dauerhaftigkeit angesehen, für die Lebenskraft dieser Ideologien, die nunmehr geradezu als Naturkonstanten des menschlichen Daseins dargestellt werden. Kaum wird die Frage nach ihrer gesellschaftlichen Funktion und nach den tatsächlichen Ursachen für die Wiederbelebung von Rassismen und Nationalismen gestellt; denn sie sind nicht einfach da, sondern sie sind herbeigeredet, herbeigeschrieben, sind systematisch und über einige Zeit kontinuierlich propagiert worden. Wenn – wie in den Ländern des vormaligen sogenannten realen Sozialismus – politische und soziale Umwälzungen der Masse der Bevölkerung keineswegs eine Anhebung des Lebensstandards bringen, sondern nur weitere Verelendung, dann bedarf es sowohl der Erklärung des Ausbleibens der erhofften Verbesserungen, wie auch eines Ersatzes für

49 Zitiert nach: Jens Rieckmann: Aufbruch in die Moderne. Frankfurt/M.: Athenäum 1986, 97 f.

die Befriedigung der materiellen Bedürfnisse. Zurückgegriffen werden kann auf traditionelle – eventuell fundamentalistisch rekreierte – Religion, auf nationalistische und rassistische Ideologien, insbesondere auf den Antisemitismus. Die Wiedererweckung – oder überhaupt erst Erweckung – diverser Nationalstaaten ist wohl nicht zufällig immer wieder mit der historischen Leugnung und Abschwächung der faschistischen Untaten und mit dem massiven Bedauern über ihre Bestrafung verbunden gewesen.

Nationalismus und Antisemitismus oder andere Rassismen, der Kampf für den rechten Glauben, lassen sich auch recht gut verknüpfen mit dem Kampf gegen die Demokratie im eigenen Land, für die politische Entrechtung von beträchtlichen Teilen der Bevölkerung, für die Etablierung von Präsidialdiktaturen und dergleichen. Auch in demokratischen Staaten dienen Rassismus und Fremdenhass dazu, von der mangelhaften Befriedigung der materiellen Bedürfnisse der Masse der Bevölkerung abzulenken. So wie die Spaltung zwischen jenen, die noch einen Arbeitsplatz haben und den schon Arbeitslosen unter den Aspekten der Hatz auf „Sozialparasiten" vertieft wird, wird auch die Spaltung zwischen in- und ausländischen Arbeitskräften betrieben. Es gehört dann nicht zur Eigenart der kapitalistischen Wirtschaftsweise, dass Löhne gedrückt, Arbeitsbedingungen verschlechtert, Arbeitsplätze wegrationalisiert, Unternehmensgewinne hingegen gesteigert werden, sondern es sind die „Fremden", die angeblich Arbeitsplätze „rauben". So mag für so manche Regierenden in Europa ein bisschen Rassismus und Fremdenhass und Rechtsextremismus nützlich sein zur Ablenkung von den wahren Problemen und deren wahren Ursachen.

In dem Ausmaß, in dem die Vergangenheit verleugnet und verklärt wird, sind Elemente der damaligen nationalistischen und rassistischen Ideologien leicht wiederbelebbar; umso mehr, als sie an jenem besonderen Typ des Nationalismus – nämlich dem deutschen – orientiert sind, der im „Reich der Ideen" von den „Dichtern und Denkern", von Wissenschaftlern, Schriftstellern, Journalisten, produziert worden ist, und so auch immer wieder reproduziert werden kann.

13 Zu Geschichte und Bedeutung der späten Habsburgermonarchie

„Gott erhalte, Gott beschütze
Unser'n Kaiser, unser Land!
Mächtig durch des Glaubens Stütze
führt er uns mit sich'rer Hand,
gleich wie seiner Väter Krone
schirmte gegen jeden Feind:
innig bleibt mit Habsburgs Throne
Österreichs Geschick vereint!
Fromm und bieder, wahr und offen,
laßt für Recht und Pflicht uns steh'n,
Laßt, wenn's gilt mit frohem Hoffen
mutvoll in den Kampf uns geh'n!
Eingedenk der Lorbeerreiser,
die das Heer so oft sich wand,
Gut und Blut für unser'n Kaiser,
Gut und Blut fürs Vaterland!"

(Kaiserhymne)

13.1 Die Habsburgermonarchie 1809–1918

"In other countries dynasties are episodes
in the history of the people; in the Habsburg Empire
peoples are a complication in the history of the dynasty."[1]

A.J.P. Taylor

Der englische Historiker *A.J.P. Taylor* hat sich immer wieder – in Aufsätzen und Büchern – mit zentraleuropäischen Fragen und mit der Habsburgermonarchie auseinandergesetzt. Schon 1941 hatte er ein Buch mit dem Titel „The Habsburg Monarchy" veröffentlicht; 1948 erschien dann eine wesentlich erweiterte und revidierte Fassung dieses Werkes, das seither in zahlreichen Auflagen nachgedruckt worden ist. In einem mit November 1947 datierten Vorwort erklärte A.J.P. Taylor:

1 A.J.P. Taylor (1990), 12.

> "Despite efforts to face reality, the earlier book was still dominated by the 'liberal illusion'; many passages talked of 'lost opportunities' and suggested that the Habsburg Monarchy might have survived if only this or that statesman or people had been more sensible. It was difficult to escape from this approach after reading the works of innumerable contemporary writers of goodwill, who either wrote before the fall of the Monarchy or could not believe that it had vanished. These regrets are no part of duty of a historian, especially when the story which he tells makes it clear, time after time, that there were no opportunities to be lost."[2]

A.J.P. Taylor macht rasch deutlich, dass Österreich als politisches Staatswesen vor 1918 überhaupt nicht existierte; die Territorien, die unter dem persönlichen Regime der Habsburger zusammengefasst waren, existierten als einheitliches Staatswesen nur durch die Personen der Herrscher des Hauses Habsburg. Deutlich wird auch, dass die Interessen der Herrscherfamilie so gut wie ausschließlich in der Erhaltung der persönlichen Herrschaft bestanden. Die Habsburger verfügten über keine einheitliche und dauerhafte soziale Basis: weder der Adel, noch ein ohnehin nur schwächlich vorhandenes Bürgertum, und schon gar nicht die Bauern waren die Grundlage ihrer Herrschaft; diese Grundlage war ausschließlich militärische Gewalt, später teilweise umgeformt in Recht und in bürokratische Organisation.

> "In other countries the dynasties cooperated with their peoples; the Habsburgs believed that the peoples would cooperate only against the dynasty."[3]

Die österreichischen Habsburger hatten sich zahlreiche Missionen zu eigen gemacht. Die Gegenreformation war eine derartige Mission gewesen. Die Türken vermittelten den Habsburgern eine weitere Mission:

> "the Habsburgs did nothing, for more than a hundred years, to liberate the parts of Hungary conquered by the Turks, yet they persuaded others, and even themselves, that they were the defenders of Christianity."[4]

Zu Beginn des 18. Jahrhunderts hatten die Habsburger zwar das ungarische Territorium von den Türken zurückerobert, aber damit hatten sie sich auch ein weiteres Problem geschaffen: die Länder der ungarischen Krone konnten nie in gleicher Weise dem habsburgischen Absolutismus unterworfen werden, wie

2 Ebenda, 9.
3 Ebenda, 14.
4 Ebenda, 13.

dies mit den Ländern der böhmischen Krone geschehen war. Überhaupt waren die Habsburger bis zum Ende ihrer Herrschaft nicht in der Lage gewesen, einen einheitlichen Zentralstaat mit einheitlicher Verwaltung aufzubauen – aus ökonomischer, militärischer, politischer Schwäche. Ihre persönliche Leistung bestand darin, sich jahrhundertelang auf dem Thron behauptet, alle Krisen (von Erbfolgen über die Französische Revolution, Napoleon, die 1848er-Revolution bis zu den verlorenen Kriegen von 1859 und 1866) überstanden zu haben; ihre Untertanen allerdings, jedenfalls deren überwiegende Mehrzahl, hatten darunter nur zu leiden. Die in der Gegenreformation mutwillig erzeugte ökonomische Rückständigkeit und Unterentwicklung des Reiches blieb bis zum Schluss erhalten. Eine der letzten großen Krisen der Habsburger wurde durch den „Ausgleich" mit Ungarn bewältigt:

> "In theory Austria-Hungary had become a partnership of two constitutional states, the one based on German, the other on Magyar hegemony. Behind this constitutional cloak there remained the Habsburg Monarchy, an Empire where indeed the ruler had surrendered some of his immediate control over internal affairs, but where he still exercised supreme power and where the many unsolved problems still gave him infinite room to manoeuvre for the maintenance of this power."[5]

Tatsache war, dass es in der Habsburgermonarchie auch nach 1867 keinerlei konstitutionelle Schranken für den Kaiser selbst, und dass es keinerlei parlamentarische Kontrolle der Regierung gab; dass der Kaiser jederzeit die bestehenden konstitutionellen Regelungen außer Kraft setzen konnte.

> "Austria-Hungary was the symbol that the dynasty had made its peace with the Magyars and the Germans, the two master-races: it achieved liberty of action in foreign affairs by giving the Magyars internal independence and a similar liberty of action in 'Austrian' affairs by following a foreign policy friendly to Germany. Despite all talk of the 'Austrian mission', the Habsburg Monarchy was an organization for conducting foreign policy and maintaining a great army: power not welfare was its basis."[6]

A.J.P. Taylor erklärt auch, wie die Habsburger sich gegen Ende ihrer Herrschaft mit ihrer Politik des Gegeneinanderstellens und gegeneinander Ausspielens der verschiedenen Nationen und Völker des Reiches zunehmend in ausweglose Si-

5 Ebenda, 152.
6 Ebenda, 219 f.

tuationen manövrierten. Die Allianz mit dem Deutsch-Nationalismus und mit dem Nationalismus der ungarischen herrschenden Klasse, zulasten der ökonomisch wiederum (wie schon um 1600) bedeutendsten (aber politisch ohnmächtig gehaltenen) Nation der Tschechen, ging nur so lange einigermaßen gut, als die Rolle der Habsburgermonarchie nicht in Konflikt mit der Außenpolitik des Deutschen Reiches geriet. In dem Maße aber, in dem das Deutsche Reich selbst eine zunehmend aggressive, imperialistische Außenpolitik betrieb, stellte sich die Frage, ob die Habsburgermonarchie überhaupt noch eine vom Deutschen Reich unabhängige Außenpolitik betreiben konnte; dies war auch eine eminente innenpolitische Frage für das habsburgische Imperium. Denn das Problem der Stellung der tschechischen Nation im Habsburgerreich war ungelöst (und – bei Wahrung der dynastischen Herrschaftsinteressen – wohl auch nicht lösbar):

> "The conflict in Bohemia ... was a conflict over the character of the Habsburg Monarchy. It was not a conflict for tolerable living conditions; it was a conflict between two nations, each determined to assert its historical tradition, a conflict between the Kingdom of St Wenceslaus and the Holy Roman Empire of the German Nation. This conflict was impossible of peaceful solution. The Czechs could not be satisfied with the use of their language: besides, they had it already. They claimed, and had to claim, possession of their national home. If this claim were granted, it would make the Germans of Bohemia a tolerated minority and would thus, by implication, end the German position as the 'people of the state'.
> Dethroned in Bohemia, the Germans must be dethroned too in the Monarchy; and Austria would cease to be a German state. Moreover, the overthrow of one 'people of state' must involve the overthrow of the others; therefore the predominance of the Poles, of the Magyars, and even of the Italians, was bound up with the continuance of the national conflict in Bohemia."[7]

13.2 Kaiser Franz Joseph und das Nationalitätenproblem

> "His greatest hatred was for 'liberalism' – the attempt to limit the prerogatives of the Crown. Against this liberalism he would call on any ally and would even invoke the rival nationalisms which were tearing his Empire to pieces."[8]

7 Ebenda, 218 f.

8 A.J.P. Taylor: Europe: Grandeur and Decline. Harmondsworth: Penguin 1969, 80.

> "The Habsburg monarchy was a Great Power or it was nothing. If it could have survived in war against other Great Powers it would not have undergone national disintegration."[9]
>
> *A.J.P. Taylor*

In seiner Besprechung des 1950 erschienenen monumentalen historischen Werkes von *Robert A. Kann*, „The Multinational Empire. Nationalism and National Reform in the Habsburg Monarchy, 1848–1918", schreibt A.J.P. Taylor:

> "The Habsburg monarchy was the toughest organization in the history of modern Europe; no other has stood up so long to such battering from so many sides. The Habsburgs rode out the storm of the Reformation; withstood the impact of the Turks; challenged Louis XIV; and survived the French Revolution. The age of nationalism was their doom. This reason alone would justify a new analysis of the national problem in the Habsburg Empire."[10]

A.J.P. Taylor bescheinigt in seiner Rezension zunächst dem Kann'schen Werk, dass es mehr Material zum Studium des Nationalitätenproblems in der späten Habsburgermonarchie beinhaltet als jede andere bisherige historische Arbeit zu diesem Thema in englischer Sprache; doch, fährt er fort:

> "His work, it must be admitted, is rather uncritical. … Altogether his book illustrates the modern delusion that if only we know enough facts we shall arrive at the answer."[11]

Und A.J.P. Taylor meint bezüglich der wirklichen Probleme der Habsburgermonarchie in ihrer Spätzeit:

> "The most extraordinary thing in all the discussions about the 'Austrian problem' is the question always left out: who was to rule? Or rather, the omission was deliberate.
>
> Every socalled solution assumed that the Habsburgs would remain in supreme control in Vienna; hence the only problem to be solved was that of local administration. Anybody can think of satisfactory schemes for chopping up the empire into national units or historical units or a mixture of both, which would have done quite well if they had settled the essential problem; in reality they were remote from it. …

9 Ebenda, 131.
10 Ebenda, 127.
11 Ebenda, 128.

> The basic misunderstanding can be seen in the very title of Kann's book. The Habsburg monarchy was not a multinational empire, it was a supranational empire."[12]

Den Habsburgern selbst ging es wesentlich um die Erhaltung der persönlichen Macht, der Macht der Dynastie. Aber die Habsburger lebten nicht losgelöst von den sonstigen gesellschaftlichen Verhältnissen; sie existierten in einer Allianz mit den deutschen und ungarischen Herrenvölkern; ihre wahre Machtbasis aber war bis zum Schluss militärische und administrative Gewalt: mit der Niederlage der Armee im mutwillig begonnenen Weltkrieg ging auch die Herrschaft der Habsburger zu Ende. Die Habsburger hatten kein wirkliches Interesse an der Lösung der nationalen Fragen, und konnten auch keines haben, da jeder ernsthafte Lösungsversuch ein Ende der bestehenden Kolonial- und Ausbeutungsverhältnisse innerhalb des Reiches bedeutet hätte. Die Habsburger waren zur Erhaltung ihrer Herrschaft an der Erhaltung – ja auch Forcierung – der nationalen Gegensätze interessiert und nicht an ihrem Abbau; und sie wollten vor allem keine Politik, keine Konstitution, die die Vorrechte der Krone eingeschränkt hätte; mehr noch: immer wieder träumten sie von der Ausdehnung der absoluten Herrschaft auch auf die ungarische Reichshälfte.

> "In the last resort the national question is not a question of schools or of government officials – these are mere preliminaries. It is a question of power. Men wish to decide their own destinies. In a national State this leads them to resist kings and emperors and to demand democracy. In a multinational State they resist the rules of other nationalities as well. …
> Nations can perhaps co-operate if they have a common loyalty to bind them together; they cannot co-operate, at any rate within a single State, merely for the sake of co-operating. The Habsburgs had once provided the common loyalty; in the nineteenth century they failed to do so any longer, and it was this Habsburg failure, not the rise of the nationalities, which doomed their Empire."[13]

Der erfolgreiche Einsatz militärischer Gewalt hatte seit der Gegenreformation und dem Dreißigjährigen Krieg die Habsburgerdynastie groß gemacht; der mutwillig vom Zaun gebrochene und verlorene große Krieg hatte das wesentliche Machtinstrument der Habsburger – die Armee – zerstört; es war nicht länger zur Unterdrückung im Inneren einsetzbar.

12 Ebenda, 130.
13 Ebenda.

> "Clever writers in Vienna tried for more than a century to invent an Austrian 'mission'. This 'mission' was supposed to be the security which the Empire gave to fifty million people, in which they could prosper and develop their cultural life. In the twentieth century this 'mission' took on a predominantly economic tone, and Austria was praised as a great 'Free Trade area'. In truth, the mission was a device by which Hungarian landowners and German capitalists grew rich from the labour of the lesser peoples. It was these two groups whom Francis Joseph took unwillingly into partnership. In his own mind Francis Joseph cared for none of these 'missions'. He did not regard the dynasty as the servant of the Austrian peoples; it was for them to be servants of the dynasty and to sustain its military greatness. Viennese intellectuals complained, that Francis Joseph did not follow the example of Joseph II, the 'people's Emperor'. To do this he would have had to lead peasants against their lords and subject peoples, Slav and Romanian, against the Germans and Magyars, the two privileged nationalities. Such a course was outside dynastic imagining. Francis Joseph was fated to end his reign as a German auxiliary; the only 'mission' he left to his successor was to be a German agent – or to disappear."

Die Habsburger waren nicht nur nicht das Heilmittel für die gesellschaftlichen ‚Krankheiten', für Nationalismus und Rassismus, sie gehörten zu ihren Verursachern und Nutznießern. Gegen Ende seines Buches über die Habsburgermonarchie hatte A.J.P. Taylor einsichtsvoll (und keineswegs den üblichen Klischeevorstellungen von den putzigen Österreichern, den gemütlichen Wienern, und den bösen, militaristischen Deutschen erliegend) festgestellt:

> "Hitler had learned everything he knew in Austria – his nationalism from Schönerer, his anti-Semitism and appeal to the 'little man' from Lueger. He brought into German politics a demagogy peculiarly Viennese. The Reich which he created to last for a thousand years was nothing more than the 'Empire of seventy millions' projected by Bruck in 1850, and warded off by Bismarck in 1866. It would have been unreasonable, indeed, to expect to find in 'Austria' a barrier against domestic and foreign policies which were entirely 'Austrian' in origin and spirit."[14]

14 Ebenda, 80 f. Und er fügt in einer Fußnote hinzu: "Thus Srbik, biographer of Metternich, and Glaise-Horstenau, historian of Austria-Hungary's military defeat, both began as 'Great Austrians' and ended as National Socialists. Hitler offered the rule of force which they had demanded, in vain, from the Habsburgs."

14 Wege in den großen Krieg in der späten Habsburgermonarchie

14.1 Vorbemerkung

Über die Stimmung unter jenen, die sich in der späten Habsburgermonarchie zu den Herrschenden und/oder zu den maßgeblichen Intellektuellen zählten, wissen wir ziemlich gut Bescheid. Sie haben Aufzeichnungen, Tagebücher, Briefe, Gedichte, Aufsätze, ganze Bücher hinterlassen. Auch die Absichten des Thronfolgers *Franz Ferdinand* sind recht gut dokumentiert. Vieles von all dem ist längst publiziert und recht gut zugänglich. Trotzdem haben wir es immer wieder von Neuem mit mutwillig verklärenden Darstellungen der historischen Personen, Ereignisse und gesellschaftlichen Vorgänge zu tun. Die Spätzeit des Habsburgerreiches wurde und wird immer wieder beschönigend dargestellt; auf eine eigentümliche und sentimentale Art wird der Untergang bedauert und zugleich irgendwie imaginiert, bei Bestand des Imperiums wären zukünftige Schreckensregime und Schreckenstaten (wie die des Nationalsozialismus) nicht geschehen. (Dabei wird gern übersehen, in welchem Ausmaß jene Denk- und Verhaltensweisen, die in faschistischen Regimen besonders zum Ausdruck gekommen sind, in der Habsburgermonarchie selbst ausgeformt und eingeübt wurden.[1])

Die Produkte, die von diversen Intellektuellen in den Bereichen der Wissenschaft und Kunst zu Ende des 19. und zu Beginn des 20. Jahrhundert hervorgebracht wurden, werden als kulturelle Errungenschaften den damals herrschenden Verhältnissen (und damit allemal den Herrschenden selbst) zugute geschrieben; und nicht als diesen Verhältnissen abgetrotzte Erzeugnisse.[2] Gerne wird nunmehr auch das habsburgische Reich als eine Vorwegnahme späterer europäischer Wirtschaftsgemeinschaften, ja geradezu als eine Vorwegnahme der Europäischen Union, vorgestellt. Angesichts dieser wiederkehrenden nostalgischen Anschauungen (keineswegs nur aus Österreich, sondern inzwischen zunehmend aus dem Ausland) ist es wichtig, auf die Wirklichkeit hinzuweisen.

1 Karl Kraus hat dies sowohl in den „Letzten Tagen der Menschheit“ dokumentiert, als auch immer wieder in der Fackel darauf hingewiesen (Siehe z. B.: „Das österreichische Selbstgefühl“: *Fackel* Nr. 632–639, Mitte Oktober 1923).

2 Siehe abermals: Paul Stefan (1913).
Und die Verhältnisse wären für kritische, produktive und innovatorische Intellektuelle nicht besser geworden, hätte die Monarchie fortgedauert: der Thronfolger Franz Ferdinand verabscheute und bekämpfte moderne Kunst und Wissenschaft.

14.2 Die späte Habsburgermonarchie und ihre Besonderheiten

> „Monarchien wie Östreich, aus ganz verschiedenartigen Völkern zusammengesetzt, finden ihren Einheitspunkt nur darin, da sie eine Vermögensmasse bilden, die einem Herrn gehört.
> Sie wurzeln ganz und gar in dem Prinzip theokratischer Patrimonialherrschaft, wonach die weite Erde, mit den Menschen, die sie nährt, das Eigenthum weniger Familien ist, die mit Völkern und mit Ländern einen privilegirten Großhandel treiben dürfen."[3]
> *Paul Achatius Pfizer*

Die späte Habsburgermonarchie war keine Vorwegnahme europäischer Freihandelszonen und der europäischen Wirtschaftsgemeinschaft oder gar der Europäischen Union. Ökonomisch gesehen war das von den Habsburgern beherrschte Zentral- und Osteuropa um 1900 nach wie vor (wie seit der Gegenreformation) eine relativ unterentwickelte Zone. Zugleich aber mochten durchaus gute Wirtschaftsdaten, Zuwachsraten beobachtet werden, was ja durchaus charakteristisch für nicht stagnierende Gesellschaften mit ökonomischer Rückständigkeit ist. Was aber zugleich festgestellt werden kann, ist die Existenz eines Binnen-Kolonialsystems mit ökonomischen Monokulturen, sowie eines Warenaustausches zwischen verschiedenen Reichsteilen, der durchaus den Bedingungen des Warenaustausches etwa im britischen Weltreich mit überseeischen Kolonien entsprochen hat.

Die Länder der böhmischen Krone (Böhmen und Mähren) waren relativ hoch industrialisiert und erbrachten einen beträchtlichen Anteil an den Steuereinnahmen des Staates; die Länder der ungarischen Krone waren dagegen eine deutlich unterindustrialisierte Agrarregion. Zum nicht-ungarischen Teil des Reiches, Cisleithanien, oder: „die im Reichsrat vertretenen Königreich und Länder" genannt, gehörten vor allem Böhmen, Mähren und, grob betrachtet, das Gebiet des heutigen Österreich. Ein charakteristisches Beispiel für die Bedingungen des Warenaustausches in der Monarchie ist das folgende: in Böhmen wurden Textilien billig erzeugt und als Halbfertigprodukte nach Vorarlberg geliefert, wo sie in der Textilindustrie zu Ende fabriziert und nunmehr als teurere Finalprodukte zurück in Reich gebracht und verkauft wurden.

Einander entgegengesetzte soziale und ökonomische Interessen, soziale und ökonomische Konflikte wurden in der späten Habsburgermonarchie gerne durch nationale Konflikte überlagert (und somit verborgen). Der deutsche und der ungarische Nationalismus haben zwei Herrenvölker hervorgebracht: die

3 Paul Achatius Pfizer: Gedanken über das Ziel und die Aufgaben des deutschen Liberalismus [1832]. Berlin: B. Behr's Verlag 1911, 311 f.

Deutschen und die Ungarn; alle anderen Völker waren im Vergleich zu ihnen minder und standen nicht auf der gleichen kulturellen und politischen Stufe. Die späte Habsburgermonarchie war auch keine konstitutionelle Monarchie nach westlichem Vorbild; der Kaiser stand über der Verfassung. Was es an verfassungsrechtlichen Bestimmungen und an Grund- und Freiheitsrechten gab, war jederzeit außer Kraft zu setzen; die Minister waren keinem Parlament, sondern dem Monarchen verantwortlich. Das Habsburgerreich muss als die Summe der persönlichen Besitzungen des Monarchen gesehen werden.

> „Es waren ‚seine' Länder, ‚seine' Völker, die er regierte, ‚seine' Armee, die er befehligte. Das ‚mein' war keine veraltete Formel, sondern tiefgefühlte Wahrheit. Der Minister unterschied sich für ihn vom Kammerdiener nicht dem Wesen, sondern nur dem Grade nach. Auch das Kabinett war Gesindestube, eine bessere, aber eine Gesindestube."[4]

Alle Politik und die Ausübung aller wesentlichen politischen Funktionen hingen ab vom Willen des Monarchen; nur Ungarn hatte innerhalb der Monarchie eine gewisse Eigenständigkeit erlangt. (Im Krisenfall und bei einer ernsthaften Bedrohung seiner Herrschaft war der Kaiser Franz Joseph I. durchaus bereit, willens und fähig, gegen die Ungarn mit militärischer Gewalt vorzugehen.[5]) Eng zusammen mit dem persönlichen Regime hing das Problem der Thronfolge. So wie in allen Unternehmen, die von Einzelpersonen als alleinige Eigentümer geführt werden, scheint der zukünftige Erfolg des Unternehmens von der Qualität des Nachfolgers abzuhängen, von seinen persönlichen Eigenschaften. Und so wie in Wirtschaftsunternehmen gerne das späte Abtreten des alten Eigentümers als Ursache für alle möglichen Krisen, ja für den Untergang des Unternehmens, verantwortlich gemacht wird, so wurde im politischen Unternehmen Habsburg von manchen zeitgenössischen und manchen späteren Anhängern des Erzherzogs Franz Ferdinand der dynamische (wenn auch nicht mehr ganz so junge, aber warten müssende) Thronfolger dem inaktiven, auf dem Bestehenden beharrenden Kaiser Franz Joseph gegenübergestellt. *Leopold von Chlumecký* (der im Übrigen den Thronfolger Franz Ferdinand preist) charakterisiert „Franz Josephs Wesensart" wie folgt:

4 Friedrich F.G. Kleinwaechter: Der Untergang der Oesterreichisch-ungarischen Monarchie. Leipzig: K.F. Koehler 1920, 16.

5 Kurt Peball und Gunther Rothenberg: Der Fall „U". Die geplante Besetzung Ungarns durch die k.u.k. Armee im Herbst 1905. In: Aus drei Jahrhunderten. Beiträge zur österreichischen Heeres- und Kriegsgeschichte von 1645–1938. Wien und München: Österreichischer Bundesverlag 1969, 85–126.

> „… des Kaisers ureigenste Auffassung von Ursprung und Inhalt seiner Herrschergewalt. Selbstherrscher! Das blieb Franz Joseph in Österreich auch nach der Einführung verfassungsmäßiger Regierungsformen. Blieb es trotz aller äußerlichen, oft bewundernswerten Anpassungsfähigkeit.
> Ja, er blieb es im Grunde seines Herzens auch den Magyaren gegenüber, obwohl sie es geschickt verstanden, durch die Mystik des Krönungseides, durch ein ritterliches Gehaben, das ihre zu Erpressung führende Politik verhüllte, endlich durch eine äußerst kluge Spekulation auf das wachsende Ruhebedürfnis des Monarchen – diesen Autokraten schließlich völlig zu beherrschen. … Franz Joseph … wurde der Gefangene einer ganz dünnen Oberschicht – vermeinte zu regieren, wurde aber mit gefesselten Händen und verbundenen Augen dorthin geführt, wo Gentry und Aristokratie es forderten. Wohlgemerkt, nur dorthin, wo der privilegierte Stand, keineswegs dorthin, wo Ungarns Völker es wollten. Völker? Gab es denn diese im modernen Sinne für den Kaiser? Wußte er von den treibenden kulturellen, wirtschaftlichen, nationalen Kräften einer neuen Zeit?
> *Seine* Völker, *sein* Reich, *seine* Minister! In dieser patriarchalischen Vorstellung befangen, erschienen dem Kaiser nicht nur … Staatsmänner als fungible Organe, die nach Belieben ausgewechselt werden konnten. Der Kaiser ging weiter. Selbst Länder, Provinzen waren ihm fungible Größen und die Völker mit ihnen.
> ‚Zwei Provinzen meines Reiches würde ich hergeben, könnte ich nur den Selbstmord (des Kronprinzen Rudolf) ungeschehen machen!' Dieser Schrei aus schwerverwundetem Herzen beleuchtet scheinwerferartig des Kaisers innerste Einstellung zu den Völkern Österreichs! Zwei Provinzen, – nicht einmal um des Thronerben Leben, nein, nur um der Todesart willen! Zwei Provinzen, wie etwa ein Großgrundbesitzer einige hundert Hektar Bodens umzutauschen oder zu vergeben bereit ist."[6]

Allerdings wäre der Thronfolger auch ein „Selbstherrscher" gewesen und seine Vorstellungen von der künftigen Organisation seines Reiches waren wesentlich geprägt von der Notwendigkeit, die Ungarn niederzukämpfen – diese Vision (wenn man sie so nennen mag) war die einzige sichere Konstante in seinem Denken; auch wenn seine Apologeten (fälschlicherweise) bis heute seine Reformvisionen und seine Neigung zu einer Friedenspolitik hervorheben.

Entschieden entgegengetreten werden muss auch der Vorstellung von der Spätphase des Reiches als einer Zeit des drohenden Zerfalls und Untergangs.

6 Leopold von Chlumecký: Erzherzog Franz Ferdinands Wirken und Wollen. Berlin: Verlag für Kulturpolitik 1929, 13 f.

Die Szenarien vom Zerfall und Untergang des Reiches sind imaginierte Realität und entspringen oft sozialen Ängsten jener, die sich irgendwie zu den herrschenden Kreisen zählen, und die ihre sozialen Ängste auf die Politik des Reiches projizieren.

14.3 Die Bedrohlichkeit der Demokratie und der Nationalismus der diversen Völker als (imaginiertes) Problem

> "My dear fellow, modernity simply means democracy. And when once democracy has been forced on us there's no good protesting any longer."[7]
>
> *May Sinclair [1904]*

> „Und die Armee war nach Meinung des Bezirkshauptmanns noch in der Monarchie die einzige Macht, auf die man sich verlassen konnte! Es war dem Bezirkshauptmann, als bestünde plötzlich die ganze Welt aus Tschechen: einer Nation, die er für widerspenstig, hartköpfig und dumm hielt und überhaupt für die Erfinder des Begriffes: Nation. Es mochte viele Völker geben, aber keineswegs Nationen. Und außerdem kamen verschiedene, kaum verständliche Erlässe und Verfügungen der Statthalterei, betreffend eine gelindere Behandlung der ‚nationalen Minoritäten': eines jener Worte, die Herr von Trotta am tiefsten haßte. Denn ‚nationale Minoritäten' waren für seine Begriffe nichts anderes als größere Gemeinschaften ‚revolutionärer Individuen'. Ja, er war von lauter revolutionären Individuen umgeben."[8]
>
> *Joseph Roth [1932]*

Der sechzehnjährige Hugo von Hofmannsthal hatte anlässlich der Kundgebungen der Arbeiterbewegung am 1. Mai 1890 folgende Verse gedichtet:

> „Tobt der Pöbel in den Gassen,
> ei, mein Kind, so laß ihn schrei'n.
> Denn sein Lieben und sein Hassen
> ist verächtlich und gemein!
> Während sie uns Zeit noch lassen,
> wollen wir uns Schöner'm weihn."[9]

7 May Sinclair: The Divine Fire. New York: Henry Holt 1904. Zitiert nach: The Compact Edition of the Oxford English Dictionary. Oxford: Oxford UP 1987, 1828.

8 Joseph Roth: Radetzkymarsch. Berlin: Gustav Kiepenheuer 1932, 403.

9 Zitiert nach: Viktor Žmegač, Hg.: Geschichte der deutschen Literatur vom 18. Jahrhundert bis zur Gegenwart. Band II/2. Königstein/Ts: Athenäum 1980, 261.

Der feinsinnige jugendliche Dichter bringt Empfindungen der Angehörigen seiner sozialen Klasse sehr schön zum Ausdruck: die Ängste, die Geringschätzung und Verächtlichmachung der arbeitenden Klassen, das Lebensgefühl. Jene, die des Schutzes von Thron und Altar bedurften – gegen die Bedrohungen durch die Organisationen der arbeitenden Klassen (Gewerkschaften und politische Parteien), gegen das allgemeine Wahlrecht, gegen die Demokratie – und die sich irgendwie den Herrschenden zugehörig oder nahestehend empfanden, waren durchaus in Sorge bezüglich diverser Neuerungen politischer Art. Dabei war der Reichsrat eine ziemlich unwichtige parlamentarische Versammlung (der Name sollte programmatisch ausdrücken, dass es sich vor allem um eine den Monarchen beratende und nicht eine gesetzgebende und die Regierung kontrollierende Institution handeln sollte); regiert werden konnte ohnehin auch ohne Zustimmung des Reichsrates durch Verwaltungsmaßnahmen, und dies geschah auch häufig. Die Einführung des allgemeinen (Männer-)Wahlrechts in Cisleithanien (den im Reichsrat vertretenen Königreichen und Ländern), dem nicht-ungarischen Teil des Habsburgerreiches, im Jahre 1907 wirkte sich keineswegs allzu stark aus, weil viele Arbeiter, bedingt durch Bestimmungen über längere Sesshaftigkeit, das Wahlrecht nicht auszuüben vermochten.

Auf der Ebene der Gemeinden galt bis zum Untergang des Habsburgerreiches 1918 ein Besitzqualifikationswahlrecht, das die überwiegende Mehrheit der Bevölkerung von jeglicher politischer Mitbestimmung ausschloss. Was die Stimmung und Interessen der arbeitenden Klassen in der späten Habsburgermonarchie anbelangt, sind diese in einem Gedicht des Schriftstellers *Petr Bezruč* (dessen Name bis heute in tschechischen Lehrbüchern zu finden ist) aus dem Jahr 1909 gut wiedergegeben:

> „Kohlenstaub eß ich mit meinem Brot,
> und andere feiern Feste;
> aus meinem Blut, aus meiner Not
> baut man in Wien Paläste. …
> Ihr alle in Schlesien, seid auf der Hut,
> ihr Herren, ihr grausamen, kalten:
> Einst hüllt sich die Stunde in Feuer und Glut,
> einst kommen wir Abrechnung halten!“[10]

Das ökonomisch und zahlenmäßig schwächliche und daher politisch bedeutungslose Bürgertum hatte (vor allem in den Gebieten des heutigen Österreich)

10 Petr Bezruč: Ostrau. In: Květoslav Chvatík, Hg.: Die Prager Moderne. Frankfurt/M.: Suhrkamp 1991, 61 f.

auch nur eine dürftige Identität als soziale Klasse.[11] Oft wurde das wettgemacht durch das Konstrukt einer deutsch-nationalen, völkischen Identität (in Abgrenzung zu Juden, Slawen, Italienern). Da die sich als Deutsche Empfindenden eine Minderheit in der Bevölkerung waren (und daher Demokratie und allgemeines Wahlrecht ablehnten), fühlten sie sich von den anderen Völkern und Nationen mit „Überfremdung" etc., bedroht und führten dagegen Abwehrkämpfe, die wesentlich Kämpfe für den Erhalt privilegierter sozialer Positionen waren.

Die Angst vor der Demokratie war wohl ein wichtiges Motiv für das politische Verhalten der Herrschenden und jener, die sich den Herrschenden verbunden fühlten; zugleich wurde dieses Motiv häufig verdrängt und auf die Furcht vor dem Nationalismus der diversen Völker der Monarchie verlagert. Was den Nationalismus anbelangt, war das Ausspielen von Völkern, Nationen, Volksgruppen eine Herrschaftstechnik des habsburgischen Regimes vor 1848 und im Gefolge der Revolutionen von 1848 gewesen. Sobald jedoch nationales Bewusstsein, jenseits der Deutschtümler, in Verbindung mit demokratischen Bestrebungen auftrat, erschien es den Herrschenden wie eine Vorstufe zu Aufruhr und Revolution. Betrachtet man allerdings die „nationalen Probleme" der späten Habsburgermonarchie realistisch, ergibt sich rasch ein völlig anderes Bild, als jenes, das von Journalisten und Historikern gerne gezeichnet wurde. Zunächst ist zu sehen, dass es in der Monarchie zwei dominante Völker mit ausgeprägten völkisch-nationalen Vorstellungen gab: die Deutschen und die Ungarn; sie waren aber in den jeweiligen Teilen des Habsburgerreiches deutlich in der Minderheit. Es wird oft übersehen, dass in der ungarischen Reichshälfte keineswegs bloß ein befreiender Nationalismus wie der in Frankreich während der Französischen Revolution existierte, sondern vielmehr ein die anderen nationalen Gruppierungen (insbesondere die Slowaken) unterdrückender oder zwangsweise magyarisierender Nationalismus. In Cisleithanien wiederum, in den „Reichsrats-Ländern" oder der „österreichischen" Reichshälfte, waren die Deutsch-Nationalen eine deutliche Minderheit, die zwar politisch und sozial dominierte, sich jedoch in den Ländern der böhmischen Krone dem bevölkerungsmäßig größten und ökonomisch bedeutendsten Teil der Monarchie mit einem wachsenden Wiedererwachen der tschechischen Identität gegenüber sahen.

Vielleicht wird so ein wenig verständlich, warum in der Spätzeit der Monarchie so gerne die Frage nach den „nationalen Problemen" der Südslawen gestellt wurde: die Südslawen (Kroaten, Serben) waren nationale Minderheitengruppierungen in beiden Reichshälften (und konnten eventuell auch ent-

11 Siehe dazu: Friedrich F.G. Kleinwaechter (1920), 39 ff.

lang religiöser Trennungslinien – orthodox und römisch-katholisch – aufgespalten werden); und sie waren zu schwach, um eigenständig (ohne die Huld des Monarchen) an Bedeutung innerhalb des Reichsverbandes zu gewinnen. Unangenehm war, dass mit einem demokratischen Nation- und Staatsbildungsprozess im Königreich Serbien ein – wenn auch kleiner – Staat außerhalb des Habsburgerreiches zur nationalen Identifikation einzuladen begonnen hatte. Noch viel unangenehmer aber war die Tatsache, dass in Böhmen und Mähren die am höchsten industrialisierte Region der Monarchie existierte und die Tschechen nicht nur ihr nationales Selbstbewusstsein rekonstruierten und sich auf ihre tatsächlichen einstigen kulturellen Errungenschaften zu besinnen begannen, sondern dass die Länder der böhmischen Krone den bedeutendsten Anteil am Steueraufkommen leisteten.[12] Trotz alledem ist hervorzuheben, dass vor Beginn des Ersten Weltkrieges keinerlei Bedrohung der Einheit des Reiches durch sezessionistische Bestrebungen einzelner Nationen (nicht einmal seitens der Ungarn) bestand, so wenig wie eine ernsthafte Bedrohung des monarchischen Regierungssystems durch Republikanismus.

Der englische Historiker *Norman Stone* hat die imaginierten Probleme und Problemlösungen in der Spätzeit der Habsburgermonarchie treffend mit den folgenden Sätzen beschrieben:

> "The Monarchy's real problems lay in Bohemia and Hungary; insoluble in their own terms, they were exported to Serbia, and the grotesque notion gained ground in Vienna that all nationalism would be destroyed in the suppression of its most obvious manifestation. There was, ostensibly, no greater absurdity than the preoccupation of the chiefs of a great state of fifty million people with the gyrations of a tiny peasant kingdom. But Serbia was, despite herself, a symbol of the Monarchy's ills."[13]

12 Über das tschechische Volk, seine Geschichte, seine Leiden im Gefolge der Schlacht am weißen Berg, und seine Wiedergewinnung nationaler Identität unter demokratischen Vorzeichen schreibt höchst einfühlsam (der im Übrigen durchaus deutsch-national gesonnene) Friedrich Kleinwaechter. Friedrich F.G. Kleinwaechter (1920), 129–36.

13 Norman Stone: Army and Society in the Habsburg Monarchy, 1900–1914. In: *Past & Present* Number 33 (1966), 111.

14.4 Wege in den großen Krieg

14.4.1 Das Modell 1848 und die Militarisierung des Denkens in Bezug auf eine Neuordnung des Imperiums

> „Laß' die Toten auferstehn im Geiste.
> All' die, die für Habsburgs Erbe geblutet
> haben, all' die, die in besseren Zeiten die Steine
> zum Baue Österreichs fügten.
> Und dann gehe zum Herrscher deines Landes
> und künde ihm deinen Schmerz,
> Und künde ihm, was ich sage:
> Er soll mit eiserner Faust der Hydra den
> Kopf zerschmettern und die nicht vergessen, die
> seines Wortes harren.
> Und soll mit Blut und Feuer Ilions Wiedergeburt
> feiern – denn anders geht es nicht.
> Und soll auf seine Offiziere bauen und auf
> seine alte Armee."[14]
>
> *Gustav Sieber [1913]*

In der Spätzeit der Habsburgermonarchie tauchen immer wieder Vorschläge für Neuordnungen des Reiches auf; diese werden von Historikern auch gerne wiedergegeben, besonders dann, wenn eventuell noch belegt werden kann, dass der Thronfolger sich mit diesen Vorschlägen beschäftigt hat oder ihnen gar zugeneigt war. Allerdings wird selten die Frage nach der Realitätsnähe, oder den Verwirklichungsaussichten für die diversen Ideen zur Neugestaltung des Reiches gestellt. Jegliche Reformvorstellungen in Bezug auf die späte Habsburgermonarchie bedurften zur Umsetzung der ausdrücklichen Zustimmung des Monarchen; man konnte allenfalls in die zukünftigen Absichten und Handlungen des Thronfolgers Hoffnung setzen. Bemerkenswert ist, dass sich Angehörige der (zivilen und militärischen) Hochbürokratie (die nicht zum Hochadel zählten und sich nicht durch „Hoffähigkeit" auszeichneten) Gedanken über die künftige Gestaltung des Reiches und über Maßnahmen zur Erhaltung des Reiches machten.[15] Diese Überlegungen dienten stets der Erhaltung des habsburgischen Imperiums, nicht seiner Beseitigung; kaum seiner Weiterentwicklung zu einer wahrhaft konstitutionellen Monarchie nach westlichem Vorbild. Unter

14 Gustav Sieber: Quo vadis, Austria? Ein Roman der Resignation. Von einem österreichischen Offizier. Berlin: Vita Deutsches Verlagshaus 1913, XI f.

15 Über Adel und Bürgertum in Parlament, ziviler Verwaltung und Militär siehe: Heinrich Graf von Lützow: Im diplomatischen Dienst der k.u.k. Monarchie. Hrsg. von Peter Hohenbalken. Wien: Verlag für Geschichte und Politik 1971, 24–43.

denen, die sich irgendwie zu den Herrschenden und/oder zu den maßgeblichen Intellektuellen zählten, war die Bereitschaft zum Einsatz militärischer Gewalt zu Lösung politischer Probleme zunehmend ausgeprägt. Die Niederwerfung der Revolutionen von 1848, Radetzky und Windischgrätz wurden immer wieder als Erfolgsrezepte für die Zukunft gesehen. Im Übrigen war der Einsatz militärischer Gewalt im Inneren, etwa gegen streikende und demonstrierende Arbeiter und Arbeiterinnen, nichts Ungewöhnliches; daran war man gewöhnt. Nicht gewöhnt war man an das institutionalisierte Austragen von Konflikten und an politische Institutionen wie Parlamente.

Nicht nur in „höchsten Kreisen" und in der Clique um den Thronfolger herrschte ein hohes Maß an Gewalt- und Kriegsbereitschaft, sondern vor allem auch in Kreisen derer, die sich selbst für „Gebildete" hielten. Es gab gelegentliche Ansätze und Gedanken einer zivilisierten Neuordnung des Habsburgerreiches[16]; einer forcierten Industrialisierungs- und Infrastrukturpolitik; einer Intensivierung der wirtschaftlichen Verflechtung der Reichsteile; einer Zivilisierung durch Rechtsstaatlichkeit. Aber wann immer Beamte und maßgebliche Minister für derartiges eintraten, wurden sie vom Thronfolger und seiner Clique abgelehnt, bekämpft und bei Gelegenheit aus dem Amt geschafft. Es gab keine „Friedenspartei" (außer im Volk, bei den Tschechen, bei den arbeitenden Klassen …, doch das waren nicht die Kräfte, die über Krieg und Frieden zu entscheiden hatten). Was immer an Neuordnung des Reiches angedacht wurde, hätte jedenfalls die Zerschlagung der ungarischen Reichshälfte bedeutet, und das wäre von der ungarischen herrschenden Klasse nicht ohne Widerstand hingenommen worden. So blieben nur Realitätsbewältigung durch Realitätsverleugnung, politische Phantasien und Träume übrig – Träume von militärischen Gewaltstreichen nach außen oder im Inneren, die dazu dienen sollten, widerständige Elemente im Inneren einzuschüchtern und niederzuhalten.

14.4.2 Der Thronfolger und seine Militärkanzlei

Wenn der Thronfolger sich Gedanken machte über die zukünftige Gestaltung seines Reiches und der Meinung war, dass sich einiges zu ändern hatte, so ist dies ohne Weiteres verständlich. Wenn die Position des Herrschers durch Verfassungen, Parlamente, durch soziale Bewegungen beeinträchtigt wird, dann mag ein

16 Beispiele dafür sind zu finden in: Rudolf Sieghart: Die letzten Jahrzehnte einer Grossmacht. Menschen, Völker, Probleme des Habsburger-Reichs. Berlin: Ullstein 1932; Joseph M. Baernreither: Fragmente eines politischen Tagebuches. Die südslawische Frage und Österreich-Ungarn vor dem Weltkrieg. Hrsg. und eingeleitet von Joseph Redlich. Berlin: Verlag für Kulturpolitik 1928; oder in Aufsätzen von Hans Kelsen (dazu: Johann Dvořák (2014), 158–65.)

künftiger Herrscher sich mit Überlegungen zur besseren Verwaltung seiner Besitztümer beschäftigen. Bessere Verwaltung seiner Besitztümer hieß für Franz Ferdinand allerdings stets die Wiederherstellung absolutistischer Herrschaft, wie sie nach 1848/49 und vor 1867 bestanden hatte. Alle Vorschläge für eine Föderalisierung des Reiches liefen auf eine Zerschlagung der ungarischen Reichshälfte hinaus, wären also mit der freien Zustimmung der herrschenden Klasse in Ungarn nicht zu verwirklichen gewesen.[17] Es klingt für unsere Ohren nett, wenn die Vision einer Föderation von Regionen, einer Art „Vereinigte Staaten von Mitteleuropa" entworfen wird. Und wenn dem Thronfolger nachgesagt wird, solche Träume wären auch die seinen gewesen; und überhaupt hätte er sich immer wieder für den Frieden und gegen einen Krieg nach außen hin eingesetzt. Als Beweis dafür werden insbesondere gelegentliche Aufforderungen an den Generalstabschef *Conrad*, sich mit seinen Forderungen nach Präventivkriegen zurückzuhalten, genannt. Allerdings sollte dabei nicht vergessen werden, dass Conrad auf ausdrücklichen Wunsch des Thronfolgers zweimal zum Generalstabschef berufen wurde und dass Franz Ferdinand (der jeden Tag mit der Übernahme des Throns rechnete) sich darüber im Klaren war, die Armee unbedingt im Inneren zu brauchen, um jedenfalls die Ungarn niederzuwerfen und eventuell überhaupt eine Militärdiktatur zu errichten (wie es ihm Ratgeber wie *Ottokar Czernin* schon früh empfohlen hatten). Ein gleichzeitiger Krieg nach außen und der Einsatz militärischer Gewalt im Inneren waren unmöglich. Franz Ferdinand residierte im Schloss Belvedere und durfte dort auch eine eigene Militärkanzlei, parallel zu der des Kaisers einrichten. *Alexander Edler Brosch von Aarenau*, der erste Leiter dieser Militärkanzlei, berichtet über den Thronfolger als Mensch und Soldat:

17 „Franz Ferdinands Auffassung der inneren Politik kulminierte in der felsenfesten Überzeugung, daß die Donaumonarchie, wenn nicht bald Wandel eintrete, an den Ungarn zugrunde gehen müsse. Diese haßte er deshalb mit einer an Verstocktheit grenzenden blinden Voreingenommenheit. Er sann immer und immer auf alle möglichen Mittel, um in Zukunft ihre politische macht zu brechen und bei seinem Regierungsantritte den Staat auf ganz neue Grundlagen zu stellen." Albert Freiherr von Margutti: Kaiser Franz Joseph. Wien, Leipzig: Manz'sche Verlags- und Universitätsbuchhandlung 1924, 114.
Margutti berichtet auch von einem Gespräch im Juli 1895, in dem es um den Gedanken einer Föderation nach dem Vorbild der USA ging.
„Ob meiner … Zweifelsäußerung ungehalten, rief der Erzherzog aus:
‚Ja, glauben Sie denn nicht, daß es möglich sei, dieses Staatssystem auch bei uns ins Leben zu rufen?'
‚Mit legislatorischen Mitteln allein, gewiß nicht,' wagte ich einzuwenden.
‚Dann eben mit Gewalt!' entgegnete Franz Ferdinand finster." Albert Freiherr von Margutti: Kaiser Franz Joseph. Wien, Leipzig: Manz'sche Verlags- und Universitätsbuchhandlung 1924, 115 f.

„Der Eh. ist, obwohl er zu Hause, wie auf Reisen vornehmlich Zivilkleidung trägt, durch und durch Soldat. Für ihn ist der Soldatenberuf ohne Zweifel der vornehmste Stand und an ihm liegt es nicht, wenn Österreich auch in der Folge ein Beamtenstaat bleibt. Vielleicht niemand in der Monarchie ist wie er davon durchdrungen, daß Dynastie und Armee zusammengehören, daß beide die Grundpfeiler sind, mit denen der Staat steht und fällt.
Eine verläßliche, nur dem Kaiser verpflichtete, national indifferente Armee erscheint ihm als die Lebensbedingung des Reiches, als Existenzbedingung der Dynastie.
Ängstlich wacht er daher darüber, daß die Majestätsrechte in Bezug auf die Armee nicht geschmälert werden und lieber ließe er die Armee ‚verdorren' als den Parlamenten einen Einfluß auf das Heerwesen einzuräumen, der ihnen nicht zusteht."[18]

Leopold von Chlumecký berichtet über Franz Ferdinands Absichten:

„‚Erst Ordnung im Innern machen und dann erst die Außenpolitik den inneren Kräften anpassen.' Das war die Losung, die er mir (bei der Audienz in Brioni am 16. März 1912) als sein Programm kundgab."[19]

In einem im Jahr 1913 anonym publizierten Buch: „Quo vadis Austria? Ein Roman der Resignation. Von einem Oesterreichischen Offizier" heißt es, zaghaft hoffnungsfroh:

„Sein geliebtes Vaterland befand sich auf einer schiefen Ebene, auf einem Weg, der langsam aber sicher in den Abgrund führt, in dem das ehemals so stolze Reich zerschellen mußte, wenn nicht im letzten Augenblick die Rettung kam und ein Mann mit nerviger Faust, mit rücksichtslosem Willen, der, wenn notwendig auch über Leichen schritt, dem Verderben Einhalt gebot.
Und dieser Mann würde nie kommen, weil Österreich schon längst verlernt hatte, solche Naturen zur Geltung kommen zu lassen.
Er würde nie kommen – nie.
Oder doch?
Die Gedanken des sinnenden Offiziers schweiften durch die Dunkelheit. Sie strichen hin durch die dichten Laubengänge des prächtigen Belvedere, das Oesterreichs nächstem Anwärter auf den Kaiserthron als Wohnsitz dient, aber die breiten Marmortreppen, die zu den Gemächern eines Erzherzogs

18 Zitiert nach: Leopold von Chlumecký (1929), 359.
19 Leopold von Chlumecký (1929), 104.

führten, der ein stilles und abgeschlossenes Dasein zu leben schien, und dessen Einfluß und Pulsschlag man doch immer zu fühlen meinte, wenn eine wichtige, Oesterreich und seine Armee berührende Frage aufgerollt wurde und zur Entscheidung kam.
Sollte dieser Mann, den man in der alten Donaumonarchie als geheimnisvollen Lenker der sogenannten Kriegspartei ansah und von dessen Wirken man sich einstens die gewaltigsten Umwälzungen versprach, der Kommende eines Neu-Oesterreich sein? Und wartete er nur auf die Zeit, da die Krone der Grafen aus der Aargau sein Haupt schmücken würde und er die ganze Kraft seines Willens in die Wagschale für Oesterreichs Zukunft werfen könnte?"[20]

So war eine Außensicht auf den Thronfolger. Franz Ferdinand zeichnete sich durch einen heftigen Antisemitismus, einen Hass auf Freimaurer, Liberalismus, Marxismus und eine Verachtung der einzelnen Nationen des Reiches aus. Karl Lueger hätte er gerne als Ministerpräsidenten in der cisleithanischen Reichshälfte gehabt; aber der starb 1910. Oberst *Carl von Bardolff*, der zweite und letzte Leiter der Militärkanzlei des Thronfolgers teilt in seinen Erinnerungen mit:

„Vertreter der jüdischen Presse haben das Belvedere nie betreten. Denn Franz Ferdinand war gleich mir kein Freund des Judentums, weil ihm dessen Wesen als etwas völlig Andersartiges, Fremdes erschien. Er achtete wohl im orthodoxen Juden die religiöse Haltung, hatte aber für die Denk- und Handlungsweise des emanzipierten, einem fremden Vorbilde äußerlich angepaßten Juden gar nichts übrig, ja, er sah in ihm die Gefahr der Zeit, denn nach der unerschütterlichen Überzeugung Franz Ferdinands standen Freimaurertum und Materialismus, Liberalismus und Marxismus und alles, was sich an irgendwie benannten Vereinigungen um diese politischen Lehrgebäude herumrankte, sowie der gesamte Großkapitalismus unter jüdischer Führung."[21]

Ein Zeitzeuge, der sich üblicherweise nicht durch Kritik an Hof und Adel auszeichnete, nämlich Hugo von Hofmannsthal, bemerkte in einem Brief an Leopold von Andrian (Aussee, 24. August 1913):

„Der Einzige, der immer noch durchgreifen könnte, wäre der Erzherzog Franz: aber welcher Eigenschaften bedürfte es dazu, von denen er fürchte ich, nicht eine hat: ausdauernder Hingabe an ein Ziel, Consequenz, Ge-

20 Gustav Sieber (1913), 377 f.

21 Carl Freiherr von Bardolff: Soldat im alten Österreich. Erinnerungen aus meinem Leben. Jena: Eugen Diederichs Verlag 1938, 123.

> schicklichkeit gegenüber Leuten aller Stände, eines großen beweglichen Weltverstandes, verbunden mit dem festen Charakter. ‚Große Herren aber', sagt Goethe, ‚große Herren und Gauner wollen immer Vieles mit Wenigem erreichen.'"[22]

Zur Stimmung anlässlich des Todes des Thronfolgers bemerkt Ottokar Czernin (der Minister des Äußeren unter Kaiser Karl I.):

> „Viele der Kleinen und Kleinsten haben wie befreit von einem Alp aufgeatmet, als sie die Kunde von seinem Tode erhielten. Am Wiener Hofe und in der Budapester Gesellschaft hat es mehr Freudige als Leidtragende gegeben, und die ersteren mit richtiger Vorahnung, denn unter ihnen hätte er fürchterlich aufgeräumt."[23]

Am Sonntag, 28. Juni 2014 notiert *Josef Redlich* in seinem Tagebuch:

> „Gegen den Erzherzog bestehen tiefe, in breite Volksschichten hinabreichende Antipathien: sein herrisches Wesen, seine Bigotterie, seine in Geldsachen ganz unglaublich kleinliche und unwürdige Art, seine geschmacklose Kunstsammlerei, mit der er längst zum Schrecken aller Antiquitätenhändler geworden war, seine krankhafte Tötungslust, die er am Wilde ausließ, was man längst nicht mehr Jagd nennen konnte, seine jeden edleren Menschen tief verletzende Gewohnheit schimpflichen Mißtrauens, die ihn jeder Denunziation zugänglich machte – dies und die beschränkt-bigotte, intolerante, hochmütige, alles perturbierende Art seiner Gemahlin haben ihn weithin in Österreich und vollends in Ungarn höchst unbeliebt gemacht. Man wird drüben wohl sagen: der ‚Gott der Magyaren' hat die Hand und die Kugel dieses elenden serbischen Wichtes gelenkt. Vielleicht ist Gott aber überhaupt viel ‚demokratischer' und viel weniger ‚klerikal' gesinnt, als die Kreaturen am Hofe Franz Ferdinands in ihrer Art von Gottesglauben vermeinen. Vielleicht wird man sagen dürfen: ‚Gott hat es gut gemeint mit Österreich, dass er ihm diesen Kaiser erspart hat' – einen von den Folgen der Lues und von Tuberkulose schwer angekränkelten Mann, dem einer, der ihn gut kannte, die Fühllosigkeit und Grausamkeit eines asiatischen Despoten nachgesagt hat."[24]

22 Hugo von Hofmannsthal und Leopold von Andrian: Briefwechsel. Hrsg. von Walter H. Perl. Frankfurt/M.: S. Fischer 1968, 199.

23 Ottokar Czernin: Im Weltkriege. Berlin, Wien: Ullstein 1919, 63.

24 Fritz Fellner und Doris A. Corradini, Hg.: Schicksalsjahre Österreichs. Die Erinnerungen und Tagebücher Josef Redlichs 1869–1936. Bände I–III. Wien, Köln, Weimar: Böhlau 2011, Bd. I, 610.

14.4.3 Das Ministerium des kaiserlichen Hauses und des Äußeren

Es gab in der Doppelmonarchie drei gemeinsame, d.h. für beide Reichsteile zuständige Ministerien: das Ministerium des kaiserlichen Hauses und des Äußeren, das Kriegsministerium und das Finanzministerium (das übrigens auch Bosnien-Herzegowina verwaltete). Der Minister des Äußeren war in Wirklichkeit eine Art Premierminister und hatte, weil er auch die Angelegenheiten des Kaiserhauses verwaltete, regelmäßig Zugang zum Monarchen. Er führte den Vorsitz im gemeinsamen Ministerrat, dem auch die Ministerpräsidenten von Cisleithanien und Ungarn angehörten.

Vom 24. 10. 1906 bis zu seinem Tod am 17. 2. 1912 war *Aloys Graf Lexa von Aehrenthal* (1854–1912) Minister des Äußeren. Er war der letzte Außenminister, der über ein politisches Konzept verfügte. Dieses Konzept war orientiert an imperialer Größe und politischem Gewicht nach außen hin. Konnte die Monarchie ihre Bedeutung unter den europäischen Mächten behaupten, dann – so meinte Aehrenthal – würde dies die Voraussetzung für die Lösung der politischen Probleme im Inneren sein. Diese Vorstellung von Außenpolitik als einem Instrument der Innenpolitik sah durchaus, wenn nötig, den Einsatz von militärischer Gewalt vor. Die Außenpolitik Aehrenthals war bei Bedarf (etwa in der Annexionskrise bei der formellen Eingliederung von Bosnien-Herzegowina in das Habsburgerreich im Jahre 1908) eine durchaus aggressive, verbunden mit der Bereitschaft der Kriegsführung. Es wird immer wieder auf den Konflikt zwischen dem zivilen Außenminister Aehrenthal und dem kriegstreiberischen Generalstabschef *Conrad von Hötzendorf* hingewiesen; aber dieser Konflikt war keineswegs prinzipieller Natur (der friedliebende Zivilist gegen den kriegslüsternen Militär), sondern es ging einfach darum, dass der Außenminister es als seine Sache ansah, zu entscheiden, wann dem Kaiser eine kriegerische Maßnahme vorzuschlagen war. Die Denkweisen Aehrenthals prägten eine Generation von jüngeren Diplomaten, die dann 1914 willens und in der Lage waren, im Sinne seiner Konzeptionen zu handeln. In den Tagebuchaufzeichnungen von Josef Redlich finden sich einige bemerkenswerte Äußerungen von Aehrenthal:

> <u>Donnerstag, 18. Februar 1909, 6 Uhr bei Aehrenthal.</u>
> „Bezüglich der äußeren Lage sagt er…, ‚dass es sich in der bosnisch-serbischen Frage um einen Staatenbildungsprozess handelt, bei dem nach dem Lauf der Welt schließlich Gewalt nicht zu vermeiden sein dürfte.‘ Seine weiteren Äußerungen umschreiben diesen Gedanken. Ich zitiere: ‚Die Gewalt ist die Geburtshelferin der Geschichte.‘“[25]

25 Ebenda, 221.

Donnerstag, 28. Oktober 1909.
„Aehrenthal weist … auf Folgendes hin: ‚Die Kraft der Monarchie liege nicht in den Parlamenten, sondern in der Dynastie, der Armee und der Verwaltung.'"[26]

Wir sehen also: verschiedene Akteure und Gruppen der hohen Zivil- und Militärbürokratie (das Außenministerium, der Generalstabschef), der Kaiser, der Thronfolger waren zu jeweils unterschiedlichen Zeitpunkten der Meinung, dass oder dass nicht kriegerisch gehandelt werden sollte. Dies geschah keineswegs aus einer prinzipiellen Friedensneigung heraus, sondern weil etwa die Diplomaten der Meinung waren, dass die Entscheidung über Krieg und Frieden wesentlich ihre politische Domäne und nicht die der Militärs sein sollte; und vor allem, weil das Militär für einen Einsatz im Inneren (gegen die Arbeiterschaft oder gegen die herrschende Klasse in Ungarn) benötigt wurde. Nicht die politisch und technokratisch begründete Kriegsneigung der Militärs führte schließlich zum Krieg, sondern die Militarisierung des Denkens und die schon eine Weile eingeübte Bereitschaft zu gewalttätigen Lösungen politischer Probleme im Inneren und nach außen hin.

14.4.4 Endlich Krieg! Oder: „Serbien muß sterbien!"

> „‚Glaubst du, daß es zum Weltkrieg kommen wird, von dem die Leute immer sprechen?' ‚Weltkrieg oder nicht, das bleibt sich gleich! Aber wir, wir werden uns nach allen Seiten hin zu wehren haben!'"[27]
>
> *Gustav Sieber*

> „[Ein Wiener (hält von einer Bank eine Ansprache)]: – – denn wir mußten die Manen des ermordeten Thronfolgers befolgen, da hats keine Spompanadeln geben … Sind wir doch umgerungen von lauter Feinden! … Daß sie's nur hören die Feind, es ist ein heilinger Verteilungskrieg, was mir führn! Wiar ein Phönix stehma da, den's nicht durchbrechen wern, dementsprechend – mir san mir und Österreich wird auferstehn wie ein Phalanx ausm Weltbrand sag ich! Die Sache für die wir ausgezogen wurden, ist eine gerechte, da gibts keine Würschteln, und darum sage ich auch, Serbien – muß sterbien!"[28]
>
> *Karl Kraus*

26 Ebenda, 258.
27 Gustav Sieber (1913), 369.
28 Karl Kraus: Die letzten Tage der Menschheit. Tragödie in fünf Akten mit Vorspiel und Epilog. Frankfurt/M.: Suhrkamp 1986, 71 f.

Leopold von Andrian meinte in einem Brief an den ersten Leiter der Militärkanzlei, Brosch (vom 1. Juli 1914):

> „Wenn es die Regierenden verstehen, die Situation zu benutzen, können aus dem Blut des Armen sehr kostbare Früchte für die Monarchie reifen."[29]

Diplomaten des Außenministeriums verstanden es, die Situation zu nützen; und sie konnten sich dabei sehr bald der Unterstützung und des ausdrücklichen Willens des Kaisers sicher sein.[30]

Graf *Hoyos* fuhr nach Berlin und holte sich dort die Unterstützungserklärung Kaiser *Wilhelms II.* (den sogenannten Blankoscheck); der ungarische Ministerpräsident, der anfangs zögerlich war, wurde für die Sache des Krieges gewonnen; die Militärs waren ohnehin dafür. Wiewohl manche Historiker noch immer, oder schon wieder, meinen, dass die Regierung in Serbien an allem schuld gewesen sei (weil wenn nicht Auftraggeber, so doch Sympathisant oder Nichtverhinderer des Attentats), zeigen die belegbaren Denk- und Verhaltensweisen der Wiener Staatspitze (der Monarch und seine Minister), dass es einen Entschluss zum Krieg gab, der nicht im Rachenehmen für das Attentat begründet war. Der Krieg gegen Serbien wurde begonnen in der Hoffnung, damit eine Menge innenpolitischer Probleme zu lösen (die Auslösung eines großen europäischen Krieges wurde dabei bewusst in Kauf genommen). Die Regierenden in Wien waren keine Schlafwandler und sie taumelten nicht in einen so nicht gewollten Krieg; sie gingen planvoll, strategisch und gemeinsam vor. Leopold von Andrian notiert nach dem Ende des Krieges, in Alt-Aussee, am 4. Dezember 1918 :

> „Wir haben den Krieg angefangen, nicht die Deutschen und noch weniger die Entente – das weiß ich."[31]

Und *Friedrich Kleinwaechter* schrieb unmittelbar nach dem Weltkrieg:

> „... daß die maßgeblichen Beschlüsse über das Vorgehen der Monarchie gegen Serbien in einem gemeinsamen Ministerrate von fünf Personen gefaßt wurden, nämlich dem gemeinsamen Minister des Äußern Grafen Berchtold,

29 Zitiert nach John Leslie: Österreich-Ungarn vor dem Kriegsausbruch. Der Ballhausplatz in Wien im Juli 1914 aus der Sicht eines österreichischen Diplomaten. In: Deutschland und Europa in der Neuzeit. Festschrift für Karl Otmar Freiherr von Aretin zum 65. Geburtstag. Hrsg. von Ralph Melville et al. Stuttgart: Steiner Verlag 1988, 668.

30 Siehe: Manfried Rauchensteiner: Der Erste Weltkrieg und das Ende der Habsburgermonarchie 1914–1918. Wien, Köln, Weimar: Böhlau 2013, 123–25.

31 Zitiert nach John Leslie (1988), 675.

dem österreichischen Ministerpräsidenten Grafen Stürgkh, dem ungarischen Ministerpräsidenten Grafen Tisza, dem gemeinsamen Finanzminister Dr. Ritter von Bilinski und dem gemeinsamen Kriegsminister Feldzeugmeister Ritter von Krobatin. Teilgenommen haben an diesem Ministerrate noch der Chef des Generalstabes General der Infanterie Conrad von Hötzendorf und der Stellvertreter des Marinekommandanten Konteradmiral von Kailer. Den beiden letztgenannten kommt jedoch – wenn auch ihre Ansichten gewiß von allergrößtem Einfluß waren – , … nur die Rolle von Gutachten abgebenden Sachverständigen zu. Die ganze verfassungsrechtliche Verantwortung für die gefaßten Beschlüsse trifft daher die erstgenannten fünf Herren, wobei sich der Vorsitzende des Ministerrates, der gemeinsame Minister des Äußern Graf Berchtold, als derjenige erwies, der die Angriffspolitik gegen Serbien in Antrag brachte und für sie die Zustimmung der übrigen Mitglieder des Ministerrates zu gewinnen suchte."[32]

„Wenn wir heute das Protokoll jenes verhängnisvollen gemeinsamen Ministerrates lesen, so überläuft uns ein Schauer des Entsetzens. Die Menschen wandern wie immer durch die Straßen Wiens. Jeder geht ahnungslos seinen Zielen nach. Ein Sommertag, wie viele andere, liegt über der Stadt. Und während Millionen in der Meinung leben, Herren ihres Selbst zu sein, sitzen in einem Salon des Auswärtigen Amtes fünf Männer um einen Tisch und beschließen, daß die Millionen draußen nichts mehr zu verlieren haben und daher zu den Waffen greifen müssen.
Hier liegt die furchtbare Schuld. Es stand jedem frei, der Meinung zu sein, daß nur ein Krieg die Monarchie noch retten könne. Der Gedanke aber, daß die Übereinstimmung von fünf Leuten genüge – wobei einer, Graf Tisza, überdies nur mit halben Herzen dabei war – um Millionen dieser Meinung zu unterwerfen und ihnen alle Folgen einer solchen Meinung auf die Schultern zu legen, ist von unfaßbarer Furchtbarkeit."[33]

„Gewiß, staatsrechtlich war alles in Ordnung. Die Paragraphen konnten zufrieden sein, aber über die europäische Menschheit brach das größte Unglück herein, das die Geschichte kennt.
Was ist das für ein Recht, das die Erhöhung der Biersteuer an die Zustimmung zweier Häuser des Parlaments bindet, die Entscheidung der Frage aber, ob Höllenqualen und Tod sich auf Millionen herabsenken dürfen, einer Gruppe von der Größe einer Bridgepartie überläßt!"[34]

32 Friedrich F.G. Kleinwaechter (1920), 309.
33 Ebenda, 313 f.
34 Ebenda, 314.

„Sie zweifelten offenbar nicht einen Augenblick daran, daß sie allein dazu berufen seien, über das Schicksal der Völker der Monarchie zu entscheiden. Diese Denkungsweise erklärt sich aus dem alten Gutsbesitzergedanken, für den der Staat samt seinen Bewohnern nichts anderes ist als eine Domäne, über die der Eigentümer – der Herrscher – nach Gutdünken verfügt. Sie aber waren die vom Eigentümer eingesetzten Gutsverwalter, die die Felder so bewirtschafteten, wie sie es im Sinne ihrer Gutsverwalterpflichten am zweckentsprechendsten hielten, niemandem andern für ihr Tun verantwortlich als dem Gutsherrn. Die Völker hatten sich dieser Auffassung zu fügen. Jede Auflehnung gegen diese Auffassung war Verbrechen.“[35]

35 Ebenda, 316 f.

Literaturhinweise

Afflerbach, Holger and David Stevenson, eds.: An Improbable War. The Outbreak of World War I and European Political Culture Before 1914. New York, Oxford: Berghahn Books 2012.

d'Alembert, Jean Le Rond und Denis Diderot: Enzyklopädie. Eine Auswahl. Hrsg. und eingeleitet von Günter Berger. Frankfurt/M.: Fischer Taschenbuch 2013.

Alexis, Willibald: Reise durch Österreich, Süd-Deutschland und die Schweiz. Berlin: Rütten & Loening 1992.

Allen, J.W.: A History of Political Thought in the Sixteenth Century. London: Methuen 1967.

Anderson, Perry: Lineages of the Absolutist State. London, New York: Verso 2013.

Anrich, Ernst: Die Jugoslawische Frage und die Julikrise 2014. Stuttgart: W. Kohlhammer 1931.

Baernreither, Joseph M.: Fragmente eines politischen Tagebuches. Die südslawische Frage und Österreich-Ungarn vor dem Weltkrieg. Hrsg. und eingeleitet von Joseph Redlich. Berlin: Verlag für Kulturpolitik 1928.

Bahr, Hermann: Wien. Stuttgart: Carl Krabbe Verlag 1906.

Bardolff, Carl Freiherr von: Soldat im alten Österreich. Erinnerungen aus meinem Leben. Jena: Eugen Diederichs Verlag 1938.

Benjamin, Walter: Das Passagen-Werk. In: Walter Benjamin: Gesammelte Schriften. Band V.2. Frankfurt/M.: Suhrkamp 1991.

Benjamin, Walter: Über den Begriff der Geschichte. In: Walter Benjamin: Gesammelte Schriften. Band I.2. Frankfurt/M.: Suhrkamp 1991.

Berghahn, Volker: Der Erste Weltkrieg. 5., ergänzte und aktualisierte Auflage. München: C.H. Beck 2014.

Burrow, John: A History of Histories. Epics, Chronicles, Romances and Inquiries from Herodotus and Thukydides to the Twentieth Century. London: Allen Lane 2007.

Calic, Marie-Janine: Kriegstreiber Serbien? Die Südslawen und der Erste Weltkrieg: eine Richtigstellung. In: *Osteuropa* 02–04 (2014), 43–58.

Carr, E.H.: What is History? With a New Introduction by Richard J. Evans. Houndmills, Basingstoke, Hampshire: Palgrave 2001.

Carr, E.H.: What is History? [1961]. Harmondsworth: Pelican 1968.

Chamberlain, Houston Stewart: Die Grundlagen des neunzehnten Jahrhunderts [1899]. München: F. Bruckmann 1940.

Chlumecký, Leopold von: Erzherzog Franz Ferdinands Wirken und Wollen. Berlin: Verlag für Kulturpolitik 1929.

Clark, T.J.: The Absolute Bourgeois. Artists and Politics in France 1848–1851. London: Thames & Hudson 1988.

Clark, T.J.: Image of the People. Gustave Courbet and the 1848 Revolution. London: Thames and Hudson 1988.

Comte, Auguste: Plan der wissenschaftlichen Arbeiten, die für eine Reform der Gesellschaft notwendig sind. München: Hanser 1973.

Cormons, Ernest U. [= Emanuel Urbas]: Schicksale und Schatten. Eine österreichische Autobiographie. Salzburg: Otto Müller 1951.

Czernin, Ottokar: Im Weltkriege. Berlin und Wien: Ullstein 1919.

Dedijer, Vladimir: The Road to Sarajevo. London: Macgibbon & Kee 1967.

Dvořák, Johann: Staat, Recht und Agrarpolitik während der Englischen Revolution, 1642–1653. Wien: Universität Wien 1976.

Dvořák, Johann: Über Theorien des Politischen in der europäischen Neuzeit. Wien: Facultas 2014.

Elton, G.R., ed.: The Tudor Constitution. Documents and Commentary. Cambridge: Cambridge UP 1968.

Fellner, Fritz and Doris A. Corradini, Hg.: Schicksalsjahre Österreichs. Die Erinnerungen und Tagebücher Josef Redlichs 1869–1936. Bände I–III. Wien, Köln, Weimar: Böhlau 2011.

Fischer, Fritz: Der Erste Weltkrieg und das deutsche Geschichtsbild. Düsseldorf: Droste Verlag 1977.

Fischer, Fritz: Griff nach der Weltmacht. Die Kriegszielpolitik des kaiserlichen Deutschland 1914/18. Düsseldorf: Droste Verlag 1961.

Fischer, Fritz: Juli 1914: Wir sind nicht hineingeschlittert. Reinbek: Rowohlt 1983.

Fischer, Fritz: Krieg der Illusionen. Die deutsche Politik von 1911 bis 1914. Nachdruck der 2. Auflage 1970. Kronberg/Ts.: Athenäum 1978.

Galántai, Jószef: Die Österreichisch-Ungarische Monarchie und der Weltkrieg. Budapest: Corvina 1979.

Geiss, Imanuel: Das Deutsche Reich und die Vorgeschichte des Ersten Weltkrieges. München: Piper 1985.

Gobineau, Arthur Graf: Versuch über die Ungleichheit der Menschenrassen. Deutsche Ausgabe von Ludwig Schemann. 5 Bände. Stuttgart: Frommann 1939–1940.

Grab, Walter, Hg.: Die Revolution von 1848/49. Eine Dokumentation. Stuttgart: Reclam 1998.

Grab, Walter und Uwe Friesel: Noch ist Deutschland nicht verloren. München: dtv 1973.

Grün, Anastasius: Spaziergänge eines Wiener Poeten 1830–1832. Gesammelte Werke. Hrsg. von Ludwig August Frankl. Fünfter Band. Berlin: Grote'sche Verlagsbuchhandlung 1877.

Hart, Peter: The Great War 1914–1918. London: Profile Books 2014.

Hastings, Max: Catastrophe. Europe Goes to War 1914. London: William Collins 2014.

Häusler, Wolfgang: Von der Massenarmut zur Arbeiterbewegung. Demokratie und soziale Frage in der Wiener Revolution von 1848. Wien, München: Jugend & Volk 1979.

Heine, Heinrich: Verschiedenartige Geschichtsauffassung [1833]. In: Zur Geschichte der Religion und Philosophie in Deutschland. Stuttgart: Reclam 2006.

Heine, Heinrich: Sämtliche Schriften. Hrsg. von Klaus Briegleb. München: dtv 1997.

Herwig, Holger H.: The First World War. Germany and Austria-Hungary 1914–1918. London: Bloomsbury 2014.

Hill, Christopher: The Pelican Economic History of Britain. Volume 2: Reformation to Industrial Revolution. Harmondsworth: Penguin 1969.

Hofmannsthal, Hugo von: Aufzeichnungen aus dem Nachlaß. In: Gesammelte Werke in zehn Einzelbänden. Reden und Aufsätze III. Frankfurt/M.: Fischer Taschenbuch 1980, 311–595.

Israel, Jonathan I., ed.: The Anglo-Dutch Moment. Cambridge: Cambridge UP 2003.

Israel, Jonathan I.: Dutch Primacy in World Trade 1585–1740. Oxford: Clarendon Press 2002.

Joll, James: Die Ursprünge des Ersten Weltkrieges. München: Paul List 1988.

Jungwirth, Robert: Geräuschloser Kampf im Herzen der Gesellschaft. In: *Neue Zürcher Zeitung*, 24.1.2015, 26.

Kanner, Heinrich: Kaiserliche Katastrophenpolitik. Ein Stück zeitgenössischer Geschichte. Leipzig, Wien, Zürich: E.P. Tal 1922.

Keates, Jonathan: The Siege of Venice. London: Pimlico 2006.

Kleinwaechter, Friedrich F.G.: Der Untergang der Oesterreichisch-ungarischen Monarchie. Leipzig: K.F. Koehler 1920.

Kraus, Karl: Die letzten Tage der Menschheit. Tragödie in fünf Akten mit Vorspiel und Epilog. Frankfurt/M.: Suhrkamp 1986.

Kronenbitter, Günther: Krieg im Frieden. In: Die Führung der k.u.k. Armee und die Großmachtpolitik Österreichs-Ungarns 1906–1914. München: Oldenbourg 2003.

Lützow, Heinrich Graf von: Im diplomatischen Dienst der k.u.k. Monarchie. Hrsg. von Peter Hohenbalken. Wien: Verlag für Geschichte und Politik 1971.

Maitland, F.W.: The Constitutional History of England. Cambridge: Cambridge UP 1968.
Mamatey, Victor S.: Rise of the Habsburg Empire. Malabar, Florida: Krieger 1995.
Marx, Karl: Brief an die Redaktion der „Otetschestwennyje Sapiski" [1877]. In: MEW Band 19. Berlin: Dietz 1969, 107–12.
Marx, Karl und Friedrich Engels: Die deutsche Ideologie [1845/46]. In: MEW Band 3. Berlin: Dietz 1959.
Marx, Karl und Friedrich Engels: Manifest der Kommunistischen Partei. In: MEW Band 4. Berlin: Dietz 1959.
Milton, John: Prose Writings. London: Dent 1970.
Moir, Esther: The Justice of the Peace. Harmondsworth: Penguin 1969.
Mombauer, Annika: Die Julikrise. Europas Weg in den Ersten Weltkrieg. München: C.H. Beck 2014.
Mombauer, Annika, ed.: The Origins of the First World War. Diplomatic and Military Documents. Manchester and New York: Manchester UP 2013.
Mombauer, Annika: The Origins of the First World War. Controversies and Consensus. London and New York: Routledge 2013.
Mulligan, William: The Origins of the First World War. Cambridge: Cambridge UP 2013.
Nestroy, Johann: Freiheit in Krähwinkel. Hrsg. von Jürgen Hein. Stuttgart: Reclam 1987.
Orel, Anton: Kapitalismus, Bodenreform und christlicher Sozialismus. Zweite, unveränderte Auflage. Wien: Verlagsbuchhandlung Ambros Opitz' Nachfolger 1909.
Parker, Geoffrey: The Dutch Revolt. Harmondsworth: Penguin 1979.
Peball, Kurt und Gunther Rothenberg: Der Fall „U". Die geplante Besetzung Ungarns durch die k.u.k. Armee im Herbst 1905. In: Aus drei Jahrhunderten. Beiträge zur österreichischen Heeres- und Kriegsgeschichte von 1645–1938. Wien, München: Österreichischer Bundesverlag 1969, 85–126.
Pfizer, Paul Achatius: Briefwechsel zweier Deutschen. Neu herausgegeben und bearbeitet von Georg Küntzel. Berlin: B. Behr's Verlag 1911.
Pfizer, Paul Achatius: Gedanken über das Ziel und die Aufgaben des deutschen Liberalismus [1832]. Berlin: B. Behr's Verlag 1911.
Polišenský, J.V.: The Thirty Years' War. London: New English Library 1974.
Raphael, Max: Wie will ein Kunstwerk gesehen sein? Frankfurt/M.: Suhrkamp 1989.
Rauchensteiner, Manfried: Der Erste Weltkrieg und das Ende der Habsburgermonarchie 1914–1918. Wien, Köln, Weimar: Böhlau 2013.
Rose, Margaret A.: Marx's Lost Aesthetic. Cambridge: Cambridge UP 1989.

Rumpler, Helmut: Eine Chance für Mitteleuropa. Bürgerliche Emanzipation und Staatsverfall. Wien: Carl Ueberreuter 1997.

Sandgruber, Roman: Ökonomie und Politik. Österreichische Wirtschaftsgeschichte vom Mittelalter bis zur Gegenwart. Wien: Carl Ueberreuter 2005.

Schnitzler, Arthur: Jugend in Wien. Eine Autobiographie. Hrsg. von Therese Nickl und Heinrich Schnitzler. Frankfurt/M.: Fischer Taschenbuch 2011.

Schönberg, Arnold: Stil und Gedanke. Aufsätze zur Musik. Frankfurt/M.: S. Fischer 1976.

Sieber, Gustav: Quo vadis, Austria? Ein Roman der Resignation. Von einem österreichischen Offizier. Berlin: Vita Deutsches Verlagshaus 1913.

Sieghart, Rudolf: Die letzten Jahrzehnte einer Grossmacht. Menschen, Völker, Probleme des Habsburger-Reichs. Berlin: Ullstein 1932.

Sked, Alan: The Decline and Fall of the Habsburg Empire 1815–1918. Second Edition. London: Longman 2001.

Smith, Sir Thomas: De Republica Anglorum. Edited by Mary Dewar. Cambridge: Cambridge UP 2009.

Sosnosky, Theodor von: Die Politik im Habsburgerreiche. Randglossen zur Zeitgeschichte. Erster Band. Berlin: Allgemeiner Verein für Deutsche Literatur 1912.

Sosnosky, Theodor von: Die Politik im Habsburgerreiche. Randglossen zur Zeitgeschichte. Zweiter Band. Berlin: Allgemeiner Verein für Deutsche Literatur 1913.

Speck, Ulrich: Chronik einer deutschen Revolution. Frankfurt/M., Leipzig: Insel 1998.

Spitzer, Rudolf: Des Bürgermeisters Lueger Lumpen und Steuerträger. Wien: Österreichischer Bundesverlag 1988.

Springer, Anton Heinrich: Geschichte des Revolutionszeitalters (1789–1848). In öffentlichen Vorlesungen an der Prager Universität übersichtlich dargestellt. Prag: Verlag von Friedrich Ehrlich 1849.

Stefan, Paul: Das Grab in Wien. Berlin: Erich Reiß 1913.

Stimmer, Gernot: Eliten in Österreich: 1848–1970. Wien, Köln, Graz: Böhlau 1997.

Stone, Norman: Army and Society in the Habsburg Monarchy, 1900–1914. In: *Past & Present* 33 (1966), 95–111.

Stone, Norman: The Eastern Front 1914–1917. London: Penguin 1998.

Stone, Norman: World War One. A Short History. London: Allen Lane 2007.

Strachan, Hew: The First World War. Volume I: To Arms. Oxford: Oxford UP 2003.

Sturmberger, Hans: Aufstand in Böhmen. München und Wien: Oldenbourg 1959.

Sturmberger, Hans: Georg Erasmus Tschernembl. Religion, Libertät und Widerstand. Ein Beitrag zur Geschichte der Gegenreformation und des Landes ob der Enns. Linz: Oberösterreichisches Landesarchiv 1953.
Sturmberger, Hans: Land ob der Enns und Österreich. Aufsätze und Vorträge. Linz: Oberösterreichisches Landesarchiv 1979.
Taylor, A.J.P.: Europe: Grandeur and Decline. Harmondsworth: Penguin 1969.
Taylor, A.J.P.: The Habsburg Monarchy 1809–1918. London: Penguin 1990.
Wangermann, Ernst: The Austrian Achievement 1700–1800. London: Thames and Hudson 1973.
Wangermann, Ernst: Von Joseph II. zu den Jakobinerprozessen. Wien: Europa Verlag 1966.
Whiteside, Andrew G.: Georg Ritter von Schönerer. Alldeutschland und sein Prophet. Graz: Styria 1981.
Winder, Ludwig: Der Thronfolger. Ein Franz Ferdinand Roman. Zürich: Humanitas Verlag 1938.
Zilsel, Edgar: Die Geniereligion. Ein kritischer Versuch über das moderne Persönlichkeitsideal, mit einer historischen Begründung [1918]. Hrsg. und eingeleitet von Johann Dvořák. Frankfurt/M.: Suhrkamp 1990.
Zilsel, Edgar: Die Physik und das Problem der Historisch-Soziologischen Gesetze. In: Die Sozialen Ursprünge der Neuzeitlichen Wissenschaft. Frankfurt/M.: Suhrkamp 1976.
Zilsel, Edgar: Über ein Spinoza-Zitat in H.St. Chamberlains Kantbuch. In: Die Geniereligion. Frankfurt/M.: Suhrkamp 1990, 230–34.